*dis*placed
հատում

Photographs
Ara Oshagan
Արա Օշական

Essay
Krikor Beledian
Գրիգոր Պըլտեան

Translation from Armenian
Taline Voskeritchian
Christopher Millis

KEHRER

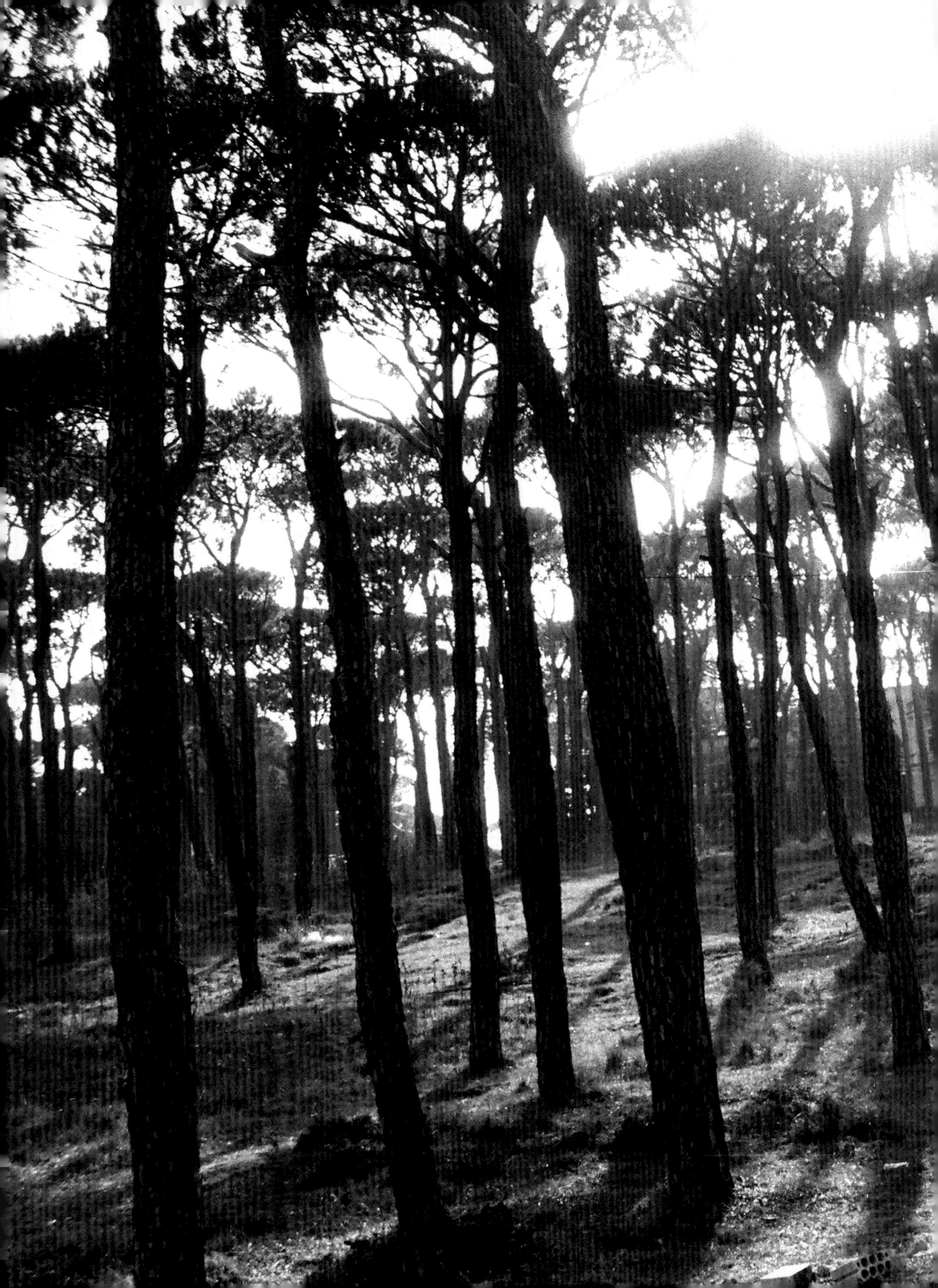

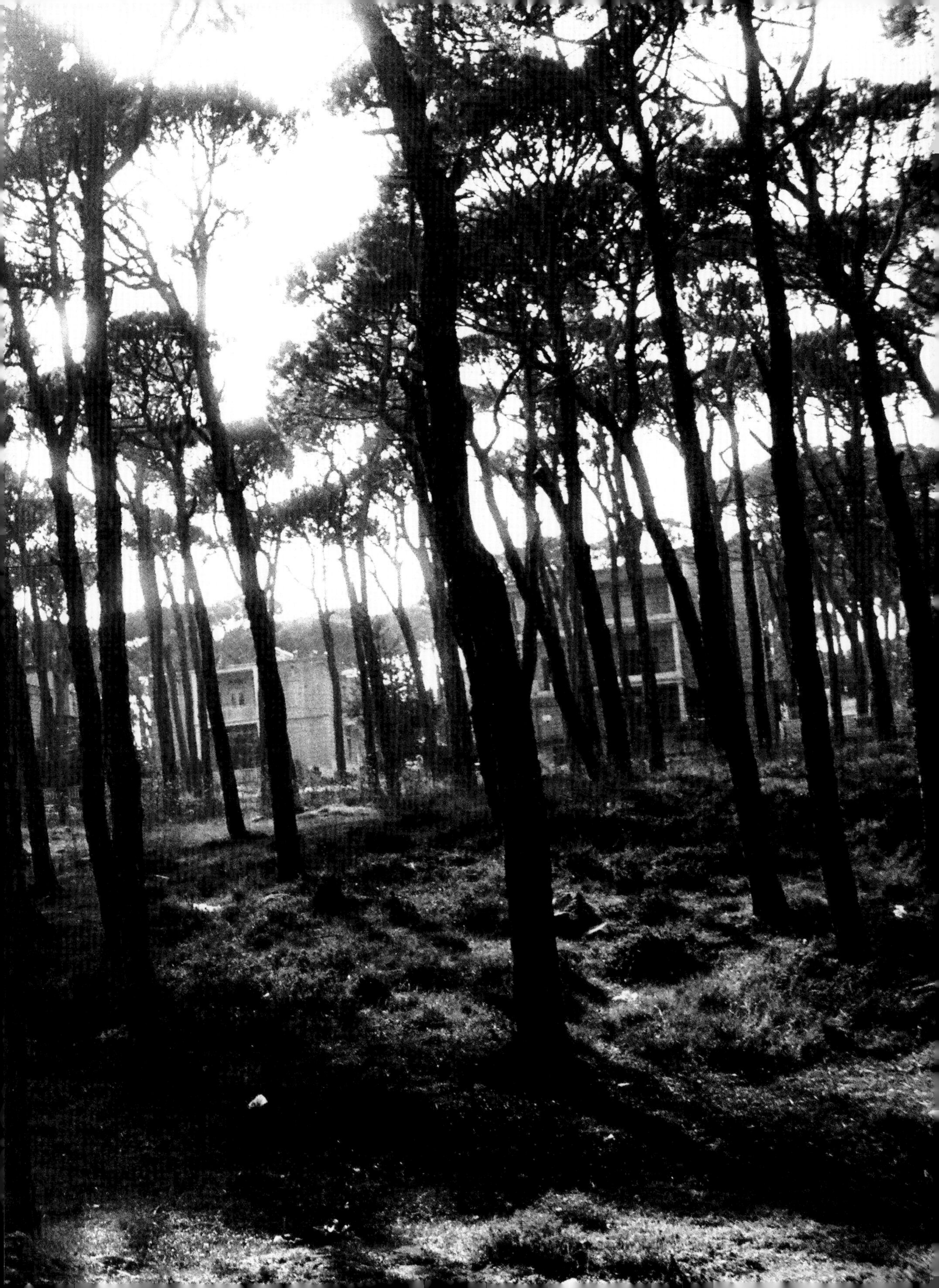

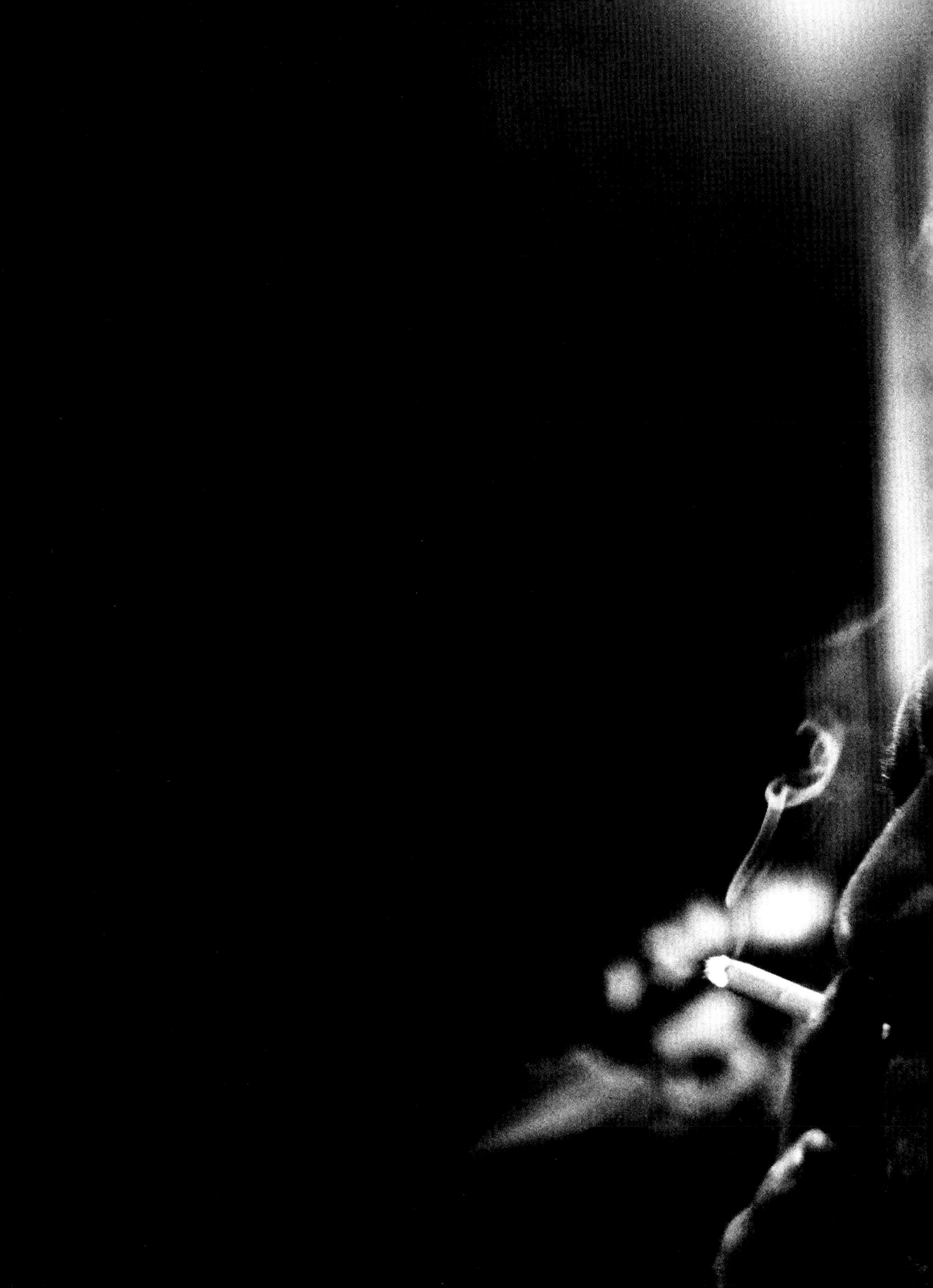

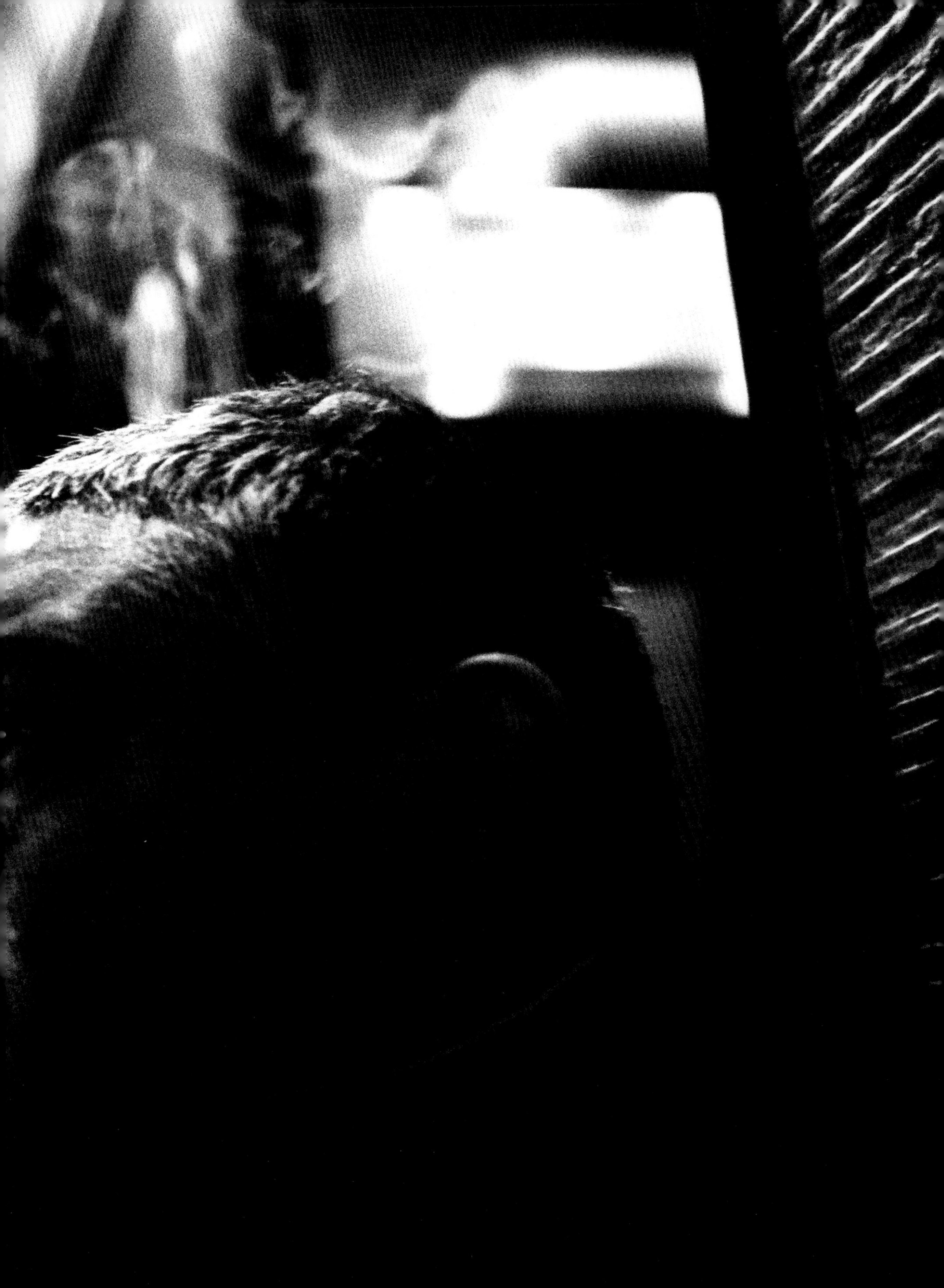

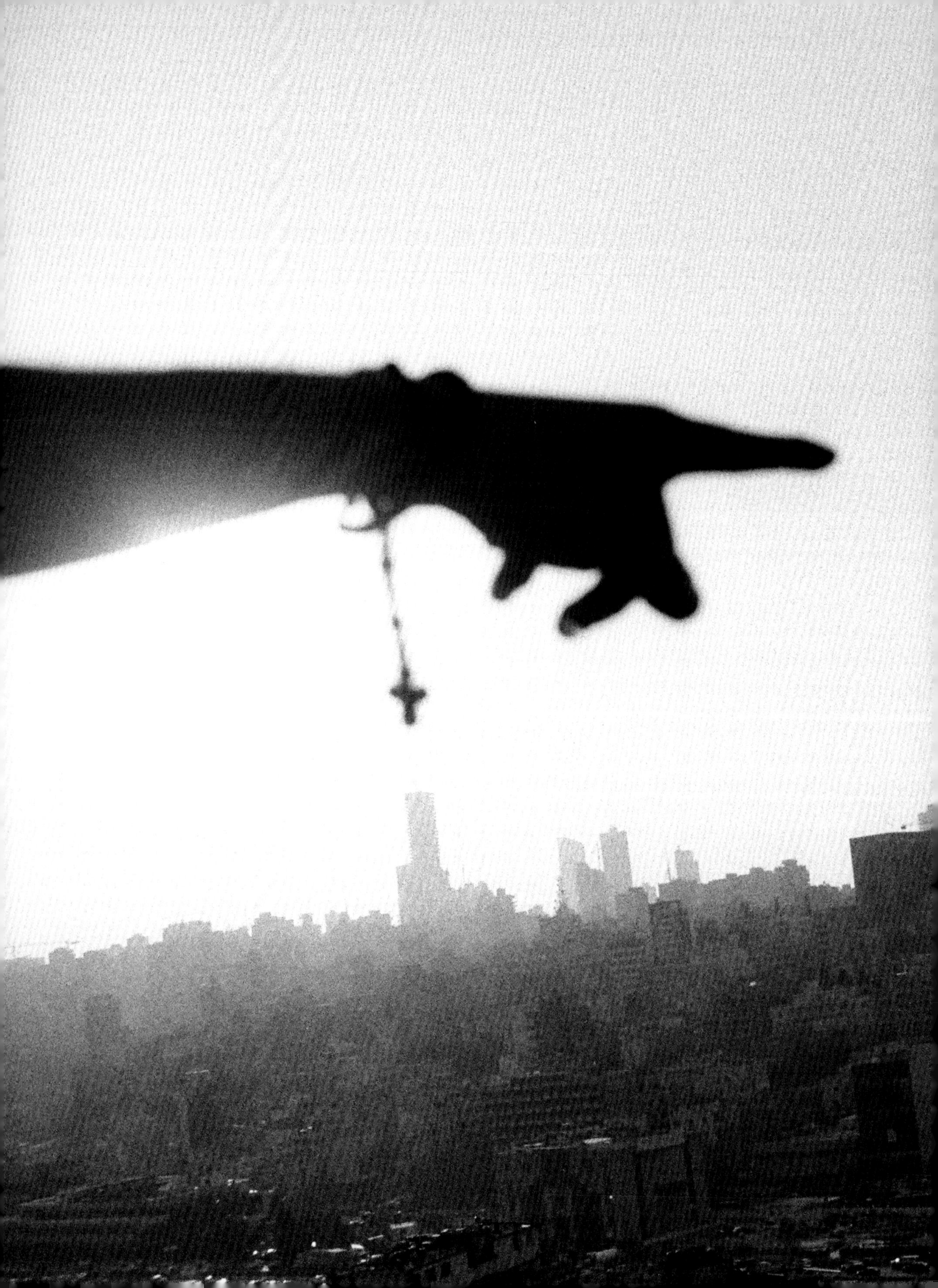

Կամուրջը

Գրիգոր Պըլտեան

Բլուրէն վար, գետէն անդին, Կիլիկիան է, կ՚ըսէք։ Նոր Սիս, Նոր Ատանա, Նոր Մարաշ, Նոր Ամանոս, Նոր Թոմարզա, Նոր Եոզկատ։ Կ՚արտասանէք մէկ շունչով։ Կիլիկիան՝ որ կը վերապրի հոս, չես գիտեր մինչեւ ե՛րբ, իր անուններու առասպելով։

Կամուրջը անոր պաշտօնական դարպասն է։

Սակայն ամառը կամ աշնան օրերուն՝ կը նախընտրէք զարտուղին։ Երբ բլուրն ի վար կ՚իջնէք, գետը եզերող ծառուղիէն շիտակ կը մտնէք հունին մէջ։ Ջուրերը նուազած, յատակը կը վերածուի ճախճախուտի։ Հոս-հոն ցցուն քարեր, պնդացած աւազի, շիկահողի պզտիկ տարածութիւններ, եղիճի կամ անուն չունեցող խոտերու մժեղոտ փունջեր, վերջին հեղեղէն մնացած կոճղի մնացորդներ, երբեմն մետաղի մեծկակ կտորներ, նոյնիսկ շրջուած ինքնաշարժի կմախքներ։ Թափօնի, մնացորդի խառնուրդ մը, որ ապաստանն է բնակուած միջոցներէն հալածական թռչուններու։

Լճացած ջուրերէն ցայտող քարերուն վրայ կանգ կ՚առնէք, կը ցատկէք, մէկ, երկու ոստում կ՚ընէք, ետեւ չէք նայիր, գիտէք այդ աւազի կամ բարակ հողի կամ սիկի դարվարը որ խախուտ դիզուածք մըն է միայն եւ ոտքերու տակ կը սահի, կը տանի ուղղակի հունին մէջ։ Քարն ալ որուն վրայ կեցած էք անկայուն է. անոր վրայ դժուար հաւասարակշռութիւն մը կը գտնէք, շունչ կ՚առնէք, քիչ մը կը ծոիք, կ՚անդրադառնաք որ ձեր ներկայութիւնը խանգարած է ամբողջ ենթաշխարհ մը ճճիներու, որդերու, տզրուկի, ջրկարիճի, նոյնիսկ շատ պզտիկ ձուկերու։ Կը փորձուիք խաղալէն։ Մանր խեչափառ կը հալածէք, որ խիճերու ետին կը պահուըտին կամ քար կը դառնան, աննշմարելի աչքէն։ Մտիկ կ՚ընէք ցանցառ ջուրերէն բարձրացող պղպջակներուն, հոս-հոն տարասփիւռ կոկռոցներուն, կը զգուշանաք գորտերէն, ինչպէս թափառող վայրենացած շուներէն։

Այս ճամբան ո՛չ շաւիղ կը գծէ, ոչ ալ իսկապէս ուղի կարելի է նկատել։ Ամէն անցորդ որ կը համարձակի մխրճուիլ անորոշին մէջ, իր ուզած կամ կրցած տեղերէն կ՚երթայ, չի կենար, որեւէ նախընթացի չի հետեւիր. եւ արդէն գարնան հեղեղները աւեր, սրբեր, տարեր են թերեւս հազիւ հաստատուած ուրուագիծ կածանը։ Երբ ջուրերը կը բարձրանան՝ յորձանքի ուժգնութեան քիչ բան կը դիմանայ, որ դառնար անշարժ կէտ, մնար խրած, գամուած հողին եւ արձանագրուէր հունին։ Ժամանակաւոր ուղեծիր մըն է ասիկա, ուր կանգ առնելու, որեւէ առիթ կամ տրամադրութիւն չ՚ունենար եկողը։ Ամենէն աւելի կը նմանի փախստականներու որդեգրած գաղտնուղիին, անվաւեր անցք, ո՛չ արգիլուած, ոչ ալ խափանուած, որուն միակ առաւելութիւնը գետին մէկ կողմէն միւսը հեռաւորութիւնը կարճցնել է։ Նահր գետը այս է, սահման՝ քաղաքին եւ Պուրճ Համուտին միջեւ, որ տարբեր աշխարհներ կը թուին, տարբեր, գրեթէ այլացեղ մարդոցմով բնակուած։ Ասոր համար, ամեն անգամ երբ կը հատես սահմանագիծը տպաւորութիւնն ունիս սխրանք մը կատարելու։

Աւելի երկար շրջան մը ընելը, կամուրջէն անցնիլը ծէս մըն է գրեթէ, երբ այդ հողամասը կը յայտնուի իր պաշտօնական մուտքէն, ինչպէս բերդերը իրենց միակ դարպասի կամրջակէն։ Բերդերը՝ որ հիմա չկան։ Մնացեր են անունները. Վահկայ, Լեւոնի, Լամբրոնի, որ կրկնել կու տան ձեզի դպրոցը, որպէսզի կարծես այս տեղերը դադրին երեւակայական ըլլալէ։

Պարտադիր է այս մուտքը հոս, հիմա, ձմրան ու գարնան եղանակին, երբ լեռներէն իջնող հեղեղները կը բարձրացնեն գետին մակարդակը, կը յորդին, կը գրաւեն եզերքներու հողերը, երբեմն մէկ գիշերուան մէջ կը հասնին ջրամերձ տուները, որոնք պայմանական կառուցումներ կը թուին, քիչ մը ազատ, անկանոն, խելագար թափով մը շինուած, ի հարկէ քիչ թէ շատ ապօրէն եւ կը կազմեն այն փուլը երբ վրանաքաղաքի փայտաշէն, թիթեղէ տանիքով երկյարկ լաստակերտումները տեղի տուեր են աւելի կայուն, իբր թէ աւելի ապահով շինութիւններու. եւ ահա գետի առաջին

The Bridge

Krikor Beledian

Down from The Hill, beyond the river, is Giligia[1], as you call it. Nor Sis, Nor Adana, Nor Marash, Nor Amanos, Nor Tomarza, Nor Yozghat[2]—you rattle them off in a single breath. Giligia lives again, right here—who knows until when?—in its legendary names.

The bridge is its official gate.

But in the summer or during autumn days, all of you prefer the alternate route. When you descend The Hill, you enter directly the shallow flow from the tree-lined street that edges the river. The waters receded, the river bed turns into a swamp. Here and there, protruding stones, small patches of hardened sand and clay earth, mosquito-infested clumps of nettle or plants that have no names, remnants of branches from the last flood, sometimes large pieces of metal, even skeletons of automobiles lying on their backs. A jumble of scraps and refuse that is the refuge of birds shut out by human habitation.

You stop on the stones that jut from the still water, you jump, one, two leaps, you don't look behind you, you know the downward slope of that sand, or soil, or slime, which is just a shaky heap and slips under your feet taking you directly into the shallows. The stone, too, on which you're standing is unstable; you achieve a difficult balance, take a breath, bend a little, realize that your presence has disrupted an entire subterranean world of insects, worms, leeches, water scorpions, even tiny fish. You're tempted to play. You pursue a small crab, which hides behind the pebbles or turns immobile like stone, unnoticed to the eye. You listen to the bubbles rising from the sparse waters, the gurgles here and there, you are cautious of the frogs, as well as the wayward, rabid dogs.

This passage neither delineates a path, nor can it really be regarded as a road. Every passerby who dares to plunge into the unknown departs from desired or possible places, does not stop, does not follow any precedent, and the spring floods have perhaps already swept clean the barely sketched outlines of the trail. When the waters rise, very little that could have become a fixed point, that could have remained staked, nailed to the soil and inscribed in the shallows, can withstand the eddy's force. This is a temporary trajectory, where the one who arrives has neither the chance nor the inclination to stop. Most of all, the road resembles the secret path adopted by fugitives, an undocumented passage, neither forbidden nor obstructed, whose sole advantage is that it shortens the distance between the river's two shores. This is the Nahr River, the border between the city and Bourj Hammoud, seemingly disparate worlds inhabited by people so dissimilar as to be almost of different races. That is why every time you cut across the line of demarcation, you feel that you have performed an heroic act.

To take a more circuitous route, to cross the bridge, is almost a ritual, when that land mass is revealed through its official entrance, like fortresses revealed through their single drawbridge. Fortresses that are gone now. What remain are their names. Vahga, Levoni, Lampron[3], names they make you repeat in school so these places will cease being imaginary, as it were.

This entrance is obligatory here, now, in winter and in spring, when the floods coming down the mountains raise the river's level, overflow, occupy the lands on the shore; sometimes in a single night they reach the houses nearby, which are like provisional structures, built of course rather illegally, with a kind of unfettered, disorderly, mad speed, and which constitute that period when the tent city's wooden, metal-roofed, two-story scaffolds gave way to more durable and seemingly secure constructions, and even now, even with the first overflow of the river, they are already flooded. It is as if the land finds again that old geographic state it once possessed. A wetland where any attempt at drilling leads inevitably to sand and salty water. But from above, from The

իսկ յորդումին ողողուած են արդէն։ Երկիրը կը վերագտնէ կարծես այն հին աշխարհագրական իրավիճակը որ իրն էր։ Ճախճախուտ մը՝ ուր ամեն հորատում կը հասնի անխուսափելի աւազին ու աղի ջուրին։ Իսկ վերէն, բլուրի բարձունքէն, երկյարկանի մոխրագոյն-ճերմակ-վարդագոյն տուներու տանիքներէն, գետը կը թուի ծաւալուն, արագավազ ծովու թեւ մը, ճիշդ է պղտոր, հողագոյն ծփանքով։

Բլուրի բարձունքներուն վրայ բնակող մարդիկը գիտեն որ վարինները "խալթը կերան" կենէ, ջուրը մտեր է տուները։ Հին ճահիճներուն հետ ընդերքներէն ամբարձեր, յայտնուեր են խոնաւութիւնը, գարշելի հոտերը, ծանօթ ու անծանօթ ախտերը, մանաւանդ օդին մէջ սփռուած, անշօշափելի համաճարակի սպառնալիքը։ Օհ, միշտ այսպէս չէ՞ր առաջ ալ, հո՛ն։ Աշխարհ փոխեր են մարդիկ եւ նորէն նոյնին կը հանդիպին։ Բլուրին բնակիչները շունչ կը քաշեն, կարծես իրենք վերապրեր են նման հաւանական աղէտի, ճիշդ տեղ են ընտրեր, գոնէ զերծ են ամեն բան կորսնցնելու, նորէն փողոցները մնալու, կեանքը զերոյէն վերսկսելու վախէն։ Ո՞վ չի մտածեր իր ազգականին, բարեկամին կամ թշնամիին։ Ո՞վ չի սպասեր արեւուն որ հեղեղին վերջ չի դներ անշուշտ, քանի տակաւին օրերով լեռներէն իջնող ջուրերը պիտի շարունակեն հոսիլ, բայց գիտէ որ ամպերը տակաւին չփարատած՝ տեսարանը պիտի պարզուի լման. գետէն տուժածները տանիք պիտի հանեն թրջուած անկողինները սաւանները, հագուստ-կապուստ, կահկարասի, եւ ինչ որ կը նկատեն փրկելի։ Պիտի հաստատեն անգամ մը եւս որ մինա՛կ են։ Այդպէս չէ՞ր արդէն ատենին, երբ նախկին երկրին մէջ առաջին ձիւնհալին Տաւրոսն ի վար Սիհունը կը յորդէր իր ափերէն, կ՛ողողէր դաշտ, գոմ, գիւղ ու քաղաք, կը տանէր իր վազքին մէջ ամեն ինչ։ Տարանցիկ բնակութիւն է ասոնցը, ենթակայ միշտ արտաքսումի կամ արմատախլումի։

Ձմրան ու գարնան կը դիմէք կամուրջ։ Ձեր երեւակայութեան համար ան կը թուի կայուն, միշտ բանուկ զանգուած մը, որուն վրայ տնտնացող կամ երբեմն սուրացող հանրակառքերը, օդին մէջ պահ մը կարծես առկախ, գրեթէ այերային, փաստը կը բերեն կառոյցի հաստատութեան։ Այդ մետաղային երթեւեկը մեծ քաղաքներու պատկերը չի պարզեր անշուշտ, բայց վերջապէս մեծ քաղաք կը յուշէ պզտիկին մէջ։ Թեքնաբանական ներկայութիւն մըն է, յաղթանակը երկրաչափութեան, մետաղագործութեան, մանաւանդ երեւակայակերտ ճարտարութեան, երբ շուրջը ամեն ինչ, գրեթէ ամեն ինչ տակաւին արտ, պարտէզ, բանջարանոց, ձիթաստան է։ Բայց գիտէք որ ասիկա երկար պիտի չտեւէ։ Տարածութիւնները խոպան կամ մշակուած պիտի գրաւուին, բռնակալ ուժերէն պիտի զսպուին, կորսնցնեն իրենց օտարութիւնը։ Գործարան, աշխատանոցներ ու հինգ-վեց յարկնոց շէնքեր պիտի ջնջեն այդ հին աշխարհագրութիւնն ու մարդկութիւնը։ Տեղերը պիտի քարանան, պիտի պզտիկնան, պիտի ապականին։ Կամաց կամաց, այսինքն՝ աննշմարելի ռիթմով, ինչպէս գրեթէ աննկատ միջադէպեր, ապա ընդհարումներ կը սկսին պատերազմը։ Իսկ պատերազմը առայժմ չկայ։

Ծառուղիին ծայրը նախ՝ պզտիկ, անձեւ հրապարակ մը կայ, ինքնաստեղծ պիտի ըսէի։ Անուն չունի։ Եթէ ունի՝ չի գործածուիր, ինչպէս բառարաններուն մէջ մնացած բառեր, որ հողի կորուստէն ասդին դարձեր են անհիմն։ Մէկ կողմը՝ Սահակեան դաշտն է, միւս կողմը՝ Ապրոյեանի ֆապրիքաները, կ՛ըսեն, քով քովի քանի մը շէնք՝ գետի երկայնքին, դէպի ծովուն կողմը։ Իսկ ծովը բաւական հեռու է եւ արդէն այնքան հարթ է հոս եղեգնուտներէն գրաւուած գետինը որ կապոյտ հորիզոնը չի գուշակուիր անգամ։

Փողոցին լայնք ի վար կ՛երեւի հանրակառքի գիծը, որ կարծես կը փրթի աւելի վերը գտնուող Թրէնի կամուրջի տակէն։ Ոչինչ կը նշէ կայարանը, որ ծանօթ է բոլորին։ Պիտի չերթաք, պիտի չսպասէք կիներու, երեխաներու խումբին հետ, որոնք թերեւս կը դիմեն մինչեւ Փոլիքարփոս կոչուած կանգառը, աւելի հեռու՝ Տորա, գիծին վերջը եւ սկիզբը լողափի երազին ու ծովամերձ մշակելի հողերուն։ Քանի մը ղուրուշ պիտի խնայէք։ Չ՛արժեր յաջորդ առաջին կամ երկրորդ կանգառին վար իջնելու համար դրամ ծախսել, չվճարելու պարագային՝ հսկիչին հետ շուն-կատու խաղալ։ Պիտի ձգէք որ հանրակառքը հնչեցնէ իր մետաղային շչակը, կանգ առնէ քանի մը վայրկեան, հանգչի, առիթ տայ հսկիչին որ վար իջնէ, քասքէթը գլխուն վարորդը որ վաթման կը կոչէք պատուհանէն մէյ մը աջ մէյ մը ձախ նայի, զգուշանայ գիծը կտրող տղոցմէ, կը սպասէ որ իջնող յաճախորդներուն տեղ նորեր լեցնեն բաժնեակները, որպէսզի սլանայ թեթեւ դարվերէն դէպի կամուրջը։

Դուք արդէն անոր սկիզբն էք գրեթէ։

Տեղեր կան, անկարեւոր թուող, որ համ կու տան ընթացքին։ Կարելի չէ մոռացութեան ենթարկել, բուն կամուրջը կանխող, անկէ առաջ, գետափէն շահուած հողաշերտի մը վրայ՝ բացօթեայ ճաշարանը, որ անուն չունի նորէն եւ որուն առջեւէն անցած պահուդ խորովուող միսի, այրած ճարպի ծուխն ու հոտը կը

Hill's summit, from the houses' gray-white roofs, the river seems voluminous, a fast-moving wing of the sea, yes, murky with an earth-colored buoyancy.

The people who live on The Hill's summit know that the ones below are screwed, again. Water has overrun the houses. With the old swamps, humidity, stench, known and unknown diseases, especially the impalpable threat of plague in the air, have risen from the earth's entrails. Oh, wasn't it always like this there, before? People's worlds change, and yet they run into the same thing. The Hill's inhabitants breathe a sigh of relief, as if they had survived the same foreseeable calamity, had chosen the right place of habitation, are at least free from the fear of losing everything, of being thrown to the streets again, of beginning once more from scratch. What person does not think of relative, friend, or enemy? What person does not wait for the sun, which of course does not end the flood because for days the waters from the mountains will continue to flow, but knows that before the clouds disappear, the scene will clear completely. Those who were harmed by the flood will take the wet mattresses, sheets, clothes, belongings, furniture and whatever else they think is salvageable, to the roof. They will know to their core, one more time, that they are indeed alone. Wasn't it already like that, in the old country, back when, in the first thaw down the Taurus Mountains, the Sihun would overflow, would cover field, stable, village, and town, taking everything in its torrent? Theirs is a transient dwelling, always subject to expulsion or uprooting.

In summer or spring, all of you head to the bridge. In your imagination, the bridge seems durable, a constantly busy mass on which the trams, some idling and others sometimes speeding seemingly for a second suspended in mid-air, almost ethereal, prove the structure's stability. That metallic traffic does not, of course, give the picture of a big city, but does intimate the big city in a small one. It is a technological presence, the triumph of engineering, metallifacture, and especially the ingenuity of construction when everything around it, almost everything, is still land, orchard, vegetable garden, olive grove. But you all know that these surroundings will not last. The expanses, untended or cultivated, will be occupied, will be subdued by oppressive forces, will lose their strangeness. Factories, workshops, five- or six-story buildings will erase that old geography and human presence. The places will be turned to stone, will become smaller, will be spoiled. The war begins slowly, with the imperceptible pace of seemingly almost-invisible incidents, and then the clashes. But at the moment, there is no war.

At the end of the tree-lined street, there is, first, a small, shapeless public square, self-created, I would say. It has no name. If it does, the name is not used, like the words in dictionaries which have become moot since the loss of the land. On one side, the Sahagian field, on the other side, the Abroyan factory buildings[4], as they are known here, a few buildings side by side along the length of the river in the direction of the sea. But the sea is quite far, and already the land, overrun by an expanse of reeds, is so flat that the blue horizon cannot be seen.

The tramway line can be seen down the width of the street, as if breaking off from underneath the train bridge further up. No sign identifies the station, which is known to all. You, all of you, will not go, will not wait with the group of women and children who are riding perhaps until the station known as the Polycarpos stop, and further to Dora, the end of the line, and the beginning of arable lands by the sea. You're going to save a few *ghooroosh*. It's not worth it to spend money if you're going to get off after one or two stops, to play cat and mouse with the ticket inspector if you're not going to pay. You will let the tram honk its metallic horn, stop for a few minutes, rest so the inspector can get off and the casquette-wearing tram conductor whom you call *vatman*[5] can look from his window, once to the left and once to the right, alert to the boys crossing the tracks, wait for the compartments of the descending passengers to be filled with new ones so he can speed lightly from the ascent to the bridge.

You are already almost at its beginning.

There are places, seemingly insignificant, which flavor such travel. It's not possible to forget the open-air restaurant that anticipates the bridge, which occupies a slice of land taken from the riverbank and again has no name. When you pass in front of it, the smoke and smell of roasted meat and singed fat fill the air. You hold your nose like a most sensitive and zealous vegetarian who scoffs at such savage customs. You turn your head so you won't see the magnificent sacrificial kill hanging from the branches of a stub of a tree, the body parts of a lamb, the head, the feet, and the entrails already poured into a cauldron. The blood trickles, the flies buzz, while the waiter, who is also a butcher, continues to cut at the meat with his cleaver. You don't look, but you cannot not

գրաւեն միջոցը: Քիթդ կը բռնես, շատ զգայուն ու խստակրօն խոտաճարակի մը նման որ նման վայրագ սովորութիւններ կ՛այպանէ: Կը դարձնես գլուխդ չտեսնելու համար կարճուկ, շատոնց խայտացած ծառի մը ճիւղերն ի վար շքեղ զէնում մը, կախուած ոչխարի կտրտուած մասեր, գլուխը, տոտիկները փորոտիքը արդէն թափուած՝ ամանի մէջ: Արիւնը կը կաթկթի, ճանճեր կը դառնան, մինչ մատուցող ծառան, որ մսագործ է նաեւ, կը շարունակէ կացինով միսերը կտրատել: Չես նայիր բայց հարուածները չես կրնար չլսել: Մինչ քովը մետաղէ կրակարանին վրայ կ՛եփին անասուններուն ընտիր ու երկրորդական կտորները. սիրտը, ուղեղը, փորոտիքը, երիկամունքը, պլորները, տոտիկները, մանաւանդ գանկը, որ մասնագիտութիւնը կը թուի այդ "լոքանթային": Ոչ շատ հեռու, ցանցառ արիշին տակ, նստեր են մարդիկ, օղիի, Լազիզա գարեջուրի գաւաթներուն առջեւ: Հօրդ հեռաւոր կամ մօտաւոր ընկերները, կ՛երեւակայես, Քարանթինայէն հոս ժամանած, քանի չես ճանչնար այս աշխատող, ուտող, խմող դասակարգը: Միտքդ մնացեր է մէկ կերպար, ֆէսը գլխուն, մէջքին կապած շալի նմանող կերպաս մը, հաստկեկ կօշիկներ հագած՝ ձիաքարշ կառքէն ցատկեր էր, կը ձայնէր ճաշարանի տիրոջ, որ գլուխը դուրս կը հանէր սա կամ նա ճաշը կ՛ապսպրէր եւ կառքը կը կապէր այդ երկու սենեակ յիշեցնող կառոյցի փաթթուող որթատունկին: Ձին կը խրխնջէր, կարծես կը սպասէր որ դոյլ մը ջուր երկարեն իրեն, ականջները մէկէն տնկած հանրակառքի եւ անոր ետեւէն եկող ծանրագնաց բեռնակառքին, երկուքն ալ արդէն կամուրջի մակարդակին հասած:

Այդ կէտին վրայ ծանր մեքենաները կը դանդաղին, տեղքայլ կ՛ընեն այնքան կքած կը թուին իրենց շինանիւթի, կերպասեղէնի հացահատիկի կամ պտուղի մնտուկներու բեռին տակ: Յիսունական թուականներու ամերիկեան բեռնատարեր են ասոնք, բաւական յոգնած Օլտսմոպիլներ, որ ովկիանոս են կտրած ու հասեր են հոս, Միջերկրականի էն ծայրը, եւ կը շարունակեն բանիլ, այսինքն՝ խանգարուիլ, նորոգուիլ, աշխատիլ: Որով հոս են եւ դուք ալ անոնց հետ քիչ մը հեռաւոր Ամերիկան կ՛ընդունիք:

Ոլորուն, սեւ ծուխ մը կը կախուի բեռնակառքի պոչէն, կը տարածուի, կը յամենայ օդին մէջ, եթէ ծովէն փչող հովեր չփարատեն: Անցորդները քիթերնին կը գոցեն, երբեմն կը հայհոյեն, կը ձգեն որ այդ ծանրաքարշը տնտնալէն հեռանայ, մինչ հետիոտն եկողները ոտք են դրեր արդէն կամուրջի մուտքին, այդ ձեզի համար հմայիչ աշխարհին որ տեղ-տեղ կը թուի օդառկախ, մանաւանդ երբ կը դանդաղիս մայթին, բազրիքին տակը. կամուրջի մետաղէ ցանցոլորէն կը նայիս վարը հոսող գետին, որ վերջին հեղեղէն ետք ամբողջ անտառ մը կը տանի կարծես, արմատախիլ բուներ, սատկած անասունի դիակներ, կոտրած կառքի կտորներ: Հեղեղները մէկ առաւելութիւն ունին ըստ երեւոյթին. կը մաքրեն կեղտը, մինչեւ որ վերստին յայտնուի անիկա: Եւ հիմա հոսանքի մակարդակէն վեր թռչուններ կը խծբծեն օդը, կարծես վերջապէս գտած՝ տեղ մը որ կը զլացուի իրենց այլուր: Երբ կը բարձրացնես նայուածքդ, քիչ մը անդին, կամուրջէն անդին ըսել կ՛ուզեմ, ձախ կողմը, "թիրօն" կայ, Tir au pigeon-ի բացաստանը, խաղավայրի նմանող բացօթեայ ասպարէզ մը, ֆրանսական հոգատարութեան շրջանէն մնացորդ, ուր աղաւնի կը թռցնեն, նշան կ՛առնեն, կը կրակեն, մերթ կը վրիպին որսէն, մերթ կը վիրաւորեն, միջոցը կը բզկտեն կրակոցներու թնդիւններով:

Այդ կէտէն կը տեսնուի գետի աջ ափը, ծառուղին, եւ աւելի վերը երկաթուղիի գիծէն անդին, բլուրը իր խայտաբղէտ տուներու զիկզակներով: Ծիշդ այստեղ կը թուի լուսանկարիչը հաստատած ըլլալ իր եռոտանին, նկարելու համար Ճերմակ Տուները, Ժէթաուի բարձունքը, աւելի ձախ՝ Բլուրը՝ որ բացիկին վրայ զուրկ է եկեղեցիի գմբէթէն, աւելի անդին, խորքին՝ Սիուֆիի բարձունքն է ու եղեւիններու ցանցառ պուրակը: Իսկ վարը գրեթէ ամայի դաշտագետին է գետափը ուրկէ բացակայ են ծառուղիի թրոնյի, մեքենական նորոգութեանց խանութները, նոյնիսկ Սուրբ Յարութիւն եկեղեցին: Բացիկին աջ մասը ցոյց կու տայ կամուրջը, որուն մուտքին Սիթրօէն մը կեցած պէտք է ըլլայ, կ՛երեւի վարորդին Ալ-Քափոնէ ճերմակ գլխարկը, իսկ քովը, հազիւ ուրուացող դէմք մը, ան ալ կնոջական գլխարկով:

> Նկարագրել այսպէս կը նշանակէ կորսնցնել հազար ու մէկ մանրամասնութիւն, նշուածներուն միջեւ տարածուող միջոցներ, եթէ ոչ անջրպետներ կան, խել մը ձայն ու կանչ ու պոռչտուք, մանաւանդ տեղերուն մոխրագոյն ու դաժան մակերեսը: Ի՜նչ աւերակներ:
> Սկիզբէն հաշտուելու ես կորուստի գաղափարին հետ, ինչպէս Կիլիկեան որ չկայ, մանաւանդ չյաւակնիս աւելիին, որեւէ նուաճումի, որեւէ սպառիչ արձանագրութեան:

Երբ մանուկ ես եւ այս կողմերը քեզ կը բերեն տարին մի քանի անգամ միայն, կը հմայուիս գրեթէ ամեն ինչով, շատ անգամ կը մոռնաս հմայաթափութիւնդ, աչքերդ կը հպին միայն ներկային:

hear the blows. At the same time, next to him, the secondary and precious body parts of animals are being cooked on a metal grill, the heart, brain, intestines, kidneys, testicles, feet and particularly skull, which seems to be the specialty of that "lokanta."[6] Not far off, under a sparse vine, people sit in front of glasses of *arak* and Laziza beer. You imagine them to be your father's distant or close relatives, here from Qarantina[7] because you don't know this working, eating, drinking class of people. Only one type has remained in your mind: *fez* on his head, a shawl-like fabric wrapped around his waist, thick shoes, he had jumped from the horse-driven carriage, was calling the restaurant owner who had leaned out for some food, and was tying his carriage to the vine that reminded you of that vine that wound itself around the two-story structure. The horse was neighing as though it were waiting for them to offer it a bucket of water, its ears suddenly pricked in the direction of the tram and the freight car behind it, both having already reached the level of the bridge now.

On that spot, heavy vehicles slow down, stop in place, so loaded down they seem by the crates of building materials, fabrics, grains or fruits. In the 1950s, these are American trucks, considerably tired Oldsmobiles, which had crossed oceans and arrived here, at the very edge of the Mediterranean, and which continue to run, that is, to be disassembled, repaired, and made to function again. Because of these trucks, you can experience here the far-away America.

Twisted black smoke hangs by the tail of the freight car, it spreads, stays in the air if the winds from the sea do not dissipate it. The passersby hold their noses, sometimes they curse, let the heavy load dawdle away while those who have come on foot have already stepped onto the entrance of the bridge, that alluring world that seems in places suspended in the air for all of you, especially when you slow down at the sidewalk, under the flight of stairs; from the bridge's metal meshing you stare at the flowing river below which, after the last flood, looks as if it's taking with it an entire forest of uprooted trunks, animal carcasses, parts of a broken cart. The floods have one benefit, it seems: They clean the filth, until it appears again. And now, above the current's surface, birds dart through the air as if they have at last found a place denied them elsewhere. When you look up, a little away, beyond the bridge, I mean on the left, there's Tiro, the *Tir au pigeon* clearing, an open space resembling a playground, a leftover from the French Mandate period, where they release pigeons, take aim, shoot, sometimes miss their prey, sometimes injure the bird, shredding the space with the rattle of their gunfire.

From that spot, the right shore of the river is visible, as is the tree-lined street and, further up the railway, The Hill, with the zigzag of its speckled houses. Right there, the photographer seems to have placed his tripod to take pictures of the white houses, the Jeitawi summit, and, further to the left, The Hill, which on the postcard is missing its church's cupola; further on, deeper, is the Sweifieh summit and the sparse grove of fir trees. But below, the river bank is a nearly deserted field, where the machine shops—"torno" shops they're called—of the tree-covered street, and even St. Haroutune Church, are absent. On the postcard's right, there's the bridge, at whose entrance appears a parked Citroën, the driver wearing an Al Capone white hat, and beside him a barely visible face donning a woman's hat.

> To describe like this means losing a thousand and one details; there are, between what is noted, expanding interstices if not outright cracks—a surfeit of voice, and call, and scream; above all, the gray, cruel surface of such spaces. What ruins...
> At the outset, reconcile yourself to loss, like Giligia which is not there; more than anything, abandon any pretense of achieving more, any mastery, any completeness.

When you are a child and they bring you to these parts a couple of times a year only, you are almost enchanted by everything; often you forget your ability to resist such enchantment, your eyes focus on the present only.

> All writing requires a return, as you know, and that time in the present is not transparent; it is a palimpsest of unsteady, murky, tangled layers; times are superimposed on each other, and they annihilate that initial something—image, sensation, what you have lived, what you have not lived completely, and demands of you to finally re-shape it—if there is that initial something to begin with.

The world of enchantment spreads on the bridge's two sidewalks. Side by side, the legal and illegal street vendors have set up their open-air markets, thrown whatever they have found onto lengths of cloth spread on the ground. Casual passersby, like your father, mother, sisters, stop, look, are amazed at the abundance and variety

Գրելու համար վերադառնալ մը կայ, գիտես, եւ այդ ներկան թափանցիկ չէ, խախուտ, պղտոր, իրերանցիկ խաւերու կրկնագրութիւն մըն է. ժամանակները կը մակադրուին իրարու վրայ, եւ սկզբնականը—պատկեր, զգայութիւն, ինչ որ ապրեր ես, ինչ որ չես ապրեր լիովին, եւ հիմա կը պահանջէ քեզմէ որ զայն վերջապէս վերակազմես—կը բնաջնջեն, եթէ այդ սկզբնականը կար։

Հմայքի աշխարհը կը տարածուի կամուրջի երկու մայթերուն։ Պաշտօնական կամ անպաշտօն վաճառորդներ քովէ քով բացեր են իրենց բացօթեայ շուկան, սփռոցներու վրայ թափեր են ինչ որ գտեր են, հօրդ, մօրդ, քոյրերուդ պէս պատահական անցորդներ կանգ կ՚առնեն, կը դիտեն, կը զարմանան այդքան առատ ու զանազանեալ ապրանքի, խաղալիքներէն, հագուստեղէնէն մինչեւ ուտեստեղէնի, խոհանոցային իրերու ամենէն տարբեր տեսակները, որ բերուած կը կարծեն ուրիշ երկիրներէ, եւ ոչ պարզապէս քաղաքի պազարներէն, ասոնցմէ յորդող աւելցուք, եւ հիմա կիրակի օրով ցոյցի են հանուած իբրեւ եզակի նմոյշներ նորագոյն արտադրութիւններու, անշուշտ իբր թէ աւելի աժան։ Այդ է որ կը պոռան գլուխնին "ագիլ" փաթթած կամ քասքէթաւոր մանրավաճառները, կանչի ու գովեստի կարելի շեշտերով, եւ այս մայթերուն վրայ ցրուած երգչախումբի մը նման արաբերէնի բոլոր երանգները ի գործ կը դնեն գովելու համար ծախու հանուած խայտաբղէտ ապրանքները։

Երբեմն անցորդներ չտեսի պէս աչքերնին կը բանան, ինչպէս յաճախ բերաննեը կարծես այդպէս կ՚ուտեն անծանօթ խաղալիքը։ Երեխայ են գրեթէ։ Կը վերցնեն, մանրամասն կը զննեն այդ ինքնագնաց շոգեկառքը, գետինը սփռոցին վրայ դրուած տուփին մէջ պառկած, շէկ մազերով պուպրիկները, որ աչք կը գոցեն ու կը բանան, եւ որոնց զարմանալի կենդանութիւն կը վերագրէ վաճառորդը անմիջապէս յաճախորդին քով տնկուած։ Եթէ որեւէ բան քեզ հմայէ, ջանաս մօտենալ ու ձեռքդ երկարել անոր, ետիդ կը յայտնուի արգիլող ձայնը, մամադ որ կը վախնայ, կը զգուշացնէ, իբրեւ թէ բիւրեղէ գաւաթին որ կը դպիս՝ կը կոտրես, երբ դուն միայն աչք ունիս այդ մեծ գնդակին, փուշիկներուն, կօշիկներուն քով զետեղուած մետաղեայ բանակի մը կարմիր, կապոյտ ու սեւ զինուորներուն։ Կը քաշուիս ետ, աւելի ճիշդ քեզ կը քաշեն ձեռքէդ, որ քալես մայթէն, մնաս զգոյշ ճամբէն անցնող օթոներուն, երբեմն հեծանիւներուն, ձիաքարշ կառքերուն։ Կը ջանաս կօշիկներդ հեռու պահել ցեխէն, գետինը թափած թրիքէն, անկարող անշուշտ ակնարկիդ մէջ ամփոփելու աշխարհի խայտաբղէտ ցուցադրութիւնը։ Արդէն քիչ մը յոգնած՝ կ՚արագացնես քայլերդ։ Բայց գլուխդ կը դառնայ մէյ մը աջ մէյ մը ձախ։ Չես ուզեր անտես ընել որեւէ բան, որ նորութիւն է հոս, որ վերը, բլուրին վրայ չես գտներ, ոչ ալ քաղաքի շուկաներուն մէջ ուր այդ նորութիւնը կորսուած կ՚ըլլայ խել մը ապրանքի մէջ։ Ձախին, եղեգնուտներէն անդին քանի մը գործարանի ծխնելոյզ կը տեսնես, ծուխի քուլաներ, նաւի մետաղային կայմեր, Քարանթինային կողմը կը տարածուի վարախաներու ընդարձակ, մոխրագոյն աղիւսներու թագաւորութիւն մը, որուն թիթեղաշէն տանիքները երբեմն կը փայլատակեն արեւուն տակ։ Հոսկէ դիտուած զարմանալիօրէն այդ հեռաւոր ցամաքի շերտը կը թուի սկիզբը անմատչելի երկրի մը, ուրկէ ներս կը խուժեն օդանաւեր, հետզհետէ կը ցածնան, կը գրաւեն գետի հովիտին ու լեռներուն բացուածքը, խլացուցիչ աղմուկով մը որ բոլորին գլուխները կը դարձնէ դէպի երկինք ։

Երբ նայուածքդ կը վերադառնայ կամուրջի բացած ճամբուն, պահ մը կը թուիս օրօրուիլ երկնքին ու ներքեւէն անցող ջուրերուն վրայ։ Եւ այդ կարծես սկզբնական տպաւորութիւնն է որ պիտի վերադառնայ մտքիդ երբ կը կտրես Սէնը Pont des Arts-էն, որ իր այերային ընթացքով դժուար որ բաղդատելի ըլլայ ձեր կամուրջին, թէեւ երկուքն ալ մետաղը կը փառաւորեն։ Տատանումի, շորորումի, նոյնիսկ ճօճումի զգայութիւններ կան սակայն, որ գլխու պտոյտ կու տան, կարծես կը կազմեն երաժշտական նախերգանք մը, պատրաստող՝ գալիք տրաման։

Բայց այդ տրաման, վտանգաւոր արկածախնդրութիւններով յօրինուած, կը մնայ թէական, այստեղ։ Գրեթէ երեւակայական երկիւղ մը։ Կը բռնես մետաղէ բազրիքը, հպումներէն քիչ մը փայլող, կանգ կ՚առնես։ Կը սպասես որ հանրակառքը եւս անցնի, վաթմանը հնչեցնէ շչակը քանի մը անգամ եւ մեքենան վերագտած դիմէ կամուրջին ծայրը եւ հոնկէ սողոսկի իրարու մօտիկ, կարծես իրարու մէջ մտած տուներուն ընդմէջէն, տնտնալէն հասնի Տորա, սկիզբ մեր երազներուն, ինչպէս կը մտմտաս դուն քեզի երբ այդ երջանիկ ժամանակը կը փորձես պատկերացնել։ Երջանիկ՝ օհ պարզապէս որովհետեւ ժամանակը չկար։

Կը տեսնուի ձախին՝ սինեմա Քնարին մշտանոյն ցուցանակը, հրաւիրող իր չես գիտեր ո՞ր չորրորդ կարգի կամ անդրջրհեղեղեան ֆիլմին։ Բայց դուն այդ հրաւէրին երբեք տեղի չես տուած, չես մտած անոր նեղ դռնէն, որ տեղ մը ըլլալու է, կողմնակի, ճամբէն քիչ մը դուրս, կարծես ծածուկ անցք մը, շեղանցք մը ըլլար

of the wares, from the toys to the clothes to the food staples to different kitchen utensils of every kind, which they believe were brought from other countries and not simply from the city's downtown bazaars whose leftovers are now, on this Sunday, displayed as one-of-a-kind samples of the newest products, and, of course, cheaper. That is what the peddlers shout at the top of their lungs, their heads covered in an *akil*[8] or a casquette, inviting praise for their goods, and, like a choir spread out on these sidewalks, they employ all the inflections of the Arabic language to laud the bright-colored wares for sale.

Sometimes the passersby open their eyes wide like they've never seen these things before, and often their mouths too, so much so that you'd think they are eating some strange toy. They are children, almost. They pick up and examine the train that moves by itself, the box of blond dolls lying on cloth on the ground, which open and close their eyes and to which the seller, immediately popping up next to the customer, ascribes an astonishing likeness to a living being. If anything enchants you, if you try to get close and extend your hand to it, a forbidding voice is behind you, your mother who is afraid, whose warning seems to be for the crystal cup that she thinks you would touch, would break, whereas you have eyes only for that big ball, the balloons, and the red, blue, black toy soldiers of a metal army lined up next to the shoes. You stand back, they pull you by the arm so you will walk on the sidewalk and stay alert to the cars passing by, sometimes to the bicycles, sometimes the horse-driven carriages. You try to keep your shoes from the mud, the dung scattered on the ground, incapable surely of holding in your gaze the world's multifarious display. Already a bit tired, you quicken your steps. But your head turns once right, once left. You don't want to miss anything that is new here, that you will not find up there on The Hill, nor in the town's markets, where this novelty will be lost in the bounty of merchandise. On the left, beyond the reeds, you see the chimneys of a few factories, clumps of smoke, metal masts of ships; on the Qarantina side, a kingdom of gray brick shanties whose tin roofs sometimes glitter under the sun. Seen from here, surprisingly, that slice of distant land appears as the beginning of an unreachable country into which rush airplanes; gradually they fly lower, own the opening of the river's valley and mountains with a deafening noise that turns everybody's head toward the sky in astonishment.

When your gaze returns to the path opened by the bridge, for a moment you feel as if you are swaying on the waters flowing from above in the sky and below you. And it's that initial impression that will return to you, it seems, when you cross the Seine from Pont des Arts whose ethereal course makes for a difficult comparison with your bridge, although both glorify metal. The sensations of wavering, swinging, even oscillating, continue still, dizzying sensations that are, as it were, a musical prelude for the drama to come.

But that drama, made up of dangerous adventures, remains conditional here. Almost an imagined dread. You hold on to the metal railing made a bit shiny by the grip of hands, you stop. You also wait for the tram to pass, for the *vatman* to honk the horn a few times, and for the tram to resume its course toward the end of the bridge; from there to wind its way through houses so close to each other as to look like intertwined jumbles, and to amble its way to Dora, the beginning of our dreams, as you try to imagine that happy time. Oh, happy, simply because you had no sense of time.

On the left can be seen Cinema Knar's display board next to the entrance, forever unchanging, inviting you to its who-knows-what fourth rate or antediluvian film. But you have never given in to that invitation, gone through the cinema's narrow door which must be somewhere on a side street, a little off the main street, as if it were a hidden alley, a digression toward Hollywood or Egypt or Cinecitta. You have watched neither *Anahid* nor *My Heart is my Witness* (*Galbi Dalili*, in Arabic)[9] nor *The Son of the Sheik*, although for many years after his death Rudolf Valantino still enchanted you, thanks to his regular appearances on the pages of *Nor Gyank* weekly. What is called reality suddenly appears veiled, cracked, and it's enough to come close to the crevices, to succeed in widening the cracks, to see another world to which this one is bound by secret threads. Not to mention that for you, cinema does not enter the sphere of the Armenian language, you can't even imagine that it can be in your language. Cinema is the threshold to the other world, which is here, all around, but is not revealed. And whatever is not revealed does not exist, for sure.

All of you have no reason to veer left, there, beyond the two-story buildings where what the newspapers call the "village of huts" can only be guessed at. In everyday language, this is Tiro camp, which since the Qarantina days has been spreading to these parts; it changes in population but never in character. Only years later will you

դէպի Հոլիվուտ կամ Եգիպտոս կամ Չինէչիթա։ Չես տեսած ո՛չ “Անահիտ” ը, ոչ “Սիրտս կը վկայէ”ն (Կալպի Տալիլի) ոչ “Շէյխի որդին”, թէեւ Ռուտոլֆ Վալէնթինոն համայեր է քեզ մահէն տարիներ ետք շնորհիւ իր հերթական երեւումներուն “Նոր Կեանք” շաբաթաթերթին մէջ։ Իրականութիւն կոչուածը մէկէն կը թուի ծակծկուած, ճեղքոտուած եւ կը բաւէ ծերպերուն մօտենալ, յաջողիլ լայնցնել ճեղքը, տեսնելու համար ուրիշ աշխարհ մը որուն այս մէկը կապուած է գաղտնի թելերով։ Մնաց ալ որ սինեման քեզի համար չի մտներ հայերէնի կարգին մէջ, չես երեւակայեր անգամ որ անիկա ձեր լեզուով կրնայ ըլլալ։ Սինեման սեմն է դէպի օտար աշխարհը, որ հոս է, ամեն կողմ, միայն թէ չի յայտնուիր։ Եւ ինչ որ չ՛երեւիր ապահովաբար չկա՛յ։

Ձախ կողմ թեքուելու որեւէ պատճառ չունիք, հոն, երկյարկ շէնքերու ետին կը գուշակուի թերթերուն «հիւղաւան» կոչածը, ընթացիկ բառով Թիրոյի քէմփը, որ Քարանթիայի օրերէն կը տարածուի մինչեւ այս կողմերը, բնակչութիւն կը փոխէ բայց երբեք նկարագիր։ Տարիներ ետք միայն պիտի յաջողիս մտնել անոր յետին մնացորդներուն մէջ, պեղելու պէս տուներու անհաւանական լաբիւրինթոսէն քալել. հոս փայտէ սանդուխ մը պերճ թթենիի մը կողքին առաջնորդող վերի նոյնպէս փայտաշէն յարկ մը, քիչ մը անդին արդէն պեթոնէ սեմ մը, աղիւսէ պատեր, երկու յարկի բարձրութեամբ, լուացքի կաթկթող թաւալներ, որթատունկի արիշներ, յատակին պառկած շուներ, նոյնիսկ ախոռի մը մէջ վրնջող ձի մը, անդադար գետինը դոփող։ Այն ատեն նայուածքդ հետախուզական է միայն, կ՛ուզես տեսնել ինչ որ երբեք չես տեսած կամ տեսեր ես շատոնց ու միտքդ չէ մնացած, այդ անցեալ գոյութիւնը որ տակաւին կը յարատեւէ, անջնջելի ամօթ մը կը թուի։ «Մենք ասա՛նկ պիտ ըլլա-յինք...» Այնքան շատ լսեր ես կիլիկեան այս անկումը թելադրող բացագանչութիւնը, որ պատմութիւն կոչուածը կը նետես մտքէդ հեռու, կը լքես, նոյնիսկ եթէ գետի տզրուկին պէս երբեմն կը փակի ոտքիդ։ Սակայն, որքան ալ մերժես, հիմա ձախիդ (քանի որ ժամանակը ջնջուեր է ի սպառ), կը գտնուի սեմը, որ պիտի չկտրես, սեմը դէպի ծագումիդ հեռաւոր խորշերը, խորտակուած գերաններով, փլփլած տանիքներով, մանաւանդ հազիւ ինքն իր գոյութիւնը պահող մարդոցմով։

Նման զգայութիւն կը յարուցանէ մէջդ, աջին, «Նայիրի» շաբաթաթերթի ցուցատախտակը, թերեւս ալ տպարանը, ուր երբեք պատճառ չես ունեցած ոտք դնելու։ Հոնկէ կը սկսի ոլորուն ու բարդ ճամբայ մը դէպի լրագրութիւնը, թուղթը, գրիչը, գիրքերն ու գրադարանը։ Ատիկա հեռաւոր ու տարտամ ասպարէզ մըն է։ Անոր մասին ինչպէ՞ս կրնաս մտածել երբ կարդալ հազիւ կրնաս։ Եւ յետոյ, նախ՝ պիտի սորվիս քանի մը օտար լեզու, մանաւանդ սա արաբերէնը որ կը լսես անդադար կամուրջի երկայնքին մանրավաճառներու բերնէն, մե՛րթ կակուղ թուող, մե՛րթ ալ դժուարին կոկորդային բաղաձայններով որ վրայէ վրայ թաւալող բլրակներու աւազէ տափաստան կը յուշեն, եւ առհասարակ զանգուածեղ դրսութիւն մը, ան որ տեղ չունի կարծես բացուող փողոցին մէջ։

> Առանց կորուստի ի՞նչ նուաճում, կ՛ըսես դուն քեզի։ Անգամ մը եւս ետքի աշխատանքդ կը հեռացնես նուաճումի որեւէ յաւակնութենէ, քանի կը հետեւիս զգայութիւններու որ երբեք չեն հասած իմացումի մակարդակին, եւ իբրեւ այդ քեզ հեռու կը պահեն տեղերէն ։
> Բայց թէ ինչո՞ւ անմիջապէս տեղին մասին կը խորհիս, ահա խրթին սեւեռակէտը։ Մենք ասա՛նկ պիտ ըլլայինք... այս մարդոց արտաքսումը—զանց կ՛առնեմ սպանդ, տարագրութիւն, վերապրումի տնտեսութիւն—թերեւս կը բացատրէ, բայց արտաքսումը ամեն ինչ չէ։

Իսկ ճամբան կը դիմէ ուղղակի դիմացը, թոյլ տալով Սինելֆիլի ճամբուն որ ճոդի, հետեւի գրեթէ գետի ընթացքին, եզերէ ջրամերձ տուները, ծեփէ ու ներկէ զուրկ աղիւսի պատերը, եւ կարծես խորանայ նախկին, հիմա չորցած ճախճախուտէն մնացած արտերուն մէջ։ Աւելի անդին, շատ աւելի անդին՝ ճոխ պարտէզներ են, նարնջաստաններ, մանտարինի կանաչ թագաւորութիւն մը որուն մէջէն կը յայտնուէր ծխող շոգեկառքը։ Պէտք է լքես ինչ որ տակաւին կը թուի անորոշ տարածք ասդին, նոյնիսկ եթէ ձախին արդէն երկյարկ, նոյնիսկ եռայարկ շէնքեր ճակատ մը կազմեն, գրեթէ պեթոնի յաղթական յայտնութիւն մը, եւ նեղլիկ ու երկար պատշգամներէն արդէն բժիշկներ իրենց մասնագիտութիւնները կ՛առաջարկեն հիւանդ զանգուածին։ Արաբատառ, ֆրանսատառ, հայատառ յայտարարութիւններ, որ չես յիշեր։

Հեռուէն կը լսես անկանոն դափինի թփթփոցներ, որ հետզհետէ կ՛աւելնան, փամփուշտի սոյլերու պէս կը թնդան, յետոյ մէկէն կը հատնին։ Քայլ մը եւս եւ արդէն կը պարզուի տեսարանը առաջին կօշիկի արհեստանոցին, քովը անշուշտ քանի մը ուրիշներ, ասոնք երբեք առանձին չեն ըլլար, միշտ շարակարգով կու գան, այնքան ալ զանազանելի չեն առուծախի

succeed in entering its detritus as if you were excavating its houses, walk through its improbable labyrinth. Here, next to a sumptuous mulberry tree, wood stairs leading up to a wooden floor; a little further, a threshold of concrete, brick walls two floors high, the drop and tumble of the wash, creeping vine bushes, dogs sleeping on the ground, even a neighing horse in a stable continuously kicking the ground. Then your gaze is probing only; you want to see what you have never seen or you have seen long ago and forgotten, that past way of being which persists still, seems an indelible shame: "Is this what was to become of us?" You've heard this pained exclamation intimating the fall of Giligia so many times that you banish what is called history from your mind, you abandon it even if it sticks to your foot like a river leech. But as much as you reject it, now on your left (because time has been erased altogether), there is the threshold that you will not cross, the threshold to the distant haunts of your beginning, their rafters shattered, their roofs ruined, and their people, especially, barely holding on.

The sign for *Nayiri* weekly, maybe even its printshop that you've never had reason to visit, revives in you a similar feeling. From that printshop begins the circuitous and complicated path toward journalism, paper and pencil, books and the library. It is a distant and murky pursuit. How can you think about it when you can barely read? And then, first you have to learn a few foreign languages, especially this Arabic that you hear all the time from the mouths of the peddlers along the stretch of the bridge, sometimes seemingly soft, sometimes difficult with guttural consonants which bring to mind hills of tumbling sand, and typically an overwhelming sense of otherness that has no place, you would think, on the street opening ahead.

> Without loss, what conquest, you say to yourself. One more time you distance your future work from all pretense of achievement because you are tracking first impressions that have never reached the level of understanding, and as such they keep you at a remove from any place.
> Why is it that you immediately begin to think about a place? This is the raveled question toward which you turn... Is this what was to become of us?... These people's expulsion—I ignore massacre, exile, and all means of survival—perhaps is an explanation, but the expulsion is not everything.

But the road leads straight ahead, allowing the Sin-el-fil road to split, to almost follow the course of the river, to edge the houses along the water and the brick walls in need of paint and cement, and to root itself to the once-swampy but now-parched lands. Further away, much further away, there are sumptuous gardens, orange groves, and a green kingdom of mandarins through which the fuming train would appear. You must abandon whatever still seems undefined landscape on this side, even if, on the left side, two- or even three-storied buildings already create a façade, a near-victorious revelation of concrete, and from the narrow, long verandas, physicians announce in advance their specializations to the infirm masses, Arabic, French, Armenian announcements, which you don't remember.

From far away, you hear the chaotic noise of drumbeats that gradually become louder, roar like the hiss of bullets, then end abruptly. One more step, and the scene of the first shoe repair shop is revealed, and next to it, of course, a few others—these are never alone, they always come in rows; they are not that different from the commercial shops where you can order shoes according to size or try the ready-made ones and buy them. There you realize that you are face-to-face with, if not in, the oldest of crafts. You are in Bourj Hammoud. You have entered its heart, the fortress town of shoes, about which Uncle Mamas always has huge reservations, picks up suspiciously any footwear that is bought from there, examines it, says it's "bazaar junk" of course, that is, cheap, unreliable, because a pair of shoes must last for a least a year and offer the possibility of repair, but the shoes here follow the so-called latest fashions; the next year they are already worn-out, temporary, exactly like the fashion trend they represent.

So, close to the sidewalk, those shoemakers' shops are open summer and winter; from their mostly closed-off space echo the unending blows of hammers on nails, leather, and metal, and every material reacts differently to the blow. You must hold your nose and sometimes close your eyes and protect them from the slashed leather, the sticky fluids, and the acrid or bitter, in any event stinging, smell of gelatin that rises and expands from the buckets on the ground. From the doorsill to the very interior of the shop, workers, one, two, three, or four sometimes, are seated in front of makeshift tables; they cut leather, sew, whistle, raise their heads, watch the passersby, all potential customers. The creatures called tourists are not born yet, or they do not find exotic things

խանութներէն, ուր կրնաս ըստ չափի կօշիկ ապսպրել կամ պատրաստին փորձել ու գնել: Հոն կ՛անդրադառնաս որ արհեստներէն ամենէն հինին դիմացն ես, եթէ ոչ անոր մէջ: Պուրճ Համուտ ես: Մտեր ես անոր սիրտը, կօշիկի բերդաքաղաքը, որուն հանդէպ Մամաս քեռին միշտ մեծ վերապահութիւն ունի, կասկածով ձեռքը կ՛առնէ կը քննէ հոնկէ գնուած որեւէ ոտնաման, որ "պազարի" կը գտնէ անշուշտ, այսինքն՝ աժաննոց, անվստահելի, քանի կօշիկ մը տարի մը դիմանալու է գոնէ եւ ներկայացնէ կարելիութիւնը վերանորոգումին, իսկ աստեղինները իբր թէ վերջին նորաձեւութեան կը հետեւին, յաջորդ տարի արդէն մաշած են, ճիշդ այդ նորաձեւութեան պէս ժամանակաւոր:

Ուրեմն՝ մայթէն ոչ իսկ թիզ մը՝ ներս՝ ամառ ձմեռ բաց են այդ արհեստանոց խանութները, որոնց երեքքառորդով գոց միջոցներէն դուրս կ՛արձագանգեն մուրճի հարուածները անդադար գամի, կաշիի, մետաղի վրայ, եւ ամեն մէկ նիւթ տարբեր կը հակազդէ իջնող մուրճին: Քիթդ պէտք է բռնես, երբեմն ալ փակելու պէս պաշտպանես աչքերդ կտրուած կաշիի, կպչուն հեղուկներու, դոնդողի կծու թէ թթու, ամեն պարագայի՝ կճան հոտերէն որ կը տարածուին գետինը դրուած դոյլերէն: Խանութի սեմէն մինչեւ խորքը, յարմարածոյ սեղաններու առջեւ նստած, գործաւորներ, մէկ, երկու, երեք-չորս երբեմն, կաշի կը կտրեն, կը կարեն, կը սուլեն, գլուխնին կը բարձրացնեն, կը դիտեն անցորդները, որոնց մէջ կը տեսնեն միշտ կարելի յաճախորդներ: Զբօսաշրջիկ էակները տակաւին չեն ծնած կամ տարաշխարհիկ առարկաներ կամ տեղեր չեն գտներ հոս, կը դիմեն Պիպլոս, Պաալպէք կամ Թանգարան: Զարմանալի չէ որ ուղեգիրքերը տող մը իսկ չեն յատկացներ տեղին, արհեստին, մարդոց, հաւանաբար կը սպասեն որ ամեն ինչ անհետանայ որպէսզի գայ խօսքի ժամանակը… Մինչեւ զբօսաշրջիկ էակներու ուշացած ժամանումը՝ կիներու փաղանգները կան, որոնք անմիջապէս որ յայտնուին վաճառորդ ու գործաւոր, այսինքն՝ նոյները խորունկ կը զննեն այս էգ կերպարանքները, նայուածքները կը թուին լզել անոնց սրունքները, երանքներէն շրջանն ընել կոնքերուն, յամենալով հոս-հոն, պեղելով գրեթէ ճեղք ու ծերպ, բարձրացնալ մինչեւ իրան, կուրծք ու ծիծեր: Իսկ երբ խնդրոյ առարկայ կինը գեղեցիկ կը նկատուի (բոլորն ալ գեղեցիկ են անշուշտ, ճաշակը տարիքի հարց է), խայթող, լպիրշ բառերով, եթէ ոչ շատ տաք յիշոցներով կ՛օրհնուի: Եթէ այդ "էգը" մօտենայ բարձրկրունկ կօշիկի մը, գործաւորներէն մին, գոնէ երկուքը կը բարձրանան իրենց տեղերէն, չեն իսկ թօթուեր կաշիէ գոգնոցները, կը սլանան գովելու համար նորագոյն մոտէլը, խանութին լաւագոյն արտադրանքը, որուն նմանը չկայ ամբողջ շուկային մէջ: Կինը կը շուարի պահ մը, բայց չ՛ընկրկիր, կը դարձնէ թիկունքը որուն վրայ կօշկակարներու նայուածքները մեծ պատռուածք մը կ՛ուզեն բանալ, բայց անկարող՝ կ՛երթան կը նստին նորէն իրենց աթոռակներուն վրայ, միշտ հեշտալի հայհոյանք մը շրթներուն: Նախքան ծռիլը աչք մը կը նետեն պատին փակցուած որմազդներուն, որեւէ թերթէ կտրուած զոյգ էջ, թերեւս ալ յատուկ շուկայէն գնուած վերարտադրութիւն, սինեմային ծանուցում մը թերեւս ուր ամեն պարագայի կը պարզուի կիսամերկ էակ մը, երբեմն պիքինի հագած, ոտքը ոտքին դրած, կոնքերը պարզած ինչպէս կուրծքն ու կրծկալով պնդացած ծիծերը, վիզն ի վեր անթերի դէմք մը Ռիթա Հայուորթի կամ աստղ նմաններուն: Որքան ալ պատկան իշխանութիւններ բողոք հասցնեն աշխատանոցի տիրոջ, կօշկակարներու այս խենէշ, խայտառակ, "անբարոյական" ցուցադրութիւնը, ցուցամոլութիւնը պէտք էր ըսել, կը մնայ անխափան. խանութի պատերը ատոնց համար են կարծես, միայն այդ սինեմայի դերասանուհիներուն, որոնք ի վերջոյ ֆիլմեի են չէ՞ մը, ըսել կ՛ուզեն արուեստագէտ, կը դիմադարձէ կօշկակարի դասը, որ չի վարանիր իր հաւաքածոն հարստացնելու երբեմն իտալական կօշկատեսակներու ծանուցումներով, ուր պրիանթինով փայլատակող երիտասարդ, գեղատեսիլ այրեր ալ կը յայտնուին, աւելի արու թուող, աւելի մկանուտ, հաւանաբար նոյնքան երկդիմի:

Կօշկակարի խանութները փակ կ՛ըլլան կիրակի օրերը, ոչ անպայման տօն օրերը, կեցցեն շաբաթ օրուան սուրբերը, մեծ թարգմանիչները, ժողովրդական Սուրբ Յակոբը, Սուրբ Գէորգն ու Սարգիսը, երբ մենք կը դառնանք առաջին փողոցի անկիւնը, ուր բացօթեայ գրատան նման բան մը կայ, "պասթա" մը, ինչպէս կ՛ըսեն, քաղաքի նման գրեթէ բացօթեայ խանութներուն, որոնք պատերէն յառաջացող, փողոցին վրայ տեղ գրաւող ցուցադարաններ են, հանդիպելի պազարներու համեմատաբար սուղ միջոցներուն մէջ, առաւելագոյնս օգտագործելու եւ շահարկելու մտօք: Հոն կը դանդաղիս միայն երբ գործածուած դասագիրք պիտի ճարես, թուաբանութեան անսգիտ Ատրունի մը, կամ քերականութեան նոյնքան անգտանելի Գազանճեան մը (երկու անուններ որ նոր սորվեր ես եւ կը թուին որքան հմայիչ նոյնքան ալ իրենց նիւթին համար՝ խրտչեցուցիչ), եւ որ պիտի չգտնես:

Կը լքես մայր պողոտան (պողոտա՜ն) կը դառնաս աջ, կը քալես Արաքս փողոցէն, որ զուրկ է մայթէ ինչպէս են այս թաղերուն փողոցները անխտիր, ի բաց

or places here; they go to Byblos, Ba'albeck, or museums. It is not surprising that the guide books do not devote even a single line to the place, the skills, the people. The guide books probably wait for everything associated with this place to disappear before giving it any mention... Until the belated arrival of these tourists, there are legions of women who, the minute they appear, seller and worker—they're one and the same—scrutinize these feminine figures with stares that seem to be licking the women's legs, circulating from the loins to the hips, lingering here and there, mining almost every crevice and cleft, moving on till the chest, bosom, and breasts. And when the woman in question is seen as beautiful (all are beautiful, of course; taste is a matter of age), she is blessed with stinging, lewd if not suggestive, insults. If that woman comes near a high-heeled pair of shoes, one or two of the workers will get up from their spots, not even shaking their leather aprons clean, dart off to praise the newest style, the store's best product, which has no equivalent in the whole wide market. For a moment, the woman is confused, but does not give in, turns her shoulder which the shoemakers' leers want to cleave open. Incapable of doing so, they go back to their stools, a luscious curse on their lips. Before stooping down, they glance at the posters glued to the walls, a double page torn from some newspaper, perhaps even a special copy bought from a store, or perhaps a movie flyer, in any event, a half-naked being, sometimes wearing a bikini, her legs crossed, her hips exposed, as well as her chest and her breasts stiffened by a bra, and above her neck a flawless face like that of Rita Hayworth or others of her ilk. As much as the authorities reprimand the shop's owner, this shameless, "immoral" exhibition—this addiction to display, it should be said—remains unrestrained. It's as if the walls of the shops are there only for these movie actresses, who are, after all, *filimji*[10]—aren't they? (by which they mean artists) rebut the shoemakers, who do not hesitate to sometimes enrich their collection with flyers about Italian shoes, which also show young, beautiful stylish men sparkling with brilliantine, who seem most masculine, most muscular, but probably as ambiguous.

The shoemakers' shops are closed on Sundays, not necessarily on days of religious observance—Long live Saturday's saints!—the great translators, the popular St. Hagop, St. Kevork, and St. Sarkis, when we turn the corner of the first street where there is something like an open bookstore, a *basta* as they say, almost similar to the open-air stores of the city, which are display cabinets that stick out of the walls and extend to the street, intended to best use and exploit the relatively expensive spaces of the bazaars ahead. There you slow down only when you're looking for used textbooks, a perfect copy of the mathematics of Adroony or an equally rare copy of Kazandjian's grammar (two names that you have learned recently and seem as alluring as they are intimidating for their subject matter), both of which you will not find.

You leave the main avenue, you turn right, and walk along Arax Street, which has no sidewalk, like all the streets of these neighborhoods, with the exception of some sections of sidewalk, or better said, divinations of sidewalk that accompany the tramway line. You try to stay away from the bicycles whizzing by because the number of cars is really small at the moment. A tripod is waiting in front of something that looks like the large entrance to Cinema Arax, next to which are displayed the most scandalous scenes of the film. But you have never gone inside the cinema, only passed in front of it, keeping your eyes fixed on the novelty shops on the other side of the street (always bazaar stuff, or leave-them-at-home stuff, as your mother would have said), especially the pastry shops. It is here that the sweets of Bourj Hammoud, which seem distant and very unaffordable foods for us, are displayed; the famed, almost-glorified, St. Sarkis Helvah which is prepared for the feast of St. Sarkis, is more affordable, a white, sticky, very sugary, thickish confection mixed or covered with pistachio and very often with cinnamon, very similar to the French nougat, perhaps its already displaced twin in Giligia. The helvah arrives at that feast, defines it, and then disappears from the shop windows. That is what a young man gifts his fiancée, making sure that at the center of the large tray is the inevitable, and during February quite rare, red apple.

Beyond the pastry shops, on this and that side, are the vegetables, especially the herbs whose fragrance spreads across the length of the street and sideways to more narrow, that is, dirtier and a bit humid, alleys that you don't dare enter and where the proximity of houses to each other becomes prominent, balconies where people can, you surmise, pass from one balcony to the next or shake hands, and across whose lengths there's no scarcity of laundry hung to be dried. You walk, you try to hurry, give a fast glance at the jewelers, whose display windows are less ostentatious, less opulent than those of downtown stores. A sunbeam sometimes makes a precious stone shine, which you think is a diamond, next to the gold rings, silver necklaces or clasps. Here, people from the villages, usually women, gather together;

առեւալ հանրակառքի ճամբուն ընկերակցող մայթի հատուածները, մայթի գուշակումները պէտք է ըսել։ Կը ջանաս հեռու մնալ անցնող, դարձող հեծանիւներէն, քանի օթոներու թիւը իսկապէս քիչ է առայժմ։ Եռոտանի մը կը սպասէ մեծ, դարպասի նմանող դրան մը առջեւ, որ սինեման է, «Արաքս»ը, որուն կողքին ցուցադրուած կ՚ըլլան ֆիլմին ամենէն գայթակղիչ տեսարաններէն պատկերներ։ Բայց երբեք չես մտած այնտեղ, միայն անցած ես առջեւէն, աչքդ պահած դիմացի կողմի հագուստի, նուվոթէի խանութներուն (միշտ պազարի ապրանքներ, տուն-մնայ, պիտի ըսէր մամադ) մանաւանդ ծաղարաններուն։ Հոս է որ կը պարզուին Պուրճի ծաղարաններու ցուցադրած քաղցրեղէնները որ հեռաւոր, չափազանց անմատչելի ուտեստ կը թուին մեզի համար։ Աւելի մատչելի է, Սուրբ Սարգիսի տօնին համար պատրաստուած նշանաւոր, գրեթէ պանծացուած հելվան, ճերմակ, կպչուն, չափազանց անուշ, հաստկեկ քաղցրեղէն մը, պիստակով, շատ անգամ շուշմայով խառն կամ պատուած, ֆրանսական նուկային շատ նման, գուցէ անոր արդէն Կիլիկիա տեղայնացուած երկուորեակը։ Կը յայտնուի այդ տօնին, զայն կը բնորոշէ, յետոյ կը չքանայ ցուցափեղկերէն։ Ատ է որ նշանուած եիտասարդ մը կը նուիրէ իր նշանածին, մեծ ափսէին կեդրոնին զետեղել տալով անխուափելի եւ փետրուար ամսուն իսկապէս հազըւագիւտ, կարմիր խնձոր մը։ Ծաղարաններէն ասդին ու անդին բանջարեղէն, մանաւանդ համեմունք, որոնց բուրմունքը կը տարածուի փողոցի երկայնքին ու կողմնակի, աւելի նեղ, այսինքն աղտոտ, քիչ մըն ալ խոնաւ գոհըներուն, ուր չես համարձակիր մտնել եւ ուր աչքառու կը դառնայ տուներուն մօտիկութիւնը, պատշգամներ՝ ուր մարդիկ կրնան, կը խորհիս, մէկէն միւսը անցնիլ կամ ձեռնուիլ եւ որոնց երկայնքին առկախ լուացքը անպակաս կը թուի։ Կը քալես, կը ջանաս աճապարել, հազիւ աչք մը նետել գոհարավաճառներուն, ցուցափեղկերը նուազ շռայլ են, նուազ շքեղ են քան քաղաքի ոսկերչանոց ցուցափեղկերը, արեւու շող մը երբեմն կը փայլեցնէ թանկագին քար մը, որ ադամանդ կը կարծես, ոսկի մատանիներու, արծաթ վզնոցներու կամ ճարմանդներու քով։ Հոն գիւղերէն եկած մարդիկ, առհասարակ կիներ կը խռնուին, երբեմն մէկը կը մտնէ, կին մը կը հետեւի, զոյգ մը օղ ցոյց կու տան եւ ամենէն առաջ գինը կը հարցնեն, կ՚երեւակայեն որ աւելի աժան ըլլալու է այստեղ, գիները աւելի մատչելի, քանի գիւղաքաղաքը աւելի ցած, աւելի ժողովրդական ըլլալու համբաւն ունի։

Կը ցատկես մսագործի խանութին առջեւը ջուրի, արիւնի ճապաղող առուին վրայէն, ճանճերը կը թռչին, դուք ալ ձեր դէմքերը կը դարձնէք միւս կողմ, արդէն նման տեղ տեսեր էք եւ չէք հանդուրժեր նոր փողոտումին, մէկէն դիւրազգած կ՚ըլլաք, հոս "վար"ի աշխարհ կը նկատէք, գրեթէ պիտի ամչնաք որ եկեր էք ու դէմ առ դէմ կու գաք բարբարոս սովորութիւններու, որ հեչ մերը չէ, հեչ... Դուք ալ կարծէք քիչ մը քաղաքի մարդոց արհամարհանքը կը բաժնէք որ միշտ վերէն կը սիրեն նայիլ այս բարբարոս աշխարհին որ բարբառ ու Մարաշի, Հաճընի, Սիսի սոսկալի թրքերէն կը խօսի։ Կը նախընտրէք դիմացի կողմը գտնուող նուվոթէի խանութին նայիլ, որուն ծանուցումը Chez Mgrditch կ՚ըսէ. հիմա ցուցափեղի ետին սակարկող յաճախորդներու հետ կը զրուցէ, հակառակ անոր որ խանութի մուտքին գրուած է «Ապառիկ չի վաճառուիր», «Սակերը անփոփոխ», նման ծանուցումային յայտարարութիւններ կը թուին որեւէ նշանակութիւն չունենալ, ինչպէս որ ոչ ոք կը նայի փողոցի երկայնքին պատերուն տարածուած՝ հայերէն, ֆրանսերէն, երբեմն նաեւ արաբերէն ցուցատախտակներուն, որոնք երբեմն դուրս կու գան պատերէն, կը ցցուին միջոցին մէջ, անձրեւէն ու արեւէն գոյն ու տառ կորսնցուցած, նորէն բժիշկներու ծանուցատախտակները, որոնց վրայէն շատոնց ինկած կը թուին հեռախօսի թիւերը, կանանց, ներքին բժիշկներ, ատամնաբուժներ։ Կօշկակարները ետք՝ բժիշկները։ Նոյն մարմիններուն համար հաւանաբար։ Այստեղ, փրկելին մասնաւորաբար ներքեւինն է։

Հոգիները փրկող հաստատութիւնները կան անշուշտ, չես մոռնար, բայց չես մօտենար անոնց։ Ձախիդ, փողոցին մէջ, Քառասուն Մանկանց եկեղեցին, որուն մուտքի դռնէն զատ ծանօթ չէ ներքին միջոցին։ Գմբէթը կը թուի վարէն անտեսանելի, բայց բլուրի ձեր դիտարանէն կը նշմարէք անոր հաստկեկ վեղարը, որեւէ ինքնուս ճարտարապետ-յանձնակատարի յղացում։ Անկէ ոչ շատ հեռու մէկ, երկու, երեք ուրիշ գմբէթներ, որոնց հետագային պիտի աւելնար մզկիթի համեմատաբար համեստ սլացքը, Հայկ աղային ճարտարապետութեան գլուխ-գործոցը։ Ինչպէս ըսուեցաւ տաճարները սկզբունքօրէն դարման կը ճարեն հոգիներուն, ինչպէս ակումբները, քանի մը կոմիտէութիւն թերեւս, կորսուած փողոցներուն մէջ, բարոյական դաստիարակութիւն, այսինքն՝ քաջութիւն, խիզախութիւն, բռունցք կը ջամբեն տղոց եւ կ՚արձանագրուին ֆետայական անուններու ներքեւ։

Խանութները հետզհետէ կը նուազին, շուկան կարծես տեղի կու տայ բնակուած տուներու։ Գետնայարկի պատուհանները բաց են, սենեակներէն կը ճողին ձայնասփիւռէն եկող երգ ու նուագ, անշուշտ բազմալեզու,

sometimes someone walks into the store, a woman follows; the jewelers show them a pair of earrings, and the first thing they do is ask the price; they imagine that things are cheaper here, more affordable, because the town has the reputation of being more base, more popular.

In front of the butcher's shop, you jump over the darkening stream of water and blood, the flies buzz, and all of you turn your faces to the other side; you have already seen places like this and won't put up with the new slaughter. All of a sudden you are suspicious, you regard this place a "lower" realm, you will feel almost ashamed that you have come here and are face-to-face with barbaric customs which are not ours at all, not at all, not at all... All of you also seem to share a bit of the loathing of city folk who always like to look down on this barbaric world that speaks its own dialect and the horrifying Turkish of Marash, Hadjin, and Sis. You all prefer to look at the novelty shops across the street, whose sign reads Chez Mgrditch. Now, behind the shop window, Mr. Mgrditch is talking to customers who are bargaining with him, although at the entrance of his store, the sign says "Nothing sold on credit," "Prices are fixed." Such announcements seem to have no meaning, like the placards spanning the length of the street in Armenian, French, and sometimes also in Arabic, which no one looks at, and are sometimes taken down from the walls and placed in the passageways, their color lost to the rain and sun. Again, the doctors' placards from whose surface the telephone numbers seem to have long ago fallen off, Women's, Internal, Dentists. After the shoemakers, the doctors. For the same bodies probably. Here, that which must be healed is below the surface.

You don't forget that there are institutions for saving souls, of course, but you don't come near them. To your left, on the street is the Church of Forty Martyrs whose front entrance only is known to you. From below, the cupola appears invisible, but from your vantage point on The Hill, all of you notice its somewhat thick cowl, the design idea of some self-taught architect (who is also the contractor). Not far from it, one, two, three other cupolas, to which would be added in the future the upward motion of a relatively modest mosque, the masterpiece of Hayg agha's[11] architecture. As mentioned earlier, in principle the churches offer salvation for the soul, as do the community centers, a few local political committees perhaps, lost in back streets, whose buildings are often named after fedayeen,[12] which feed moral education to the boys—that is, bravery, courage, a tight fist.

The shops gradually thin out, and the market gives in, as it were, to the inhabited houses. The windows of the ground floor are open, and from the radio, song and music break out of the rooms, of course, in many languages, also Turkish, by the way. The struggle has not begun yet, and the slogan "answer in Armenian to the person who speaks Turkish" is in the air only. On the tin shutters of the closed shops, you sometimes notice writing in Armenian letters, you spell them out, they have been weathered by the dust and rain, and turned illegible. Then you begin to breathe deeply when a mulberry tree juts out from a yard, but the thrust seems arrested by the brick wall at whose extreme edge glass pieces shine, forbidding any invasion to the inside.

In these areas, more so in the side streets, there must be distant relatives, removed by generations, you've visited them once or twice, sat in their courtyards, in their narrow, half-dark rooms, they've talked to each other in dialects unknown to you, a woman, a man, girls, a row of children who did not come near you, stayed distant, fear in their eyes, did not play marbles with you nor spinning tops, have kept what's remained of their New Year's presents in front of them.

> When people appear, narrative begins. Even if you push it out of your mind, it does not cease imposing itself. A city without narrative is no different from an abstract building. The more labyrinthine the story, the greater the need to give it shape.
> Mazes everywhere, of course. Especially when you don't live their daily lives. You are an observant eye bringing everything into the depth of its image. Or you project onto this image the shadow world of memory.

It is in this general murkiness that Miss Lipanouhi[13] takes shape, one of your father's distant relatives or just a person from the same town. Her intensely red, henna-dyed hair impresses you with its abundant, shiny curls. Oh, she's beautiful, all of you say, surprisingly tall, more slender than all the girls of The Hill. She welcomes you with enthusiasm, always in the courtyard, part of which is protected from the sun and rain with a sheet of tin; on the other side, who knows how, a few shriveled banana

ի միջի այլոց նաեւ թրքերէն։ Տակաւին չէ սկսած պայքարը, «Թրքերէն խօսողին հայերէն պատասխանէ» լոզունգը օդին մէջ է միայն։ Փակ խանութներու թիթեղէ փեղկերուն վրայ երբեմն հայատառ գրութիւններ կը նկատես, կը հեգես, անոնք ալ փոշիէն կամ անձրեւէն մաշեր, դարձեր են անընթեռնելի։ Յետոյ կը սկսիս շունչ առնել երբ բակէ մը դուրս թթենի մը իր սաղարթները կ՚արձակէ դուրս, բայց սլացքը կարծես կը մնայ խափանուած աղիւսով հիւսուած պատէն, որուն ծայրագոյն եզերքին՝ ապակիի կտորներ կը փայլին, արգիլելու համար որեւէ խուժում դէպի ներս։

Այդ կողմերը, աւելի քովնտի փողոցներուն մէջ հեռուէն, եօթը պորտ դիէն ազգականներ ըլլալու են, մէկ-երկու անգամ գացեր էք, նստեր էք անոնց բակերուն մէջ, նեղ ու կիսամութ սենեակներուն, խօսեր են իրարու հետ քեզի անծանօթ բարբառներով, կին մը, այր մը, աղջիկներ, երեխաներու շարք մը որ չեն մօտեցեր քեզի, մնացեր են հեռու, վախուոր աչքերով, չեն խաղացեր հետդ ոչ գնդիկ, ոչ հոլ, իրենց առջեւ պահեր են ինչ որ մնացեր է իրենց կաղանդի նուէրներէն։

> Երբ կը մտնեն մարդիկը, անոնց հետ կը սկսի պատումը։ Նոյնիսկ եթէ վանես մտքէդ չի դադրիր ինքզինք պարտադրելէ։ Քաղաքը առանց պատումին վերացական շէնքէ մը տարբեր չէ։ Որքան լաբիրինթոսի տպաւորութիւնը դառնայ տիրական այնքան կերպար ու խաղածիր անհրաժեշտ կաղապար կ՚առաջարկեն։ Բաւիղներ, անշուշտ, ամեն կողմ։ Մանաւանդ երբ չես ապրիր անոնց առօրեան։ Դիտող աչք ես ամեն ինչ բերող իր խորապատկերին մէջ։ Եւ կամ այդ խորապատկերին վրայ կը հեռարձակես յիշողութեան ստուերաշխարհը։

Այս ընդհանուր տարտամութեան մէջ կը կերպարանաւորուի օրիորդ Լիբանուհին, հօրդ մէկ հեռուէն ազգականուհի՞ն, թէ՞ պարզապէս համաքաղաքացին, որուն թունդ կարմիր հինայուած մազերը քեզ կը տպաւորեն իրենց փայլուն ու առատ գանգուրներով։ Օհ, գեղեցիկ է, կ՚ըսէք, զարմանալի կերպով բարձրահասակ, աւելի սլացիկ քան քեզի ծանօթ բոլոր աղջիկները բլուրին։ Ձեզ կ՚ընդունի խանդավառ բացագանչութիւններով, միշտ բակին մէջ, որուն մէկ մասը արեւէն ու անձրեւէն պաշտպանուած է թիթեղէ ծածկով մը, միւս մասին չես գիտեր ինչպէ՞ս պանանի քանի մը լխկած թուփեր կ՚աճին, լեմոնենիի մը քով։ Ձեզ կը հրաւիրէ ներս, էկէք քա, էկէք, մէյ երեսմուդ մահրում մնացի։ Նստարան մըն ալ կայ բակը, ուր կը նստիք, մինչ օրիորդ Լիբանուհի կը սկսի զրուցել մամային հետ, որ կը ճանչնայ ձեւագիտութեան դասերու օրերէն, առասպելական տիկին Կիւլէնիայի աշակերտուհին է եղեր ան ալ եւ մայրիկին նման կարուձեւի այդ աստուածուհիին հանդէպ կը տածէ այնպիսի պատկառանք որ մօտիկ է սրբացումին։ Երբեք չես գիտեր ինչի՞ մասին կը խօսին այդ երկուքը, որ պզտիկ աղջիկներու պէս կը սկսին ճռուողել, յետոյ գլուխները կը մօտեցնեն, կը փսփսան ու կը լռեն, կարծես կը վախնան անգոյ բանէ մը. պատերը ականջ ունին, կը յայտարարէ մաման, ա՛ն ալ աստեղերը։ Բոլորը մտիկ կ՚ընեն բոլորին։ Մէջ մէջի կը նստին, վրայ վրայի են, աս ալ վարախաներէն տարբեր չէ։ Արդէն ափ մը հող է, տուն, խանութ շինողը չի պակսիր։ Օրիորդ Լիբանուհի երբեմն կը դառնայ ձեր կողմը, կը ժպտի, կը հարցուփորձէ, հաճելի ըլլալու ճիգեր կը թափ, խենթ կ՚ըլլայ ձեր վրան, կ՚ըսէ մաման։ Որտեւ ինքը չունի։ Երբ տեղէդ ելլես ու փորձես շրջիլ բակին մէջ կամ ուզես աչք մը նետել տան դռնէն, մաման՝ տե՛ղդ նստէ, ծօ։ Գիտես որ օրիորդ Լիբանուհի չ՚ուզեր մէկը քիթը հօս-հոն խոթէ իր տան մէջ։ Եթէ չենթարկուիս, տանտիրուհին կը բարձրանայ տեղէն, կը մօտենայ, կը սկսի մազերդ խառնշտկել, երեսներդ համբուրել, քեզ ետ տեղդ կը տանի։ Այդ համբոյրին համար կը պատահի որ չանսաս մամային, առնես Լիբանուհիի հագուստէն բխող աղուոր հոտը, մանաւանդ տաքուկ պաչիկը, այնպէս մը սակայն որ կարծես տուողը դուն ես եւ ան միայն ընդունողը։ Ուրեմն կը մնաս նստած, կը քննես անոր կաթի պէս ճերմակ մորթը, ինչպէս կ՚ըսէ մաման, որ կը նկատէ անոր անձին, մաքրութեան մէկ արտաքնացումը, եւ ոչ հակառակը անշուշտ։ Երբ ոտքի կ՚ելլէ, որեւէ բան ձեզի սպասարկելու համար, կը նշմարես անոր աղուոր կողերը, մանաւանդ հագուստին կտըրուածքը, որ զմայլելի կը գտնէ մամադ, ուրեմն դուն ալ կը նայիս օրիորդ Լիբանուհիին մամայիդ աչքերով։

Մասնագիտացած կը թուէր հարսանքի հագուստներու արհեստին մէջ, հագուստներ որոնք ճերմակ կտաւներով ծածկուած կը մնային կախուած անոր կարի սենեակին մէկ կողմէն միւսը, քանի դերձակուհին ո՛չ միայն յատուկ պատուէրներու կը պատասխանէր, այլեւ որոշ թիւով զգեստներ վարձու կու տար։ Անանկ աղուոր բաներ են, թիլ, մետաքս, արծաթաթել, խելքդ կը կենայ։ Մեր ատենը ասանկ բաներ չի կային քի, ըլլային ալ ո՞վ ատոնք կը հագուէր, ան ալ մէկ-երկու ժամուան համար։ Ամմա հիմակուան աղջիկներ խենթ են, ատ ճերմակ թագը, երեսին վրայ թիլը պիտ դնեն, տէր պապային առջեւ պիտ տնկուին, տեքոլթէները մետաքսով գոցած։ Ինչ է նէ։ Օրիորդ Լիբանուհի՝ շատ լաւ կ՚ապրէր, կ՚ըսէր մաման, հեմտէ ունի՜։ Միայն թէ ո՛չ

bushes are in full growth, and next to them a lemon tree. She invites you inside, come now, come, I haven't seen you forever. There's also a bench in the yard, where you all sit while Miss Lipanouhi talks with mother whom she knows from their days of sewing lessons; she too had been the student of the legendary Mrs. Gulenya, and like mother, nurtures reverence bordering on canonization for the teacher. You never know what those two talk about; like little girls they begin to chirp, then they bring their heads close to each other's, whisper and then fall silent as if they are afraid of something nonexistent. The walls have ears, mother declares, in these places, especially. Everybody eavesdrops on everybody else. It's as though they were sitting inside each other; they are on top of each other, and this, too, is no different from the shanties. It's no more than a fistful of soil anyway, there's no shortage of people who build house and shop. Miss Lipanouhi sometimes turns toward you, smiles, asks questions, makes an effort to please you, She's crazy about all of you, says mother, 'cause she has no kids. When you try to get up and walk around the yard or give a quick glance beyond the door, mother says, Sit down, you! You know Miss Lipanouhi doesn't want any of her guests poking their nose around her house. If you don't obey, the lady of the house gets up, comes near you, begins mussing your hair and kissing you, and takes you back to your seat. It happens that you disobey mother for that kiss, breathe in the sweet smell emanating from Lipanouhi's dress, especially her warm kiss, but in such a way that it's as if you are the one giving that kiss and she the one receiving it only. So you remain seated, you observe intently her milk-white skin, as mother describes it, and which she says is the outward reflection of her inner purity, and not the other way round, of course. When Lipanouhi gets up to serve you something, you notice her lovely hips, especially the cut of her dress, which your mother finds ravishing, and therefore you, too, look at Lipanouhi with your mother's eyes.

She seemed to have specialized in the work of wedding dresses, dresses that were wrapped in white fabric and were hung from one corner of her sewing room to the other because the seamstress responded to special orders but also rented out some dresses. They are such beautiful things, tulle, silk, silver-threaded, it stops your brain. In our days, there were no such things, even if there were, who had the time to wear them, and for only one or two hours? But today's girls are crazy, that white tiara, the tulle they cover their faces with, the silk-covered décolleté, right there, in front of the priest! Anyway. Miss Lipanouhi lived very well, mother used to say, she's blessed. But no worry of children or husband. It was mother's view that Miss Lipanouhi was all that one could long for, she did whatever she wanted, went wherever she wanted, Damascus, Aleppo, even Constantinople, Athens. She was not dependent on anyone. The only bad thing was that she never married. What was going to happen to her when she got old? She would have no one to take care of her.

You would be hearing this tale for a very long time when the talk turned to Miss Lipanouhi. It was going to continue and endure. It's difficult to specify when the secret began to unravel. It would happen that when all of you went into the house, a bald-headed man would come out of the room, barely say hello, rush to the street or open the yard's side door, and disappear. It was the house next door, one of whose rooms, the one looking out to the street, had been turned into a shop selling leather goods. You would all pass in front of that house before you turned to enter Miss Lipanouhi's. You thought that the man was Miss Lipanouhi's "tenant who lived upstairs" and never talked to mother. It's as if he suffered from some invisible malady or from muteness or he was wary of approaching you. He did not have a name. Mother did not seem to know him, or she pretended so. Until that day when Miss Lipanouhi, at the very moment of his hurried departure, screamed after him, Armen! You! Don't forget the white belts. After that she and mother would talk at length and in depth; every so often Miss Lipanouhi would get up, bring sweets, syrup-drink, or coffee, set it in front of all of you, egging you on to eat that sugary baklava or tahin bread[14] that was the daily product of the bakeries in the neighborhoods. That bread reminded mother of Der Zor,[15] that flat, round, thin, almost dry wafer. Miss Lipanouhi was a country of sorts, its symbol, and who knows why they had baptized her with that name and not with any other place name from the world of Dzopk?[16]

Only after many years were you going to meet again Miss Lipanouhi who had come to your home for a visit. Despite mother's introduction, you had not recognized in this white-haired woman sitting at the edge of the divan the tall seamstress with the long, red hair. When you had shaken hands, she had smiled only, the outline of her dentures barely visible, had inadvertently set off the chime of her bracelets that went all the way from her wrist to her elbow, whose golden sheen you were only now becoming aware of. Then she had left, limping a little on her high heels that seemed dislodged, one hip

զաւակ, ոչ ալ ամուսինի տերտ։ Երանելի էր օրիորդ Լիբանուհի, մամայի հայեցակէտով, որ ուզածը կ՛ընէր, ուզած տեղը կ՛երթար, Դամասկոս, Հալէպ, նոյնիսկ Պոլիս, Աթինա, մէկէ մը կախուած չէր։ Միակ դժբախտութիւնը այն էր որ աղջիկ մնացեր էր եւ վաղը ծերանար նէ ի՞նչ պիտ ըլլար, նայող պիտ չունենար։

Երկար ատեն այս հեքիաթը պիտի լսէիր երբ խօսքը դառնար օրիորդ Լիբանուհիին շուրջ։ Պիտի շարունակէր տեւել ու դիմանալ։ Ե՞րբ գաղտնիքը սկսաւ բացուիլ, դժուար է ճշդել։ Կը պատահէր որ երբ կը մտնէիք տունէն, հազիւ ձեզ բարեւած ճաղատ գլխով մարդ մը դուրս կու գար սենեակէն, կը բարեւէր, աճապարանքով կը դիմէր փողոց, կամ ալ բակի մէկ կողքի դուռը կը բանար, կ՛անհետանար այնտեղ։ Քովի բնակարանն էր, որուն փողոցին վրայ բացուող սենեակներէն մին վերածուած էր կաշեղէնի վաճառատան։ Անոր առջեւէն կ՛անցնէիք երբ կը դառնայիք մտնելու օրիորդ Լիբանուհիի տունը։ Մարդը օրիորդին վարձուորը կը կարծէիր, որ կը բնակէր "վերի յարկը" եւ որ երբեք չէր խօսեր մամային հետ։ Կարծէք անյայտ ախտէ մը կամ համրութենէ կը տառապէր կամ կը զգուշանար ձեզի մօտենալէ։ Անուն չունէր։ Կարծես մաման ալ չէր գիտեր զայն կամ այդպէս կը ձեւացնէր։ Մինչեւ այն օրը երբ օրիորդ Լիբանուհի անոր շուտախոյս մեկնած պահուն՝ ետեւէն պիտի բացագանչէր. Արմէ՛ն, ծօ, ճերմակ գօտիները չի մոռնաս։ Անկէ ետք մամային հետ պիտի զրուցէին լեռնէն ձորէն, մերթ ընդ մերթ օրիորդ Լիբանուհի պիտի ելլէր տեղէն, անուշեղէն, օշարակ կամ սուրճ պիտի բերէր դնէր ձեր առջին, մշտելով որ ուտէիք այդ շաքարոտ փախլաւան կամ թահին-հացը, որ թաղերուն մէջ կորսուած փուռերուն սովորական արտադրութիւնն էր։ Ատիկա մայրիկին Տէր-Զօրը կը յիշեցնէր, այդ տափակ, կլոր, բարակ, ցամքածի նմանող խմորեղէնը։ Օրիորդ Լիբանուհի տեսակ մը երկիր էր, անոր խորհրդանշանը եւ չես գիտեր ինչո՞ւ զայն կնքեր էին այդ անունով եւ ոչ Ծոփաց աշխարհի որեւէ տեղանունով։

Միայն տարիներ ետք պիտի հանդիպէիր նորէն օրիորդ Լիբանուհիին, ան ալ եկեր էր ձեր տունը, այցելութեան։ Հակառակ մամայի ճշդումին, չէիր ճանչցած տիւանին եզերքը նստած այդ սպիտակահեր կնոջ մէջ երկարահասակ ու երկար կարմիր ծամերով դերձակուհին։ Ժպտեր էր միայն իր պատրաստի ակռաները հազիւ ուրուագծած, երբ ձեռնուեր էիք, ակամայ հնչեցուցեր՝ դաստակներն ի վեր մինչեւ արմուկները հասած ապարանջանները, որոնց ոսկեզօծ փայլին նոր կ՛անդրադառնայիր։ Յետոյ մեկներ էր, քիչ մը կաղալէն, մէկ կոնքը միւսէն վար, կարծես խախտած, բարձրկրունկ կօշիկներուն վրայ։ Միայն թէ մնացեր էր պատմութիւնը, որուն բնաւ հասու չէիր եղած։ Մաման չէր պատմած երբեք որ, այդ թաղերուն մէջ բոլորովին անսովոր երեւոյթ, օրիորդ Լիբանուհին եւ պարոն Արմէնը միասին կ՛ապրէին։ Հասկցա՞ր մը, միասին, կին ամուսին էին, բայց Լիբանուհին ուզեր է միշտ ազատ անկախ ըլլալ երկար տարիներ։ Ճիշդ է, պարոն Արմէնը նախապէս ամուսնացած, զաւակներու հայր, տունը ձգեր ասոր քովը եկեր է, ամուսնալուծումի որեւէ քայլ չէ առեր, հաւանաբար չէր յուսար որ ատիկա որեւէ դրական արդիւնք կու տար, ուստի՝ օրիորդ Լիբանուհիին պաշտօնական դրացին էր։ Այդ թաղերուն մէջ իսկապէս եզակի երեւոյթ մը ըլլալու էր օրէնքէն այս խուսափումը։ Մեռեր էր հիմա Արմէն եւ կտակով ամբողջ հարստութիւնը գրեր էր Լիբանուհիին։ Ի՜նչ հսկայական հարստութիւն՝ ըստ մայրիկին... Խանութին ապրանքը, անգլիական ոսկիները, պանքայի հաշիւը։ Գայթակղութիւնը դարձեր էր ոչ թէ միայն ծանօթ այլ հանրային, երբ Արմէնի ընտանիքը, է՛, հա՜, տեսա՞ր ի՜նչ խելացի աղջիկ էր ընկերուհիս... կինը, ախպարները, աղջիկները ընդդիմացեր, բողոքեր էին այս անարդարութեան դէմ, անցեր էին հակայարձակումի, դատ էին բացեր։ Լիբանուհին խնդիրը գացեր յանձներ էր Մեթր Պապիկեանի գրասենեակին եւ առիթէն օգտուելով իր իսկ կտակը գրել տուեր, որով եկեղեցին կը դարձնէր ժառանգորդ ամբողջին։ Եղաւ, լմնցաւ։ Է՛, հա, ա՛լ ո՞վ բան մը կրնար ընել Լիբանուհիին, որ շատոնց վերջ դրեր էր դերձակութեան եւ մայրիկին կը նայէր տեսակ մը արգահատանքով։ Յայտնի չէր թէ պարոն Արմէն ազատ կամքո՞վ զրկեր էր մասամբ իր զաւակները ժառանգութենէն թէ՞ տեղի տուեր էր իր տարիներու կողակիցի պնդումներուն։ Ամեն պարագայի՝ խենթի պէս կը սիրէր ծօ ատ աղջիկը. աշխարհս մէկ կողմ՝ Լիբանուհիս մէկ կողմ, աս աստիճան, տոսթութենէն աւելի բան մըն է, անանկ որ ասոնք ի՜նչ էրիկ-կնիկ պիտի ըլլային։ Մաման նախանձելու առիթ ունէր։ Երազը, իրը, այդ չէ՞ր եղած։ Ամուսնանալը ուրի՞ս։ Ինչո՞ւ քա։ Իշտէ ասանկ։ Մաման չէր ըսած բայց դժուար չէր ենթադրել, որ պարականոն կենակցութիւնը, ան ալ Արաքս փողոցէն քանի մը մեթր անդին, քանի մը անգամ տագնապի պահեր ունեցեր էր եւ ամեն անգամուն Լիբանուհիին օրիորդութիւնը անաղարտ պահելու համար վիժումը փրկեր էր կացութիւնը։ Ողբերգական, զաւեշտական բան մը կար։ Մաման կը խնդար։ Նախանձելու իսկապէս որեւէ պատճառ չունէր։

Հիմա բռներ էք նոյն ճամբան, որ կը թեքի քիչ մը։ Զուրկ է մայթէ։ Ամեն անգամ որ կառք մը անցնի, փերեզակի առէք մը կամ ինքնաշարժ մը, պէտք է մէկ կողմ քաշուիք, բարեւի կենալու պէս սպասէք որ անցնի

lower than the other. What had remained was only the story, to which you had been privy. Mother had never told you that Miss Lipanouhi and Mr. Armen lived together. Get it? Together, they were husband and wife, but for all these years Lipanouhi had always wanted to be free and independent. True, Mr. Armen had been married before, the father of children, had left his home and come to this one, never took any steps for a divorce, perhaps he did not think that would lead to any positive results. Therefore, formally, he was Miss Lipanouhi's neighbor. In those neighborhoods, this evasion of the law must have been a really singular phenomenon. Armen was dead now, and had willed his entire fortune to Lipanouhi. And what massive wealth! according to mother... the shop's merchandise, the English coins, the bank account. The scandal had become not only known but also public when Armen's family—eh, see? how intelligent my friend was!—his wife, brothers, daughters had objected, protested against this injustice, had moved to counter-attack, begun a law suit; Lipanouhi had gone and handed the case over to the law office of Khatchig Babigian,[17] and seizing the opportunity, had had her will written, making the Church the sole beneficiary. Done, finished. So now who could harm Lipanouhi, who had long stopped sewing, and looked at mother with something akin to pity? It was not clear if Mr. Armen had willingly disinherited his children of his fortune or if he had given in to the pressure of the woman he had been living with all these years. Anyway, he loved that girl madly, I'll say. The world on one side and Lipanouhi on the other side, to such a degree that it was more than two people living in sin, so how were they going to be husband and wife? Mother had reason to be jealous. It was her dream, was it not? Why marry? Why indeed? It's like this. Mother had not said so, but it was not difficult to guess that the unlawful cohabitation, and *that* only a few meters from Arax Street, had suffered moments of crisis several times, and every time an abortion had saved the situation and Lipanouhi's immaculate reputation. There was something tragic, something farcical about it all. Mother would laugh. She didn't really have any reason to be jealous.

Now all of you have taken the same road, which veers a little. It has no sidewalk. Every time a cart or a peddler's cart or a car passes by, you must move to one side, wait as though you were standing in salute until it is gone. The driver of the vehicle is the master of the road, constantly shouting, you'd think sometimes he has forgotten his hand on the horn. When he reaches you, he is not shy about releasing a wad of spit to the ground or one of the most florid curses of the place, which would have been a real poem had you not forgotten it. The initial village of hovels has gradually become a town. Because it was not built on any principles of urban planning but rather with frantic energy, it pours scorn on the straight line like the contractor who scorns the plum line and seems to prefer the crooked, the unstable. This tradition always governs things here because metal stakes jut out of roofs, unfinished walls that betray the existence of extra floors, small, narrow balconies that extend into the street where water drips to the ground from the hung wash. In time, these walls too will rise, and the building will make a leap, as it were, toward the future, toward the already narrow passage of the street. That time has not come yet, nor the massive electrical network's wanton release from wall to wall, roof to roof, along the length of the streets. There is that time, too, but it is not yours. That is the time of war and the neighborhoods' sudden leap all the way to combat, bomb, and the exacting craft of war.

You don't know, you have no idea, how we lived here a few years ago... says the translator. Oh, so there's a translator, you had exclaimed, so ignorant, so incapable you were of understanding that the place was a town, a separate organizational and judicial unit. A translator not only for official documents but more particularly for converting into Arabic interrogations of the accused. Oh, there were very few people here who mastered the language. Therefore, mister translator would take you to his office, again a place opening onto the street, order coffee, ask questions about Paris, French politics. Then he would start telling you the townspeople's life stories rather than the town's history, especially in those years of fire, he says, when they barely managed to impose "positive neutrality" in the midst of warring sides, and always being threatened, of course. And during this time... so much, so much... When we live in ourselves... A national narrative of aberrations, when what we call life continues its normal course in the river's same shallows, muddy in the summer, flooding in the winter. And like that, civil war dislodges everything, values turn upside down, how to distinguish the normal from the abnormal? It's like this, my friend. Men kidnapping boys, unfettered prostitution, buying and selling gold, narcotics, and armaments. There are no words for it... so much, so much. Which people can, of course, see or read about anywhere on the face of the earth and not be horrified. Only when these

երթայ, մեքենայ վարողը միջոցին տէրն է, անդադար կը ճչակէ, կարծես երբեմն մատը մոռցեր է կոճակին վրայ։ Երբ մօտդ համնի՝ չի վարանիր թուք մը արձակելու գետին կամ հայհոյելու տեղին ամենէն ծաղկաւոր հայհոյանքներէն մին, որ իսկական քերթուած մը պիտի ըլլար, եթէ միտքդ մնացած ըլլար։ Սկզբնական հիւղաւանը, եղեր է հետզհետէ քաղաք։ Որով որեւէ քաղաքաշինութեան կանոններով չէ կառուցուած, այլ յեղաստեղծական խանդով մը, որ կ՚արհամարհէ ուղիղ գիծը, երկրաչափականը, ինչպէս ճարտարապետ-յանձնակատարը կ՚արհամարհէ տրամալարը, եւ կարծես կը նախընտրէ ծուռը, խախուտը։ Այս աւանդութիւնը կը զօրէ միշտ, քանի տանիքներէն կը բխին երկաթի ցիցեր, սկսուած պատեր, որոնք կը մատնեն լինելութեան մէջ եղող յարկեր, պզտիկ, նեղ ու դէպի փողոց յառաջացող պատշգամներ, ուր փռուած լուացքէն ջուր կը կաթի գետին։ Ժամանակի ընթացքին ասոնց պատերն ալ պիտի բարձրանան, եւ շէնքը կարծես ոստում մը պիտի կատարէ դէպի ապագայ, դէպի փողոցի արդէն սեղմ միջոցը։ Այդ ժամանակը չէ եկած տակաւին, ոչ ալ ելեկտրական հսկայական ցանցերու բիրտ արձակումը պատէ պատ, տանիքէ տանիք, փողոցներու երկայնքին։ Այդ ժամանակն ալ կայ, բայց քուկդ չէ։ Ատիկա պատերազմն է եւ թաղերուն յանկարծակի ոստումը մինչեւ պայքար, ռումբ ու զինարուեստ։

Դուն չես գիտեր, գաղափար չունիս ինչպէ՞ս մենք կ՚ապրէինք աստեղ, քանի մը տարի առաջ… կ՚ըսէ Թարգմանը։ Օհ, Թարգման կայ եղեր, բացագանչեր էիր, այնքան անգիտակ, այնքան անկարող էիր դուն հասկնալու որ տեղը քաղաք մըն է եղեր, առանձին միաւոր մը, վարչական, նաեւ դատական։ Թարգման մը ոչ միայն պաշտօնական վաւերաթուղթեր թարգմանելու, այլ մանաւանդ յանցապարտներու կամ մեղադրեալներու հարցաքննութիւնը վերածելու արաբերէնի։ Օհ, հոս քիչ մարդ կար որ կը տիրապետէր լեզուին։ Ուրեմն՝ պարոն Թարգմանը քեզ կը տանէր իր գրասենեակը, նորէն փողոցի վրայ բացուող միջոց մը, սուրճ կ՚ապսպրէր, կը հարցուփորձէր Փարիզէն, ֆրանսական քաղաքականութենէն, եւ կը սկսէր պատմել քաղաքին ոչ թէ պատմութիւնը այլ բնակիչներուն կենսապատումը, մանաւանդ այդ կրակի տարիներուն, կ՚ըսէ, երբ հազիւ յաջողեր են "դրական չէզոքութիւն" մը պարտադրել երկու պայքարող կողմերուն, ի հարկէ միշտ ալ վտանգուած մնալ։ Եւ այդ շրջանին, ինչէ՜ր ինչէ՜ր։ Երբ մենք մեր մէջ կ՚ապրինք… Ազգապատում մը խոտորումներու, երբ կեանք կոչուածը կը շարունակէ իր բնականոն ընթացքը գետի նոյն հունին մէջ, ամառը ցեխոտ, ձմեռը յորդահոս։ Այսպէս, քաղաքացիական պատերազմը ամեն ինչ կը խախտէ, արժէքները վեր ու վար կ՚ըլլան, ինչպէ՞ս նորմալը զանազանել աննորմալէն։ Ասանկ, բարեկամս։ Տղաք փախցնող մարդիկ, պոռնիկներու ազատ գործունէութիւն, ոսկիի, թմրանիւթի, զէնքի առուծախ։ Ինչէ՜ր ինչէ՜ր։ Քանի մը բառ։ Ինչ որ անշուշտ մարդ կրնայ տեսնել-կարդալ աշխարհի երեսին որեւէ տեղ եւ չի գայթակղիր։ Գուցէ կը գայթակղի երբ ատոնք կը վերաբերին իրեն, տեղի կ՚ունենան իր միջոցին կամ իրենը թուող տեղերու մէջ։

… Եւ ահա, օր մըն ալ, դատարան կանչուեցայ… կը լռէ։ Սիկարէթը կը հանէ բերնէն Թարգմանը, կը թօթուէ մոխիրը մոխրամանին մէջ։ Կը մտմտայ։ Հաւանաբար կ՚ախորժի ալ քիչ մը պատմելիքէն, կը սպասցնէ։ Եւ ուրեմն օր մըն ալ թղթածրար մը կը բանան առջին, որ կը վերաբերի հայերէնախօս հօր մը, որ այդ կրակի տարիներուն, չէ վարանած իր պարմանուհի դուստրը "պղծել"։ Բռնաբարել մի՛ հասկնար ասիկա, հապա՛, տունին մէջ անցնող դարձող սովորական դարձած անցուդարձ մը, շաբաթը քանի մը անգամ։ Այնքան որ մարդը՝ ըսենք պարոն Սեֆիլը, կնոջը գիտութեամբ այդ գործը կը կատարէ տան մէջ։ Եւ ահա, քանի մը տարի ետք կու գայ մէկ ուրիշ օր, երբ պարմանուհին կը դառնայ աղուոր աղջիկ մը, (պատկերը միայն տեսած եմ, ինքը բնաւ չեմ տեսած) թեկնածուներ ունի, նոյնիսկ սիրահար մը, մեր թաղեցի տղոցմէ մէկը, որ այդ կրակի տարիներուն պահակութիւն կ՚ընէր։ Ուրեմն Վարդանուշը եւ Կարապետը (անունները փոխած ենք, պիտի ըսէին թերթերը եթէ նման դէպք փորձէին փոխանցել իրենց ընթերցողներուն, ինչ որ բացառուած է, քանի ապրիլ կը նշանակէ անբի՜ծ ըլլալ) կ՚ամուսնանան, կաթողիկէ եկեղեցիին մէջ։ Մեղրալուսնի համար նորապսակ զոյգը Պիքֆայա պանդոկ մը կ՚երթայ, ինչպէս սովորութիւն եղած է այստեղ, ունեցողը, չունեցողը անպայման մեղրալուսնի առաջին գիշերը պիտի պանդոկը անցընէ։ Այսպէս Վարդանուշն ու Կարապետը ծոցի գիշերը, ինչպէս կ՚ըսէին մեր մամաները, Պիքֆայա են։ Կարապետ կ՚անդրադառնայ որ սիրած աղջիկը կոյս չէ։ Սատանայ է։ Կը սկսի հարցաքննել։ «Ո՞վ ըրաւ»։ Թարգմանը կը կտրէ պատումը, կը զննէ դէմքդ, կարծես կ՚ակնկալէ որ կարմրիս, բայց ո՛չ, կը թօթուէ նորէն սիկարէթը մոխրամանին մէջ։ Վարդանուշ քիթ-բերան կ՚ընէ, կը վախնայ, կը խոստովանի։ Կարապետ յաջորդ օրն իսկ կը ներկայանայ պարոն Սեֆիլի տունը, Վարդանուշին հետ։ Կը սկսի ծեծկռուքը։

Խնդիրը մէջտեղ կ՚ելլայ, կը մեծնայ, դրացիները, ազգականները մէջը կը մտնեն։ Կը բանտարկեն պարոն Սեֆիլը, որ չես գիտեր որո՞ն ըսեր է, մէյվային ամենէն

things relate to them, take place in their space or in places they think of as theirs, are they perhaps horrified.

... Then one day I was summoned to court... He falls silent. He removes the cigarette from his mouth, the translator, he taps ashes into the ashtray. He ponders. Maybe he is pleased a little by what he has to recount, he makes you wait. And then one day they open a dossier in front of him which concerns an Armenian-speaking father who during the war had no hesitation in "defiling" his daughter. Don't understand this as rape. Well, what then? Something that is part of the daily goings-on in the house, that has become an ordinary event, a few times a week. So much so that the man—let's call him Mr. Sefil—does it with the knowledge of his wife. And get this, after a few years the day comes when the adolescent girl is a beautiful young woman (I've seen her picture only, I've never seen her in person) who has suitors, even a boyfriend, one of our neighbors' boys who guarded the neighborhood during the war. So, Vartanoush and Garabed (we've changed their names, the newspapers would have said if they had tried to inform their readers of such an event, which itself is not done because to live means to be pure!) get married in the Catholic Church. For their honeymoon, the newlyweds go to a hotel in Bikfaya, which has become the custom here, the one who can afford it and the one who cannot must spend the honeymoon's first night in a hotel. So, Vartanoush and Garabed are in Bikfaya on their wedding night, or the night of the lap, as our mothers used to say. Garabed realizes that the girl he loves is not a virgin. She's the devil. He begins to interrogate her. "Who did it?" The translator interrupts the narration, observes your face, you'd think he expects you to blush, but no, he taps his cigarette in the ashtray. Vartanoush is flustered, afraid, confesses. The very next day, Garabed goes to the home of Mr. Sefil, with Vartanoush. The fist fight begins.

The scandal circulates, grows, neighbors and relatives interfere. They imprison Mr. Sefil, who told who-knows-whom Why shouldn't I be the one to eat the most delicious part of the *meyva?*... Just like that. You get it, right? I mean, he says it's his fruit to eat. I went to the court hearing. I saw. They had not brought Vartanoush. Garabed was not there either. He left and went to America. Mr. Sefil was there and the wife. Mr. Sefil was condemned. Of course. He had violated the most sacred law. This is not the most important thing, my brother, listen, it's not laugh-out-loud funny, it's not sobbing-sad either, it's real. The important thing is that throughout the court hearing, Sefil's wife was trying to defend her husband, what's done is done, it's done and gone, things like this happen all the time in our homes, Your Honor, who's going to look after my other kids? I have no one who works, she said, she wept. I mean, it was a show. The man was in prison for a few years, he got out. He took everything he owned and fled—and to Australia. Like that.

The more you advance, the more shanties and one-story buildings grow on each other, sometimes half-collapsed and at other times half-finished; they rise out of the earth next to the wild bushes, to what they call "Chinese trees." These are places that cannot completely be called places because you don't stop, there is nothing significant, nothing memorable here. It is a lackluster course of concrete, bricks, a shambles that gradually rises up, forms a small ascent; sharp-edged stones and pebbles break off from the asphalt. You stop there.

It's the railway line that cuts across the neighborhood. Surprisingly, the line's passage seems to dig and separate into two this lively neighborhood. For a long time you have not connected it to the network that follows the shore from Tripoli on, passes over a few bridges to Antelias, to Dora, and from there seems to split into two; one line enters the town born of the swamps-turned-forest, and proceeds to edge The Hill at its base. For you, though, the line's appearance seems a bizarre revelation because you've always imagined it as being far from inhabited places, a kind of border demarcation, as when the line cuts through the mountain range, goes up the mountain pass, and then enters the Bikfaya field, to Rayak. Whereas here, the train cuts through not only the streets but the buildings as it were, so close that it appears to be rubbing against their balconies. You've all heard the pandemonium of the locomotive, its hoot from far away which tries to warn people loitering on its tracks or those cutting across, especially children. But the machine itself remains invisible. You are all wary of getting close to the ascent, you're afraid that the machine will shower you with hot water and steam and you will burn. At least this is the dread of the person on The Hill. For a long time, that locomotive and the long line of cars it pulls, sometimes short and at other times extended, is invisible to you, there, and in its invisibility has an enigmatic quality. And this scene would have perhaps continued to be an enigma if one day, again during the feast of St. Sarkis, your travel by foot all the way to this place had not coincided with the hour of the train's passage. It's as if a time change had occurred and you had barely started walking from Arax toward the ascent,

համովը ինչո՞ւ ես չուտեմ... Ճիշդ այսպէս։ Հասկցար չէ՞։ Եանի պտուղը ինքը պիտ ուտէ։ Դատին գացի։ Տեսայ։ Վարդանուշը չէին բերած։ Կարապետն ալ չկար։ Անիկա ձգեց գնաց Ամերիկա։ Կար պարոն Սեֆիլը, կնիկը։ Պարոն Սեֆիլը դատապարտուեցաւ։ Անշուշտ։ Էն խոշոր օրէնքներէն մէկը խոշտանգած էր։ Կարեւորը ասիկա չէ, ակա́ս, մտիկ ըրէ́, խնդալիք չէ, լալիք ալ չէ, իրակա́ն է։ Կարեւորը ան է որ Սեֆիլին կնիկը դատի ընթացքին ամեն տեղ, ամեն անգամ ամուսինը կը ջանար կոր պաշտպանել. եղածը եղած է, բան մըն էր անցաւ գնաց, մեր տուներուն մէջ ասանկ բաներ շատ կան, պարոն դատախազ, իմ միւս չոճուխներուս ո՞վ պիտ նայի, ես աշխատող չունիմ, ըսաւ, ողբաց, եանի սինեմա։ Մարդը քանի մը տարի բանտը մնաց, դուրս ելաւ։ Տուն-տեղը առաւ փախաւ, ան ալ Աւստրալիա։ Իշտէ ասանկ։

Որքան կը յառաջանանք այնքան խրճիթ ու միայարկ կը հետեւին իրարու, երբեմն կիսափուլ, երբեմն ալ անաւարտ, կը բարձրանան հողէն, վայրի թուփերու, "չինական" կոչուած ծառերու կողքին։ Տեղեր են ասոնք որ կարելի չէ բոլորովին տեղ կոչել, քանի կանգ չէք առներ, որեւէ նշանակալից, այսինքն՝ յիշելի բան չկայ։ Պեթոնի, աղիսի չէզոք ընթացք մըն է, կոտրած-թափածի ճարտարում մը, որ հետզհետէ կը բարձրանայ, պզտիկ դարվեր մը կը կազմէ, սեպ քարեր, խիճեր կը յայտնուին մաշած ասֆալթէն։ Հոն կանգ կ'առնէք։

Երկաթուղագիծն է որ կը կտրէ թաղամասը։ Զարմանալի կը թուի ձեզի գիծին այս անցումը շէն քաղաքէն որուն միջոցը կը փորէ կարծես, կը բաժնէ երկուքի։ Երկար ատեն չես առնչած զայն ցանցին, որ Թրիպոլիէն ասդին կը հետեւի ծովեզերքին, կ'անցնի քանի մը կամուրջէ մինչեւ Անթիլիաս, մինչեւ Տորա, եւ հոնկէ կարծես կը բաժնուի երկուքի, մէկը կը մտնէ նախկին ճախճախուտ անտառներէն ծնած քաղաքը, երթալ եզերելու համար բլուրը իր ստորոտէն։ Քեզի համար սակայն անոր յայտնութիւնը հոս կը թուի արտառոց երեւում մը, քանի զայն երեւակայեր ես միշտ բնակուած տեղամասերէ հեռու, տեսակ մը սահմանանշանի կանոնով, ինչպէս երբ գիծը կը կտրէ լեռնաշղթան, կը բարձրանայ լեռնանցքէն, յետոյ կը մտնէ Պեքաայի դաշտ, մինչեւ Ռայաք։ Մինչդեռ այստեղ շոգեկառքը կը կտրէ ոչ միայն փողոցները, այլեւ կարծես շէնքերը, այնքան կը թուի քսուիլ անոնց պատշգամներուն։ Լսած էք վայրաշարժին ժխորը, հեռուէն անոր շչակը, որ գիծերուն վրայ թափառող կամ կտրող անցնող մարդիկը, մանաւանդ երեխաները կը ջանայ հեռացնել։ Բայց մեքենան ինք կը մնայ անյայտ։ Կը զգուշանաք մօտենալու դարվերին, կը վախնաք որ ջոցան մեքենայի մը պէս ձեր վրան արձակէ տաք ջուրն ու շոգին, եւ կ'այրիք։ Գոնէ այս է բլուրի մարդուն մտավախութիւնը։ Երկար ատեն այդ վայրաշարժն ու ետեւէն քաշած վակոններու մերթ կարճ, մերթ ալ երկար շարանը անտեսանելի են քեզի համար, հոն, եւ իր անտեսանելիութեամբ առեղծուածային բնոյթ մը ունի։ Եւ ասիկա թերեւս շարունակեր առեղծուած մնալու, եթէ օր մը, նորէն Սուրբ Սարգիսի տօնին, ձեր հետիոտն ճամբորդութիւնը մինչեւ այստեղերը չհամապատասխաներ շոգեկառքի անցումի ժամուն։ Կարծես ժամափոխութիւն մը տեղի ունեցեր էր եւ ահա հազիւ Նոր Արաքսէն քալեր էիք դարվերի կողմը, վայրաշարժի աղմուկը, պնդող շչակի հարուածները, կարծես դարձող հեղեղի շրջուող ալիք մը մէկէն աւետեր էին "հրէշին" գալուստը։ Անցարգել չկար անշուշտ, որ կասեցնէր ինքնաշարժներու կամ անցորդներու երթեւեկը։ Մինչ քարացեր մնացեր էիք անկարելի սահմանին, տղաք, նոյնիսկ հեծանիւի նստած մարդիկ չէին վարանած գիծը կտրել, խաղալու պէս պահ մը դանդաղիլ երկաթուղիին վրայ, յետոյ ցատկել միւս կողմ։ Թերեւս նման խաղ նախատեսելով վարորդը շարունակ կը ճչակէր, որքան կը դանդաղեցնէր արագութիւնը, եւ ահա սեւ դունչը երկու յառաջացող անիւներու վրայ, ածուխի սեւ փոշիով սեւադէմ վարորդը, գլուխը դուրս, քովը ուրիշ աշխատաւոր մը, ապա վայրաշարժին երկարաւուն, բոլորակ փորը, որուն սկիզբէն մուխն ու շոգին կը ցայտէին, կը պարզուէին օդին մէջ, մինչ ճամբորդատար քանի մը դատարկ վակոնէ ետք սկսեր էր երկար շարասիւնը բեռնաբարձ վակոններու։ Մեքենան իսկապէս արժանի էր իր հրէշի կոչումին, մետաղներու իր յարաշարժ ճարտարումը, ուղիղ, անսայթաք դիմեցումը կարծես կը գուժէին կանոնաւոր ռիթմով աղմկոտ, անարգել, ճակատագրական յառաջխաղաց մը, որ կրնար միայն դիմադրողը ճզմել։ Մանկական հակազդեցութիւն մը չէ՞ր ասիկա, խորունկ, անգիտակից վախէ մը բխած, եւ որ տարիներ պիտի յայտնուէր երազներու մէջ. միշտ նոյն տեսարանն էր, հեռուէն կը լսուէր շոգեկառքի անտեղիտալի յառաջացումը, գիծերը կը թրթռային, անակնկալի եկած կ'իյնայիր երկաթուղիի գերաններուն շատ մօտիկ, այնքան մօտիկ որ ճչակող մեքենային ժխորը կ'անցնէր վրայէդ, եւ կը բանայիր աչքերդ լոյսին։

Վակոններու շարասիւնը պիտի անցնէր ետին ձգելով անիւներու, իրարու զարնուող թիթեղներու, սուլող հովու զրնգիւն մը։ Չանցաւ պիտի ըսես քանի կը շարունակէ մնալ մէջդ։ Որքան ալ մոռնաս, կը հետեւի, կը շարունակէ դղրդալ։ Բայց փողոցը կը փրկէ կարծես։ Մանաւանդ տուներու նոր շարքը, որուն էն բարձրը,

and right there the noise of the locomotive, the insistent poundings of the train's roar, as if a whirling wave of a flood had suddenly brought the tidings of the "monster's" arrival. There was no train crossing signal, of course, to stop traffic or passersby. Meanwhile, you had all turned to stone at the non-existent barrier, young boys, even men riding bicycles had not hesitated to cross the line, to slow down playfully for a minute on the railway tracks, then jump to the other side. Perhaps anticipating such play, the train conductor was honking non-stop as much as he was slowing the train's speed, and now his black snout above the two advancing wheels, face blackened by the dust of coal, his head out, next to him another worker, and then the locomotive's longish, roundish abdomen, its front spewing smoke and steam, were all coming into view, and then the beginning of the long column of load-carrying cars after a few empty passenger cars. The machine did deserve the moniker "monster," the ingenious, continuous movement of its metals, its straight, steady advance, seemed to be foretelling, in a regular rhythm, of a noisy, unhindered, fateful forward thrust that would simply crush those who stood in its way. Was this not a childish reaction, flowing from a deep, unconscious fear, and which was to reveal itself for years in a dream? It was always the same scene: From afar could be heard the train's steady advance, the tracks fluttered; stunned, you would fall very close to the train tracks, so close that the tumult of the shrieking machine would pass over you and you would open your eyes to the light.

The line of cars will disappear, leaving behind it a boom of wheels, tin plates colliding against each other, and the whistle of the wind. It hasn't passed, you'll say, because it remains in you. As much as you forget, it follows you, it continues, it rattles. But the street is a savior, as it were. Especially the row of new houses, whose tallest, or so it seems to you, is the house of Hayg agha, our godfather. A three- or four-story building that stands out for its disregard for the tin- or brick-walled single-story buildings. It's at the corner of the street. You all turn in its direction.

The small door leads to a courtyard, there must be a tree on one side, whose name you don't remember, there's the impression of a dark green, a cypress green, but you're not sure that that evergreen, fruitless tree has been planted there because the inhabitants prefer trees that have large leaves and that give shade, for instance, apricot, plum, fast-growing mulberry, which soften the field's hot humidity. The stairs begin at the edge of the courtyard. You all run up two steps at a time, until the third or fourth floor, and out of breath arrive at an open-roofed veranda that looks like a balcony, closed on top, sides open, some pots of basil or other plants next to the handrail. Mrs. Yeghsapet, godfather's wife, welcomes you, she waits at the threshold for the adults to arrive, to hug each other, to exchange greetings, take the foods they brought to the kitchen, then sit. Mrs. Yeghsapet suggests that they sit in the living room, a large passage that looks like a hall in whose corner godfather usually sits, while his mother, who escaped from Sis bringing her son and daughter Araxi with her, is now sitting at the corner of the divan. In her animated Turkish, godfather's mother calls us, wants to kiss our cheeks, the smell of coffee and tobacco reaches your nostrils, you turn your face away. What a difference between Miss Lipanouhi's kiss and this one's. The clock on the wall hits 11. Godfather is not at home, of course, he's at mass, on St. Sarkis Sunday, and as a member of the neighborhood council, he never misses any church ritual of which he, like many others, certainly understands nothing, but likes the hold it gives him. The grandchildren have appeared, the girls, some of the boys, their fingers to their mouths, they watch all of you from a distance, then when Mrs. Yeghsapet announces in her broken Armenian that you should all go to church, they all run down the stairs. All of you follow. After one block, on the left side of the street, they turn, hurry. They know the way. It's the direction of their school, Loussinian School, named after the last royal family of Giligia. Only later it was renamed Aksor Kassardjian School. Meanwhile, you're all already in front of the church. It's a small, almost unimpressive building, as are all the churches in Bourj Hammoud, not only there but also on The Hill, all of them free of ostentation, built almost without a benefactor, without an architect, through meager means as the reports of the neighborhood council show, in their fine Armenian and not, of course, in the Turkish dialect of Giligia. Here, it must be noted that the visitor arriving from beyond must be at least bilingual, if not trilingual, in order to taste and smell the pleasure of any exchange.

It is an exceptionally sunny day, even though tatters of clouds flutter and disappear. It is the feast of the great saint. Like all saints, he is great especially because of the white helvah attributed to him, which, it is said, flew to the saint's lips as blessing from the mouth of the Mother of God... Where or when, it's not clear. It's not important anyway. It's like this with miracle stories. When all of you

կամքեզի այնպէս կը թուի, կնքահօր տունն է։ Եռայարկ կամ քառայարկ շէնք մը, թաղի թիթեղապատ կամ աղիւսաշէն միայարկները զանցող։ Փողոցին անկիւնն է։ Կը դառնաք։

Պզտիկ դուռը կը տանի բակի մը, մէկ կողմը ծառ մը ըլլալու է, որուն տեսակը չես յիշեր, տպաւորութիւնը կայ մութ կանաչի մը, նոճեղէն կանաչի մը, բայց վստահ չես որ այդ մշտադալար, բայց անպտուղ ծառը ցանուած է հոն, քանի բնակիչները կը նախընտրեն լայն սաղարթներով եւ հովանի բերող ծառեր, ծիրանենի, սալորենի, արագ աճող թթենի օրինակ, որ կը մեղմացնեն դաշտին տաք, խոնաւութիւնը։ Բակին ծայրէն կը սկսին սանդուխները։ Երկու-երկու կը վազէք, մինչեւ երրորդ կամ չորրորդ յարկ, եւ շնչակտուր եղած կը հասնիք պատշգամի նմանող վերանտային, վրան փակ, կողմերը բաց, բազրիքին մօտիկ ռեհանի կամ ուրիշ թուփերու թաղարներ։ Ձեզ կ՚ընդունի տիկին Եղսաբէթը կնքահօր կինը, սէմին կը սպասէ որ չափահասներն ալ հասնին, որ ողջագուրուին, հասարակ տեղիք բարեւներ փոխանակեն, իրենց հետ բերած ճաշը տանին խոհանոց, յետոյ գան նստին։ Տիկին Եղսաբէթ կը թելադրէ որ երթան նստին հիւրանոցը, ընդարձակ, սրահի նմանող միջոց մը, որուն մէկ անկիւնը նստած կ՚ըլլայ կնքահօր իսկ մայրը, Սիսէն փախած, հետը տղան ու դուստրը՝ Արաքսին բերած, որ հիմա տիւանին անկիւնն է։ Իր թունդ թրքերէնով կը կանչէ, կ՚ուզէ մեր երեսները համբուրել, սուրճի եւ ծխախոտի հոտ կը հասնի քիթիդ, դէմքդ կը դարձնես։ Օրիորդ Լիբանուհիին պաչիկը ո՞ւր, այս մէկը ո՞ւր։ Պատի ժամացոյցը 11 ցոյց կու տայ։ Կնքահայրը տունը չէ անշուշտ, պատարագի է, Սուրբ Սարգիսի կիրակիով, եւ իբրեւ թաղական երբեք չի փախցներ ծէսը, որմէ ապահովաբար ոչինչ կը հասկնայ ինչպէս շատեր, բայց կը սիրէ անոր կառչած մնալ։ Յայտնուեր են թոռները, աղջնակներ, քանի մը տղեկ՝ իրենց մատները դրած բերաննին, կը դիտեն ձեզ հեռուէն, յետոյ երբ տիկին Եղսաբէթ կը յայտարարէ իր կիսատ-պրատ հայերէնով որ պէտք է եկեղեցի երթաք, անոնք բոլորը կը վազեն սանդուխներէն վար։ Կը հետեւիք։ Մէկ պլոք անդին, փողոցի ձախին կը դառնան, կ՚աճապարեն։ Ճամբան գիտեն։ Իրենց դպրոցի ուղղութիւնն է։ Լուսինեան վարժարան, հիմնուած Կիլիկիոյ վերջին հարստութեան ընտանեկան անունով։ Յետոյ միայն վերածուեր է Աքսոր Գասարճեանի։ Մինչ այդ՝ դուք արդէն եկեղեցիին առջեւն էք։ Պզտիկ, գրեթէ անշուք շէնք մըն է, ինչպէս են բոլոր եկեղեցիները Պուրճ Համուտի մէջ, ոչ միայն հոն, այլեւ բլուրին վրայ, բոլորն ալ զուրկ աւելորդ պերճանքէ, կառուցուած գրեթէ առանց բարերարի, առանց ճարտարագէտի, խիստ խնայողական միջոցներով, ինչպէս կը գրեն թաղականական տեղեկագիրները իրենց ընտիր հայերէնով եւ ոչ անշուշտ թրքերէնի կիլիկեան բարբառով։ Հոս պէտք է գիտնալ որ դուրսէն եկողը պարտի երկլեզու ըլլալ առնուազն, եթէ ոչ եռալեզու որեւէ փոխանակութենէ համ ու հոտ առնելու համար։

Եղանակը բացառիկ արեւոտ է, նոյնիսկ եթէ ամպի ծուէններ կը ծածանին ու կ՚անհետանան։ Մեծ սուրբին տօնն է։ Բոլոր սուրբերուն պէս մեծ է, մանաւանդ իրեն վերագրուած սպիտակ հելվային համար, որ իբր թէ սուրբին շրթներուն վրայ ծորած է Աստուածամօր բերնէն իբրեւ շնորհ... Ո՞ւր, ե՞րբ, յայտնի չէ։ Արդէն կարեւոր չէ։ Ասա՛նկ, հրաշապատում բաներ։ Պէտք է հաւատաս, երբ հոս կու գաս եւ ափդ շերտ մը դնեն, պահես զայն, հակառակ անոր կը սկսի հալիլ մատներուդ ջերմութենէն։ Խուռներամ բազմութիւնը, այրերու ծխող ամբոխ, կը մնայ մեծ մասամբ եկեղեցիին բակը, անոր մուտքին, մինչեւ փողոցը։ Ասոր դիմացը, քովերը, կրպակներ կան կարծես, թերեւս ժամանակաւոր առուծախի տեղեր։ Դուք ձեզ արաբական եկեղեցիներու տօնին կը կարծէք։ Սեղաններու վրայ դրուած են զանազան կիլիկեան քաղաքներու, գիւղերու անուշեղէնները, եւ ասոնց մէջ նաեւ Սուրբ Սարգիսի հելվան մեծ ափսէներու վրայ ցոյցի հանուած, երբեմն պճնուած կարմիր խնձորով։ Պիտի դիտէք, պիտի պահէք ձեր ձեռքին մէջ այդ հրաշքը, բայց պիտի ճաշակէք պատարագէն ետք միայն։ Այդ է օրէնքը։ Իսկ հիմա պէտք է սպասել որ արարողութիւնը աւարտի, խունկի հոտը գրաւած է բակը, կիներ սկսեր են մէկիկմէկիկ դուրս գալ, պիտի աճապարեն տուն։ Մինչ դուք վերջապէս ամբոխին մէջ կը նկատէք պարթեւ հասակը կնքահօր, որ մեծ փորը տնկած կը քալէ, գլխուն կարմիր ֆէսը, երեսները մօտէնածիլուած, քիչ մը կարմրած եկեղեցւոյ խորհրդարանին գոց մթնոլորտէն ու ծուխէն։ Կը խօսի ըստ երեւոյթին երեւելի մարդոց հետ, մէկ քանին խոնարհելու շարժում կ՚ընեն, բարեւ Հայկ աղա կ՚ըսեն, կարծես հանրածանօթ յանձնակատարէն որեւէ խնդրանք ունին ընելիք։ Երբ կնքահայրը կը նկատէ թոռները, մեզ, ձայնը բարձր կը հրամայէ որ տուն երթանք, անմիջապէս։ Բառեր չէ որ կ՚արտասանէ, այլ քանի մը ձեռքի, մատներու շարժում, հազուադէպօրէն մէկերկու թրքերէն միավանկ։ Եւ արդէն կը դառնաք ձեր եկած ճամբէն, ուր հիմա եռուզեռը աւելի սերտացած է։ Մարդիկ կը մնան կանգնած դռներուն առջեւ, կը տաքնան կարծես այս անսպասելի արեւէն, կը դիտեն ժամուորները, մանաւանդ հեռու թաղերէն ժամանածները, որոնց համար թաղամասը նոյնքան օտար է որքան ձեզի, աւելի ճիշդ թէ՛ օտար կը թուի, թէ

come here and they place a slice in your palm, you must believe, you must hold on to it, although it begins to melt under your warm fingers. The thick crowd, the mob of men smoking, stays largely in the churchyard, at its entrance and all the way to the street. Opposite the entrance and next to it, there appear to be small shops, perhaps temporary stalls, for buying and selling. You think you're at a feast in an Arab church.[18] Various kinds of sweets and pastries of Giligia's villages and towns are on tables, among them displays of St. Sarkis Helvah on large trays, sometimes decorated with a red apple. All of you will observe the scene, you will keep that miracle in your hand, but you'll eat it only after mass. That's the rule. As for now, you must wait for the ceremony to end; the scent of incense has pervaded the yard, the women have started coming out one by one, they will hurry home. Meanwhile, you will finally spot among the crowd the corpulent godfather, who walks with his big belly sticking out, a red fez on his head, his face closely shaven and a little reddened by the stuffy atmosphere and smoke of the church. It seems that he is talking with prominent people, some of them bow to him, Hayg agha, they say, as though they have something to ask of the renowned contractor. When godfather notices us, his grandchildren, he orders us in a loud voice to go home, immediately. It is not words that he utters but rather a few gestures of the hand and fingers, and on rare occasions a couple of monosyllabic Turkish words. And you've already turned back to the road that brought you here, where the traffic is heavier now. People remain standing in front of their doors, warming themselves, as it were, by the unexpected sun; they observe the churchgoers, especially those from distant places for whom this neighborhood is as strange as it is for you all, more correctly, it looks both strange and also familiar. The street, it seems, opens onto a narrow space of somewhat cheap concrete, above which electrical lines swing in the wind that comes from the sea. One or two birds. A surprising absence of trees, when, back in the day, the terrain was a swampy forest. On the street corner, a rather thick, thriving eucalyptus whose leaves have been cut so much that it's as if the bark were straining to expand, whereas the top completes a bouquet of branches. The side street is similar to the one before it. But it's in the direction of the river; on the ground, small lakes of bubbling water, a bit of mud. Already, the smell of cooked food pervades the stairs of godfather's building. It's necessary to wait for Hayg agha who has not yet finished his conversations. Father is seated on the veranda smoking with Mrs. Arshalouys, the oldest person of the household, while the women are busy laying the table.

The voice of Hayg agha announces his arrival as he climbs the stairs. Behind him, sprouts of his daughters-in-law who have established domestic nests on the lower floors, a few of his sons, his grandchildren again. Godfather is the true patriarch of a traditional large family whose affairs he conducts with the strictness of an autocrat. Otherwise those five sons and two daughters would have been ungovernable. Wasn't he the one who had arranged the visits for Smpad, Garo, Yesayi, and still others to see if the girl was suitable for marriage, decided who was fit for whom? That is, according to his taste and in complete disregard for his sister's and wife's opinions. As in other places, here too, even if their mouths and noses are not covered, women keep their mouths shut, especially in front of this man from Sis.

No one knows how the tyrant was taken by surprise when Hagop, a policeman in Bourj Hammoud, made him face the reality of the situation. Get this: Like many people, godfather rents a house in the summer months for his large family. During these months, the air around the old swamp becomes completely unfit for breathing, and the women say that children quickly fall ill, that is, they are infected by the most dangerous diseases. Typhoid fever, typhus, and malaria have been familiar diseases since Der Zor. Therefore, Hayg agha, perhaps longing for the cool mountain and vitality of their Sis home, spends the summer in a rented mountain house. One year, contrary to custom, he takes the family to the village called Deyr Amar, in the Shouff Moutains. It is there that the unforeseen happened. Hagop, godfather's second son, fell in love, as it happened, with a local Arab girl, Laura. And traditions being what they were, he found no other way out except to carry her away at night and take her home to Nor Sis. The women used to say that godfather was not innocent, knew from the beginning about this fiery love affair, did not object, nor did he encourage the boy. Perhaps Hagop had benefited from that passivity. Another version of the story, whose author was Laura herself, was that Hayg agha himself had been the initiator, had sent someone with Hagop, supplied the necessary car. He had organized the escape. He had arranged the wedding, the girl's family had not objected beyond the formal reaction. "Those people," as they are often described, who have made a custom out

ալ հարազատ։ Քիչ մը աժանկեկ պեթոնի տարածութեան մը մէջ է բացուած կարծես փողոցը, որ նեղ է եւ որուն վերեւէն ելեկտրական թելեր կ՛անցնին, կ՛օրօրուին ծովէն եկած հովէն։ Մէկ-երկու թռչուն։ Ծառի զարմանալի բացակայութիւն, երբ ատենին գետինը ճախճախուտ անտառ էր։ Փողոցին անկիւնը կը վերապրի հաստկեկ տենդենի մը, որուն սաղարթները այնքան կտրուած են, որ բունը կարծես ձգտումն ունի լայննալու իսկ կատարը ճիւղերու խուրձ մը կ՛աւարտէ։ Կողմնակի փողոցը նման է նախորդին։ Միայն թէ կը դիմէ գետին ուղղութեամբ, գետինը՝ ջուրի պսպղացող լճակներ, քիչ մը ցեխ։ Կնքահօր շէնքի սանդուխներէն կը տարածուին արդէն ճաշին բոյրերը։ Հարկ է սպասել Հայկ աղային, որ տակաւին չէ վերջացուցած իր ոտքի զրոյցները։ Պապաննստեր է վերանտան, տան երիցագոյնին հետ, տիկին Արշակուհիին, եւ երկուքով կը ծխեն, մինչ կիները զբաղած են սեղանի պատրաստութեամբ։

Սանդուխներն ի վեր Հայկ աղայի ձայնը գալուստը կ՛աւետէ։ Անոր ետեւէն կը բուսնին կարծես վարի յարկերը բոյն գտած անոր հարսները, որդիներէն մի քանին, թոռները նորէն։ Կնքահայրը նահապետն է իսկական աւանդական գերդաստանի մը, որուն գործերը կը վարէ ինքնակալի խստութեամբ, այլապէս այդ հինգ տղաքը եւ երկու աղջիկները անկառավարելի պիտի ըլլային։ Ինք չէ՞ որ Սմբատին, Կարոյի, Եսայիին, եւ դեռ մը ուրիշներու աղջիկտեսը կազմակերպեր է։ Որոշած ո՞վ որո՞ւն յարմար է։ Այսինքն՝ նաեւ իր ճաշակին, բոլորովին անտեսելով քրոջ ու կնոջ կարծիքները։ Կիները, ինչպէս այլուր, նոյնիսկ եթէ քթակալով չեն ծածկեր իրենց բերանը, փակ կը պահեն զայն մանաւանդ այս սսեցիին դիմաց։

Մարդ չի գիտեր ինչպէ՞ս բռնակալը անակնկալի է եկած, երբ Յակոբ, ոստիկան Պուրճ Համուտի, զինք կատարուած իրողութեան առջեւ է դրեր։ Այսպէս, ինչպէս շատեր, կնքահայրը իր բազմանդամ ընտանիքին համար տուն մը կը վարձէ ամառնային ամիսներու շրջանին։ Հին ճախճախուտը բոլորին անշնչելի կ՛ըլլայ այդ ատեն, եւ ըստ կիներուն, տղաքը շուտով կը հիւանդանան, այսինքն՝ կը վարակուին ամենէն վտանգաւոր փոխանցիկ ախտերէն։ Տէր-Զօրէն ի վեր թիֆօս, ջերմախտը, մալարիան ծանօթ հիւանդութիւններ են։ Ուրեմն՝ Հայկ աղա, հաւանաբար իրենց Սիսի տան լեռնային զովութեան ու կենսաւէտութեան կարօտով, ամեն տարի կը բարձրանայ լեռ։ Տարի մըն ալ բացառապէս Տէր-Ամար կոչուած գիւղը, Շուֆի մէջ։ Հո՞ն է որ տեղի ունեցեր է աննախատեսիլին։ Յակոբ, կնքահօր երկրորդը, սիրահարուեր է եղեր տեղացի աղջկան մը հետ, Լորային։ Եւ ուրիշ ելք չէ գտած եթէ ոչ զայն գիշերանց փախցնել ու բերել տուն, այսինքն Նոր Սիս։ Կիները կ՛ըսէին որ կնքահայրը անմեղ չէ եղած, սկիզբէն տեղեակ էր այս կայծակնային սիրահարութեան, չէ մերժած, չէ ալ քաջալերած տղան։ Թերեւս այս կրաւորականութենէն է օգտուեր Յակոբ։ Ուրիշ տարբերակ մը, որուն հեղինակը Լորան էր, Հայկ աղա ինքնախաձեռնակ է եղած, Յակոբին հետ մարդ ղրկած, անոնց տրամադրած անհրաժեշտ ինքնաշարժը։ Փախուստը ինք կազմակերպած։ Պսակը կարգադրուած է, աղջկան ընտանիքը չէ հակազդած ձեւականէն անդին։ "Անոնք" ինչպէս կ՛ըսեն, սովորութիւն դարձուցեր են նման աղջիկ-փախցնելներ, որոնք առաւելութիւնն ունին ոչ միայն կողմերէն մէկուն կամ միւսին ընդդիմութիւնը ջնջելու, այլեւ նիւթական "աւելորդ" ծախսերէ խուսափելու։ Այս ամենը հերոսական արտաքին քողի մը ներքեւ։

Այս սիրավէպը միշտ ալ քեզի թուած է չափազանց հաշտ կնքահօր նկարագրին։ Յանձնակատարը, սկիզբէն, այն օրէն երբ հայրիկն ու ինք ընկերներ էին եղեր, 1927–28 թուականներուն արդէն, եւ միասին իբր թէ բանած, հայրիկը իբրեւ աւազ ու բեռ փոխադրող, ինք շէնք ծրագրող ու շինող, քիչ թէ շատ արկածախնդիր եւ իբրեւ այդ հաշուենկատ մարդ մը կը նկատուէր, եւ Յակոբի ու Լորայի ամուսնութիւնը որքան իր սնափառութիւնը կը շոյէր, այնքան ալ նիւթական խնայողութիւն էր, ինք որ պեթոնի, մետաղի, փայտի մսխումի մեղքով կը դատապարտուէր։ Յակոբի եւ Լորայի հարսնիքը պարզապէս հոյակապ դէպք մըն է։ Ասոր միակ փաստը թերեւս մեծկակ լուսանկարն է, սթուտիոյի պաշտօնական գործ մը, ուր ոստիկանը կանգնած է իր համազգեստով, գլուխը թեթեւ մը հակած դէպի հարսանեկան երկար, գրեթէ փալփլող ճերմակ հագուստ հագած հարսը։ Իր թագն ի վար իջնող քողին տակէն կրկնութիւն է Լորա կը նայի, ոչ այնքան Յակոբին, որքան լուսանկարիչին, կը պարզէ հիանալի աչքեր, մանաւանդ խպնոտ բայց թելադրական ժպիտ մը։ Երկուքը իրենց ձեռքերը միացուցեր են իրարու, երջանիկ զոյգ մը կը կազմեն անկասկած։ Հովուերգութիւն... առանց պանդոկի։ Լորա շուտով պիտի դառնայ Հայկ աղային ամենէն սիրուած հարսը, մանաւանդ որ շատ արագ պիտի տիրապետէ ոչ միայն հայերէնին, այլ Հայկ աղայի հոյակերտ թրքերէնին։

Ճաշէն ետք պահ մը կայ, որ կը նախապատրաստէ կէսօրէ ետքուան քունը։ Այս այն ժամանակն է երբ կնքահայրը պիտի խօսի, այսինքն՝ միշտ պիտի գոռայ եւ սկսի պատմել իր յաջողութիւնները, մանաւանդ շինարարական ծրագիրները որ դժուարութիւններու կը հանդիպէին Պուրճ Համուտի ազգայիններու,

of such escapes at night, have the advantage of not only canceling the resistance of this or that side, but also of avoiding "extra" financial costs, all this beneath an external veil of heroism.

This love story has always seemed to you to be very much in keeping with godfather's personality. From the beginning, from the day when the contractor and father were friends, as early as 1927–28, they had "worked together," as it were. Father was the one transporting the sand and the load, and Hayg, the planner and builder, was thought of as a man rather driven by self-interest and, as such, financially prudent. Hagop and Laura's marriage, much as it stoked his vanity, was also a way of being frugal, he who was condemned for wasting cement, metal, and wood. Hagop and Laura's wedding was simply a magnificent event. The only proof of this is perhaps the large picture taken in a professional studio in which the policeman is standing in uniform, his head leaning toward the bride who is wearing a long, almost sparkling white dress. From under her veil, which hangs down from the tiara, Laura looks not so much at Hagop but more to the photographer, reveals her ravishing eyes, especially her bashful but suggestive smile. Their two hands are intertwined, they make a happy couple, no doubt. Idyllic scene… without the hotel. Soon, Laura will become Hayg agha's favorite daughter-in-law, especially since she will quickly master not only Armenian, but also his magnificent Turkish.

After lunch, there's a moment that anticipates the afternoon nap. This is when godfather will talk, that is, he begins roaring out stories of his successes, especially his building projects that had encountered difficulties from the community leaders of Bourj Hammoud, within the closely knit and centripetal circles of school building committees or the town municipality, where negotiations were conducted through official and unofficial channels and agreements based on verbal acknowledgments rather than written contracts. The contractor was an autocratic operator, and what could be gathered from his stories was that there were always opponents in the vast field of operations that was his, here, in Nor Sis, inhabited by people from Sis only or by those descended from the population of Giligia who were called from the camps to build a new capital. But in his stories he paraded a list of names, which has stuck in your mind as if they were omnipotent beings begotten from who-knows-what royal race of the Roubinian or Hetoumian line of kings and princes. As befits the occasion, godfather raises his voice beyond his capacity, then he lowers it as though he is whispering a secret; like a near-master actor, he presents a *tableau vivant* of Sis, enthroned now on the divan, a little away from his mother, his fingers holding a toothpick whose discovery he's made heaven knows where. When he concludes his stories or wants to suddenly put an end to his talking, he turns to father, to ask him, finally, how are things, how is work, why don't you come over for me to see what I can do for you? You, you neither talk… nor work, you think that's right? And so he concludes by saying his own work is always on the skids. Which means that the money he owes father will not be returned. Then, without any final words, he moves toward his room, closes the door behind him.

Except for an afternoon nap, you have never spent the night in Nor Sis or anywhere else in that town of swamps, as The Hill's half-literates used to say, dismissing the cinemas, the theater, the stylish things of the place, always ready to scorn "that breed of Armenians" who were not polite enough, refined enough, because they had moved only yesterday from that unmentionable Qarantina and its shanties on the shore; it was all a reminder of what had to be forgotten, to forget what had been our degradation, destruction, the unmooring they brought on, in short, our becoming gypsies, wave by wave from Giligia on.

You haven't known what night was like in those tightly inhabited neighborhoods. All of you couldn't wait for darkness to fall; you hurried, took the road that had brought you here, the market of Arax would be closed, as were all the shops all the way to the bridge. Not a single tram. February cold. Sparse traffic. A few car horns. A few skulking dogs. The placard of Cinema Knar was always in its place, in half-darkness. The rest, desolation were it not for the lamps on the bridge, Arab peddlers sitting next to their fruit carts. From the sidewalks it would have been possible to watch the river's murky current, as though somewhat strengthened from the last rains, rushing to the sea. At the bridge's exit, from the windows of the Abroyan factory buildings, a few lights glitter. Then the tree-lined street and its darkness all the way to the steps of The Hill. From there could be seen the flooding of the river, the panorama of the city on the other side of the shore extending to the foot of the mountains, like the fields of Giligia in front of the Taurus mountain range. It's as if the places, like the people, had become displaced, transported elsewhere, had retained only their names that moved among people like invisible shadows, but the footing, the very foundation, was lost in its swamp.

դպրոցաշինութեան կամ քաղաքապետութեան իրերահաղորդ, կեդրոնաձիգ շրջանակներուն մէջ, ուր բանակցութիւնները կը վարուէին պաշտօնական, մանաւանդ անպաշտօն խողովակներով, ո՛չ թէ պայմագիրներով, այլ փոխադարձ բերանացի խօսքով: Յանձնակատարը ինքնիշխան գործող էր, եւ ինչ որ կարելի էր գուշակել իր պատումներէն, այն էր որ միշտ հակառակորդներ կային ընդարձակ ասպարէզին մէջ որ իրն էր, հոս, Նոր Սիսի մէջ, բնակուած միայն սսեցիներէ կամ ասոնց աճանցուած կիլիկեցիներէ, բոլորն ալ քեմփերէն կանչուած, հիմնելու համար Նոր մայրաքաղաք մը: Իսկ պատումներուն մէջ կը տողանցէր անուններու շարք մը, որ մնացեր է միտքդ, կարծես ամենակարող էակներ ըլլային, սերած չես գիտեր ի՛նչ ռուբինեան կամ հեթումեան իշխանական, թագաւորական ցեղէ: Ըստ պարագայի կնքահայրը ձայնը աւելի քան կարելի կը բարձրացնէ, յետոյ գաղտնիք մը փսփսալու պէս կը ցածցնէ, գրեթէ վարպետ դերասանի մը պէս Նոր Սիսի կենդանի մէկ պատկերը կը ներկայացնէ, հիմա բազմած տիւանին վրայ, մօրմէն քիչ մը անդին, ձեռքին, մատներուն միջեւ ակռաները մաքրող փայտիկը, որուն գիտը ըրեր է չես գիտեր ուրկէ: Երբ պատումներու իր խաղացանկը աւարտէ կամ ուզէ մէկէն վերջակէտել խօսքը, կը դառնայ պապային, հարց տալու համար վերջապէս թէ գործերը ինչպէ՞ս են, ո՞ւր հասաւ, ի՞նչ եղաւ, մէյ մը եկուր տէ տեսնամ, ի՛նչ կարելի էր ընել: Դուն ալ նէ կը խօսիս, նէ... կ՛աշխատիս, կ՛ըլլա՜յ մը: Ուրեմն, կ՛եզրակացնէ, որ գործերը միշտ թերս են: Որ կը նշանակէ թէ պապային վերադարձնելիք իր պարտքը պիտի չվճարէ: Յետոյ, առանց որեւէ վերջաբանի, կը դիմէ իր սենեակը, կը գոցէ դուռը ետեւէն:

Յետմիջօրէի մրափէն զատ երբեք չես գիշերած Նոր Սիս կամ որեւէ տեղ ճահիճի այդ քաղաքին մէջ, ինչպէս կ՛ըսէին բլուրի գիտոսիկները, անտեսելով անտեղի սինեմաները, անտեղի թատրոնը, անտեղի շիք բաները, միշտ պատրաստ՝ արհամարհելու "ատ հայութիւնը", որ բաւական մը կիրթ չէր, բաւական մը նուրբ չէր, քանի դեռ երէկ փոխադրուած էր չըսուելիք Քարանթինայէն ու ասոր ծովեզերեայ վարախաններէն, տակաւին կը յիշեցնէր ինչ որ հարկ էր մոռնալ, մոռնալ ինչ որ մեր անկումն էր, խորտակումը, զառածումը, մէկ խօսքով մեր տարմատարմ փոշայութիւնը Կիլիկիայէն ասդին:

Չես գիտցած ի՛նչ էր գիշերը այդ նեղ ու խիտ բնակուած թաղերուն մէջ: Արդէն չէիք սպասեր որ մթնէր: Կ՛աճապարէիք, կը բռնէիք մեր եկած ճամբան, Արաքսի շուկան փակ կ՛ըլլար, ինչպէս փակ կ՛ըլլային բոլոր խանութները մինչեւ կամուրջը: Ո՛չ մէկ հանրակառք: Փետրուարեան ցուրտ: Ցանցառ անցնող ինքնաշարժներ: Քանի մը ճչակ: Քանի մը սլքտացող շուներ: Սինեմա Քնարի ծանուցումը տեղն էր միշտ, կիսամութին: Մնացեալը՝ ամայութիւն, եթէ կամուրջին վրայ չըլլային լամբեր վառած, առէքներուն քով նստած արաբ փերեզակները: Մայթերէն կարելի կ՛ըլլար դիտել գետի պղտոր հոսանքը վերջին անձրեւներէն կարծես քիչ մը աւելի հզօրացած, դիմող դէպի ծով: Կամուրջի ելքին՝ Ապրոյեանի գործարանի պատուհաններէն կը պսպղային քանի մը լամբեր: Յետոյ ծառուղին եւ ասոր մթութիւնը մինչեւ բլուրի աստիճանները: Այնտեղէն կարելի էր տեսնել գետին յորդումը, միւս ափի քաղաքին համայնապատկերը ծաւալած մինչեւ լեռներու ստորոտը, ինչպէս դաշտային Կիլիկիան տաւրոսեան լեռնաշղթային առջեւ: Տեղերը կարծես մարդոց պէս եղեր էին տեղահան, փոխադրուեր՝ այլուր, պահեր էին իրենց անունները որ կը տարածէին մարդոց շուրջ անտեսանելի հովանիներու պէս, բայց հիմը, հիմնական զանգուածը կորսուեր էր ճախճախուտին մէջ:

Ուրիշ աշխարհ մըն էր Պուրճ Համուտը, ձերինէն տարբեր, անկէ վար թէ վեր, անոր նման, երկրորդ կայք ժամանակաւոր: Ոչ ոք կրնար գուշակել, երբ վերջապէս վերմակները կը քաշէիք ձեր գլուխը, որ շուտով, քանի մը տարի ետք, տեղերը անգամ մը եւս պիտի պայթէին: Պզտիկ այլաշխարհը պիտի խտանար, կեդրոնանար ինքն իր վրայ, բազուկի պէս պիտի պրկուէր, սեղմէր ափը, կրակոցին պատասխանէր կրակոցով: Մինչ այդ սսեցի Հայկ աղա լքեր էր իր երեքչորս յարկանի ապարանքը, հարկադրաբար կ՛երթար մեռնելու նորաշէն շէնքի մը սենեակներէն մէկուն մէջ, կրակոցներէն, կռիւներէն, ռումբերէն հեռու, մաշած ու սնանկացած:

Յետոյ, չես գիտեր որո՞ւ որոշումով, օր մըն ալ "սեւ մարդիկ" ինչպէս կ՛ըսեն հեքիաթասացները, եկան, չափեցին, ձեւեցին, վերին մարմիններու գրասենեակներուն մէջ գծեցին նոր ճամբաներ, պէթոնէ կամրջակալ սիւներու վրայ մայրուղիներ, որոնց ներքեւ կը մնայ ձեր հին քաղաքը: Թեքնաբանական ի՛նչ յաղթանակ:

Երբ ինքնաշարժը կը սուրայ բլուրէն՝ ճամբորդը կրնայ երբեմն մանրամասնօրէն տեսնել մնացորդի հանգամանք ստացած այլաշխարհը, կը կարծէ նոյնիսկ տիրել, թափանցել անոր գաղտնիքին: Իսկ ինչ որ կը յարատեւէ քարտէսի լաբիւրինթոսային ցանցին վրայ, ինչպէս յիշողութեան մը ամենակարող եւ ամենամոռաց բաւիղներուն, տարագրութեան չես գիտեր ո՞ր կայանն է, ուրկէ կը սկսին, կը ճիւղաւորուին միւսները, աշխարհի տարածքին: Պատահեր է, եւ կրնայ

It was another world, Bourj Hammoud, a second temporary station, different from your worlds, lower or higher than yours, similar to yours. No one could have foreseen that when all of you had finally pulled your quilts over your heads, that soon, a few years later, these places were going to explode again. This small other world was going to contract, turn in on itself, like an arm muscle, it would tense up, tighten its palm, then answer fire with fire. At the same time, Hayg agha from Sis had deserted his three-four-story mansion, was being forced to go to a new building, to die in one of its rooms far from the fire, the fighting, the bombs, depleted and bankrupt.

Then, who knows by whose decision, one day "night men," as the tellers of fairy tales say, came, measured, modeled; in the offices of higher authorities they drew plans for new roads, major thoroughfares on concrete pillars that held up bridges, under which your old town still remains. Such triumph of technology!

When a car speeds from The Hill, the traveler can sometimes see in detail the other world that has acquired the status of a remnant; the traveler may even presume to master, penetrate its secret. But what endures on the maze-like net of a map, like the most powerful and most forgettable labyrinths of a recollection, is the exile's unknown station from which all the others begin, branch out across the expanse of the world. It has happened—and the event can always be repeated in Australia, Uruguay, China or America—that you will meet someone who is a descendant of the other world, was born in the years when you used to frequent Hayg agha's house, when you used to eat Miss Lipanouhi's sweets, and by the world's most extraordinary coincidence, will be no other than one of Armen's legitimate daughters, smiling, but a little plaintive, on her lips the only question for which you have no answer. I searched and searched but could not find. My father had a son, they say, with Miss Lipanouhi. Do you know where he is?

Paris, July 25, 2019

Translation from Western Armenian
Taline Voskeritchian, Christopher Millis

1 Giligia (Cilicia, in English) is a region on the Mediterranean part of Turkey north east of modern-day Syria, where an Armenian state was formed in the High Middle Ages, and later absorbed into the Ottoman Empire. Most of the initial refugees of the 1915 Armenian Genocide came from this region.
2 Neighborhoods in Bourj Hammoud were named after cities and regions in Cilicia, with the addition of the word *nor* which means "new" in Armenian. Sis, thus, became Nor Sis.
3 Armenian fortresses and castles in Cilicia
4 Undergarment factory in Bourj Hammoud owned by the Abroyan brothers who were also philanthropists.
5 Source of word is not clear; it could be an Armenized version of the word watchman.
6 A small restaurant; from the Italian *locanda*, and the Turkish *lokanda*.
7 A neighborhood east of the Port of Beirut used to quarantine travelers in the 1800s. Later, a shanty town where many Armenian refugees from the Genocide first settled. It burned down in the late 1960s.
8 Shortened, Armenized term for the Arab head dress of *hatta and 'agal*.
9 *Anahid* (1947), a Soviet-Armenian film; *Galbi dalili* (1947) an Egyptian film.
10 *Filim* is local street variant of the word film. The *ji* is a suffix in Turkish meaning a person associated with the noun to which the suffix is attached, torno and tornoji, for example. Filimji would be the people associated with films.
11 Agha is an appellation of common usage during Ottoman times for a person of high social standing.
12 Fedayeen were the Armenian guerilla freedom fighters who waged a war of national liberation in the Ottoman Empire in the later half of the twentieth century and into the early years of the twentieth century.
13 Lipanouhi is a proper name made up of two parts: Lipan from Lipanan, which in Armenian means Lebanon, and ouhi which is the suffix for the female gender in Armenian.
14 An Armenian sweet bread of tahini, flour, and sugar.
15 The final destination, in Syria, of the caravans of Armenian refugees from the Genocide.
16 A province of the ancient Kingdom of Armenia.
17 A well-known attorney, philanthropist and long-standing member of the Lebanese Parliament, who died in 1999.
18 Reference is to the Arab Christian churches in Lebanon, such as the Maronite Church.

միշտ ալ պատահմունքը կրկնուիլ Աւստրալիա, Ուրուկուայ, Չինումաչին կամ Ամերիկա, որ հանդիպիս որեւէ մէկուն, որ կը սերի այլաշխարհէն. ծներ է այն տարիներուն երբ կ՚երթայիք կու գայիք Հայկ աղայենց, կ՚ուտէիք օրիորդ Լիբանուհիին քաղցրեղէնը եւ որ աշխարհիս ամենէն տարօրինակ զուգադիպութեամբ ուրիշ մէկը պիտի չըլլայ, եթէ ոչ պարոն Արմէնի վաւերական աղջիկներէն մին, ժպտուն, բայց քիչ մը տխրամած, շրթներուն վրայ միակ հարցումը որուն պատասխան չունիս. փնտռեցի, փնտռեցի չի գտայ. օրիորդ Լիբանուհիէն պապաս տղայ մը ունի եղեր, լո՞ւր ունիս, ո՞ւր է։

Փարիզ, 25 յուլիս 2019

Translators' note

The first line of *The Bridge* ends with a single word in Armenian that translates as "you say." Why? There, on a lower altitude in Beirut's Armenian district of Bourj Hammoud, "is" Giligia, but the sentence ends with undermining the certitude of "is." The opening salvo of *The Bridge* creates an argument with itself.

Giligia exists all right, but it is not the name the place had before Armenians arrived. Instead, it's the name they've brought with them—from the homes and land and even the language and dialects they've been compelled to escape. "You say" is a postscript acknowledging the bottomless precariousness of the refugee.

We translated that postscript not as "you say" but "as you call it," not least because "you say" in English implies you're lying: you say you're thirty-nine, but in fact you're fifty. There is no such implication in the Armenian. In addition, "as you call it" introduces a whiff of scorn. The people of The Hill neighborhood look down on Giligia and all its "new" (Nor) neighborhoods in both senses of looking down.

Such precariousness of language takes other forms here. Countless sentences are modified by "seems" or "as if" or conditional constructions. Further, perspective shifts constantly, time seesaws between present and past, and number itself changes as you-plural morphs into you-singular. Language is not bedrock here. It is sand.

We have aimed to honor the original's compositional features, with the understanding that strict fidelity may risk the deepest betrayal.

Proper nouns have been transliterated according to their popular, aural usage of the Western Armenian spoken in Bourj Hammoud in mid-20th century Beirut.

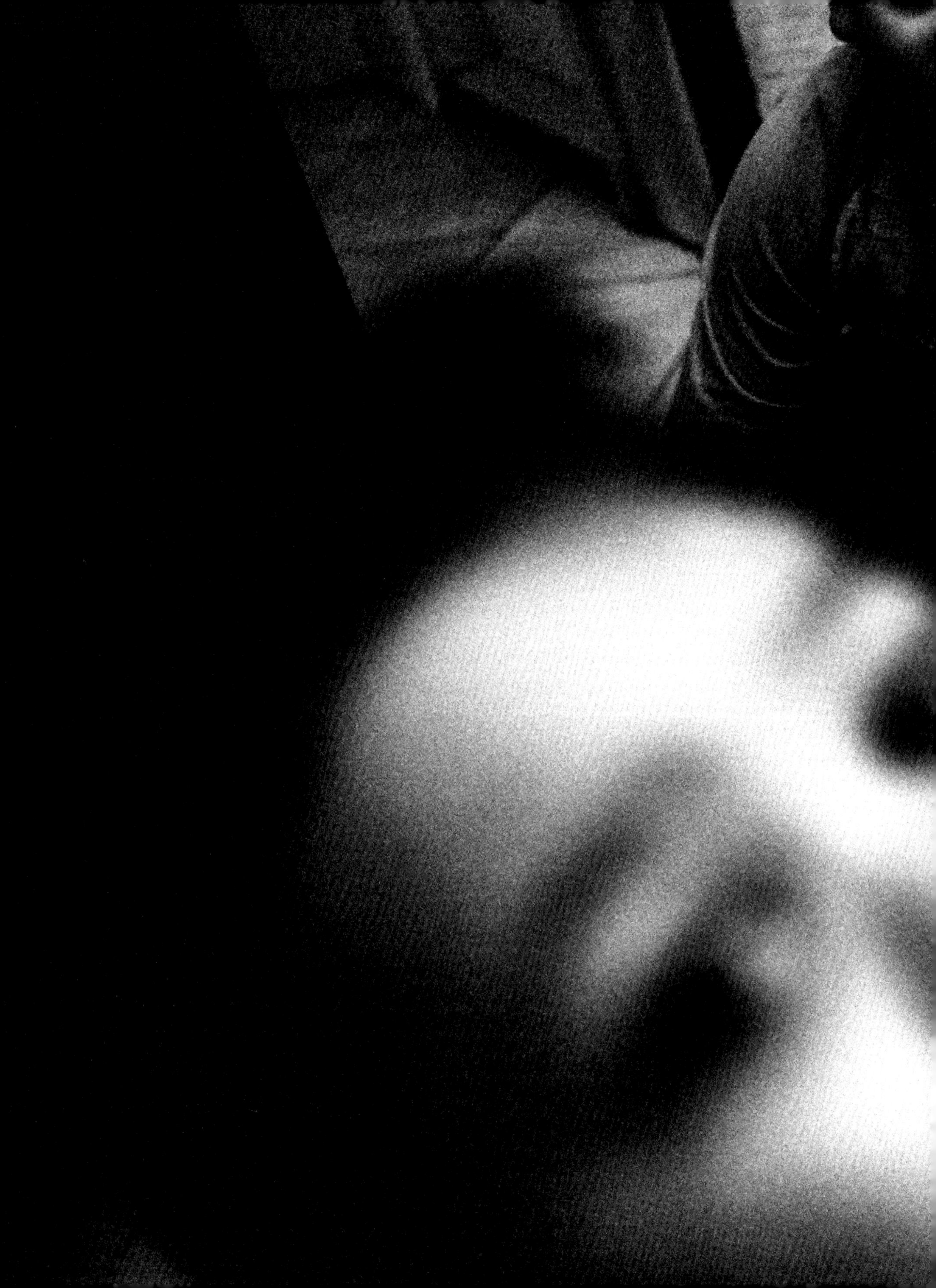

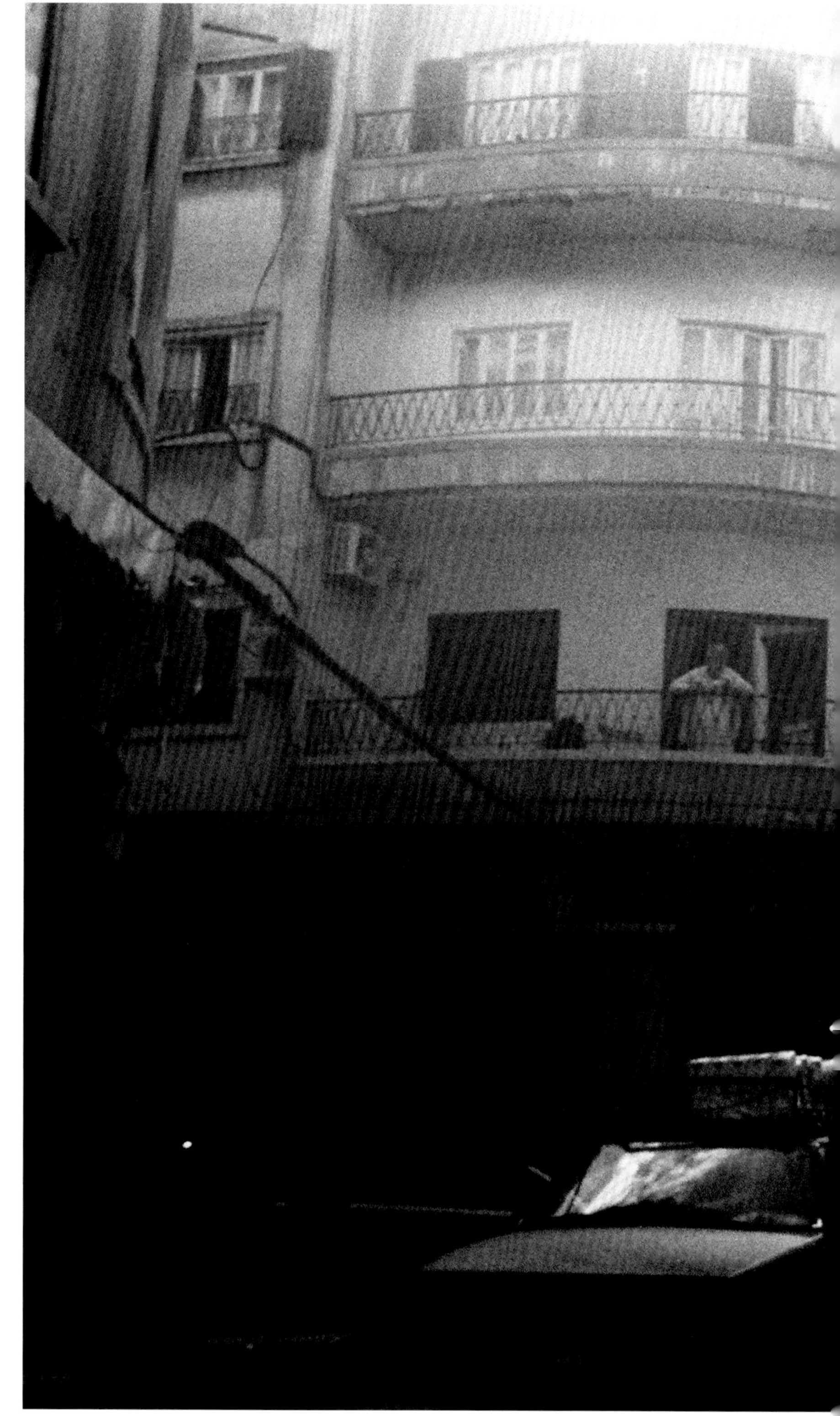

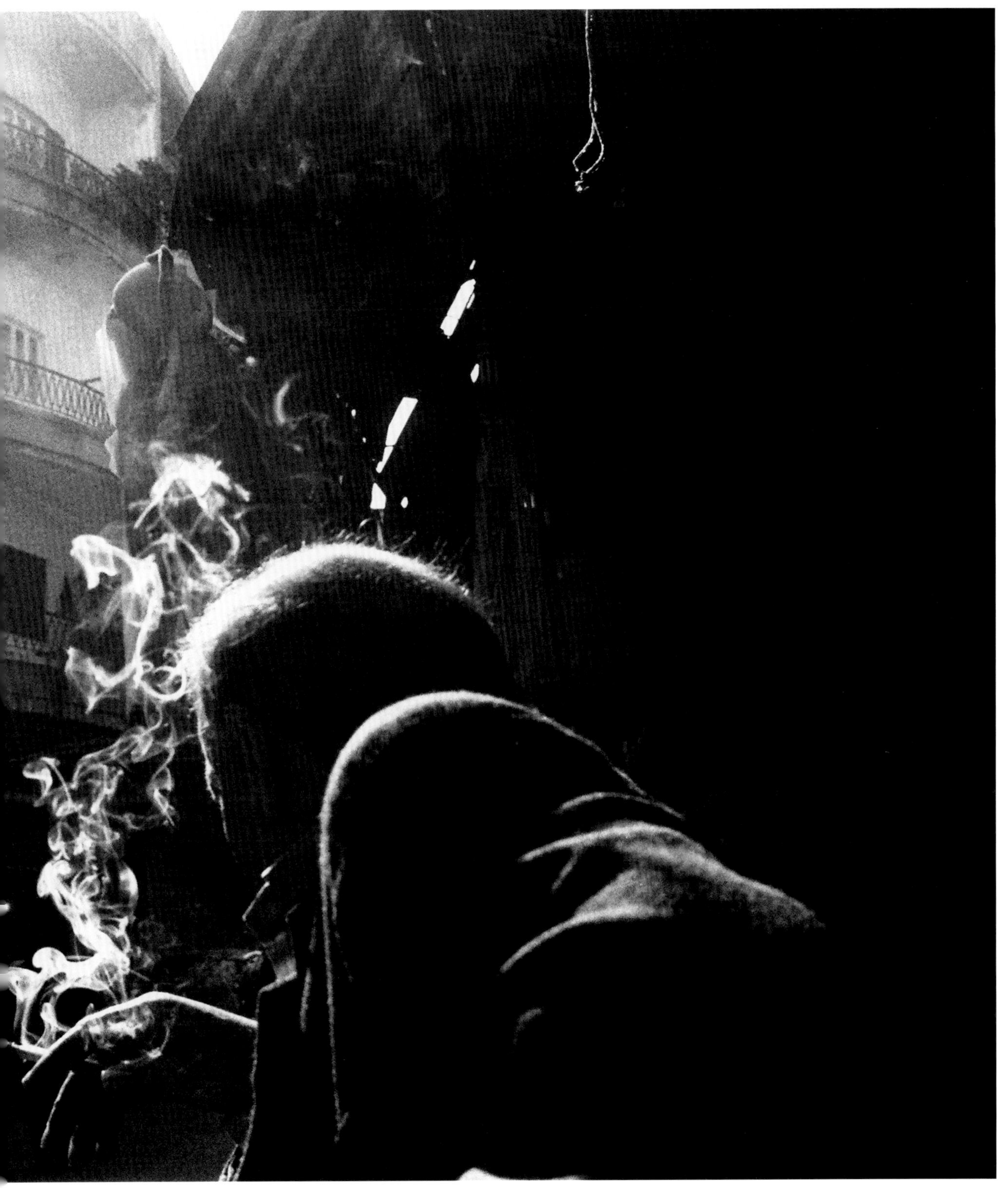

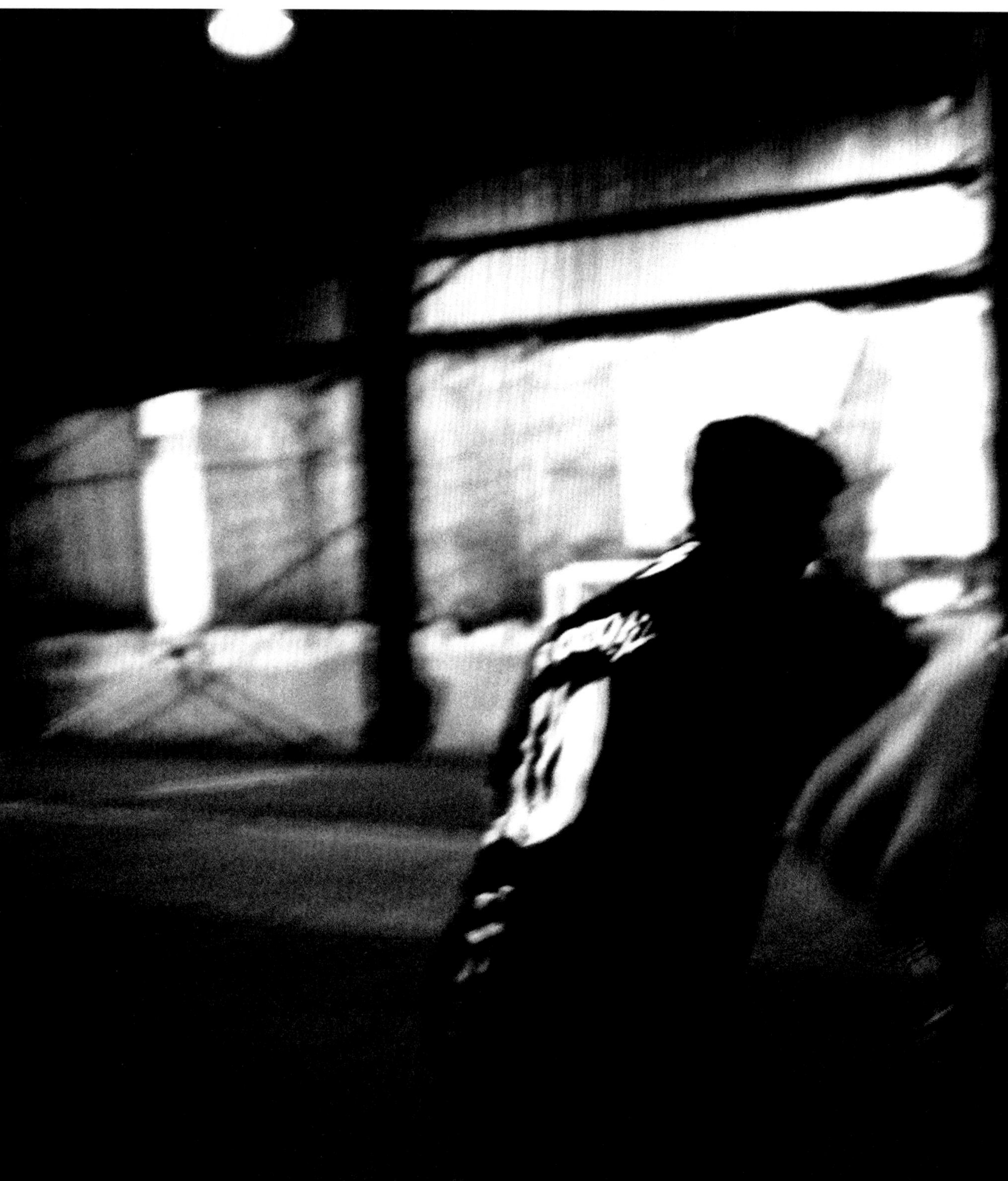

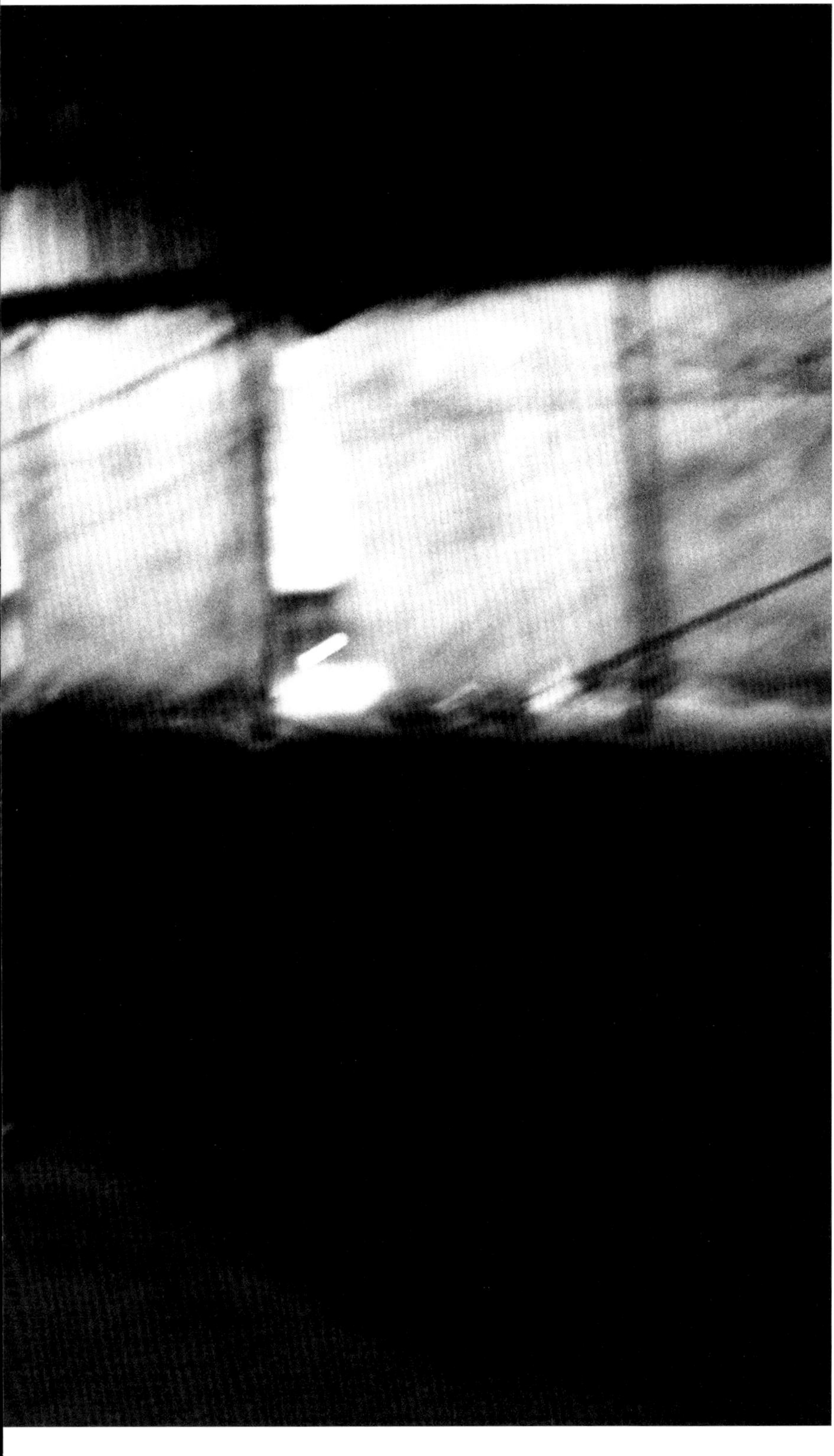

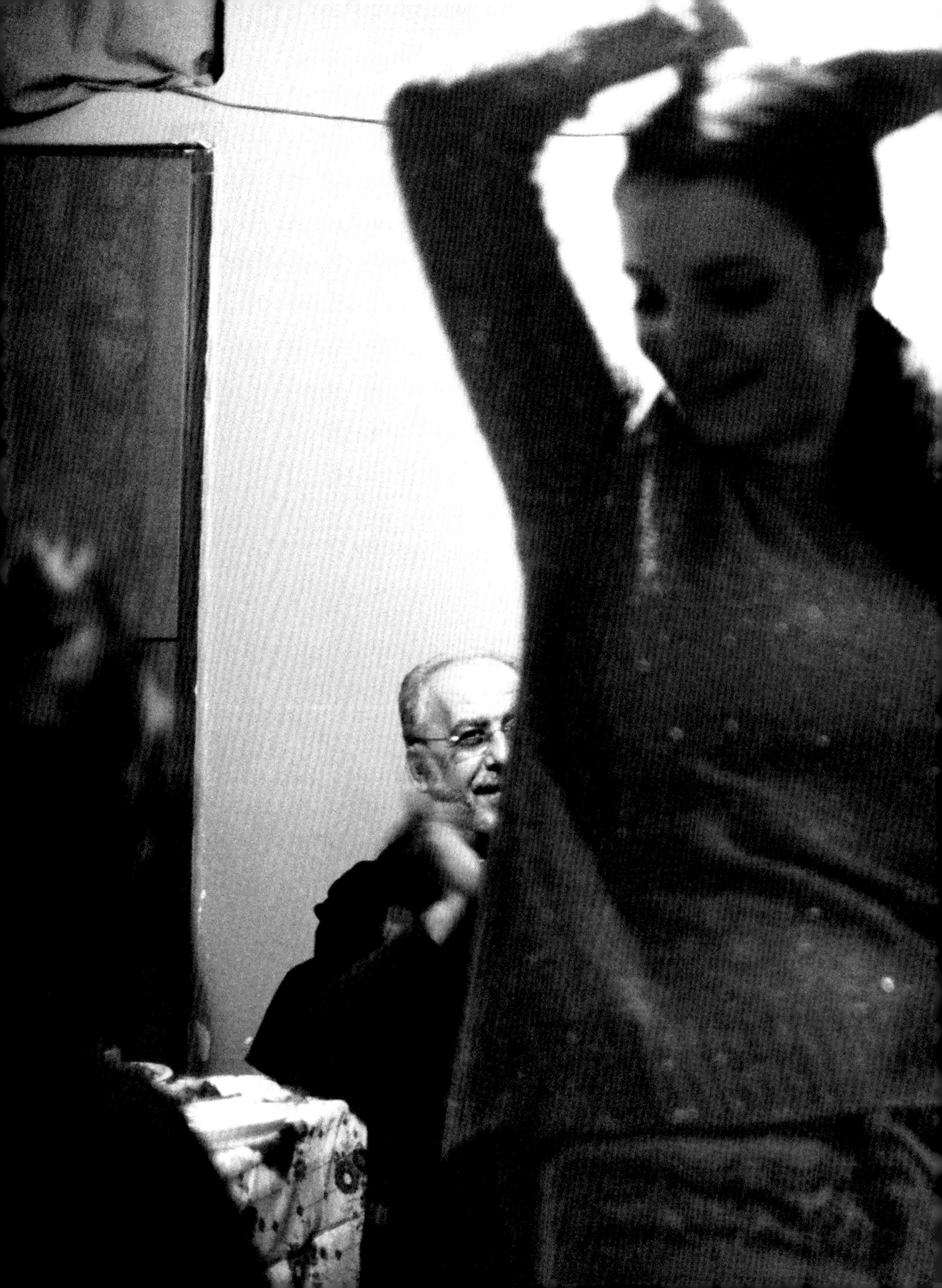

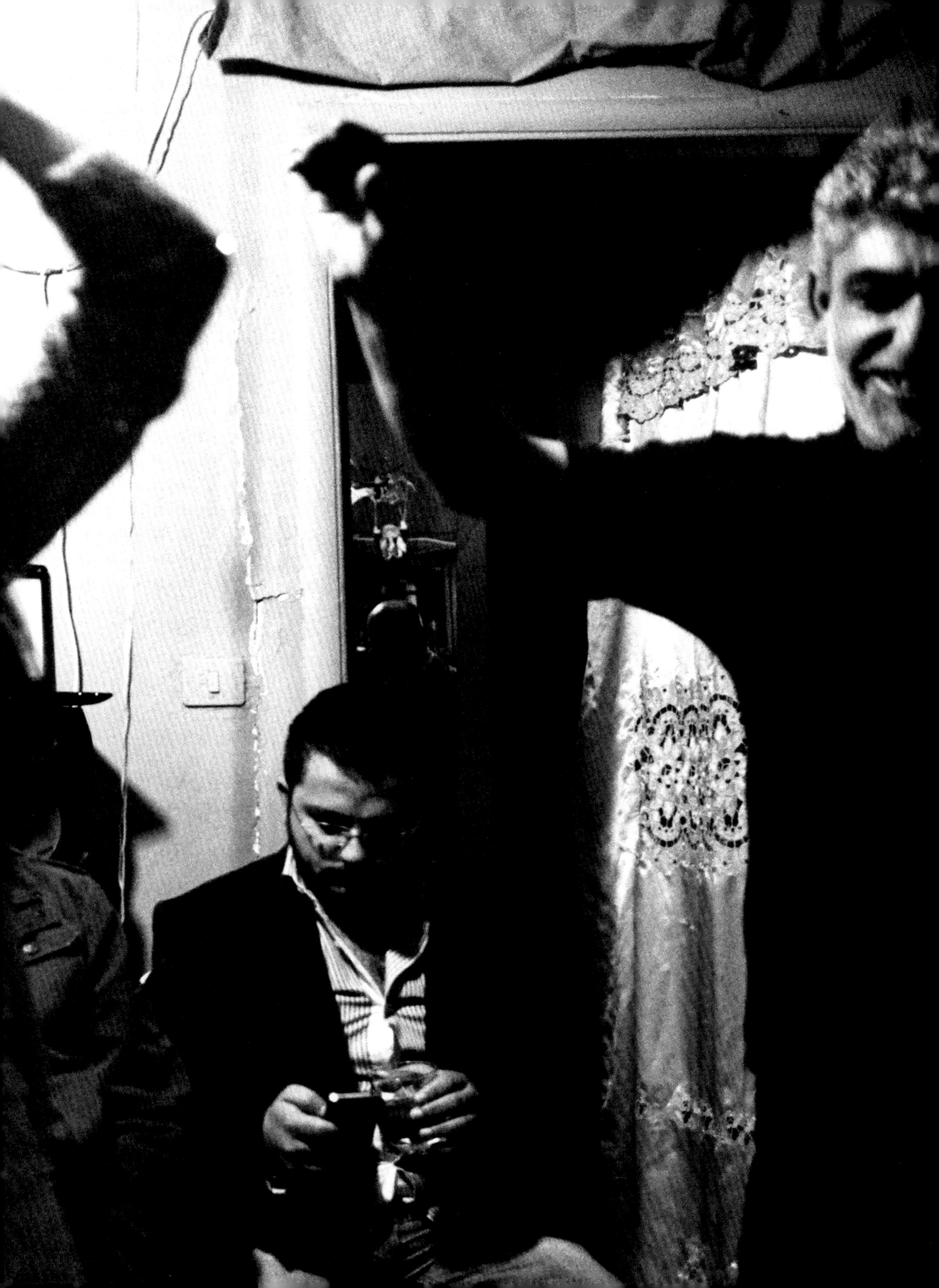

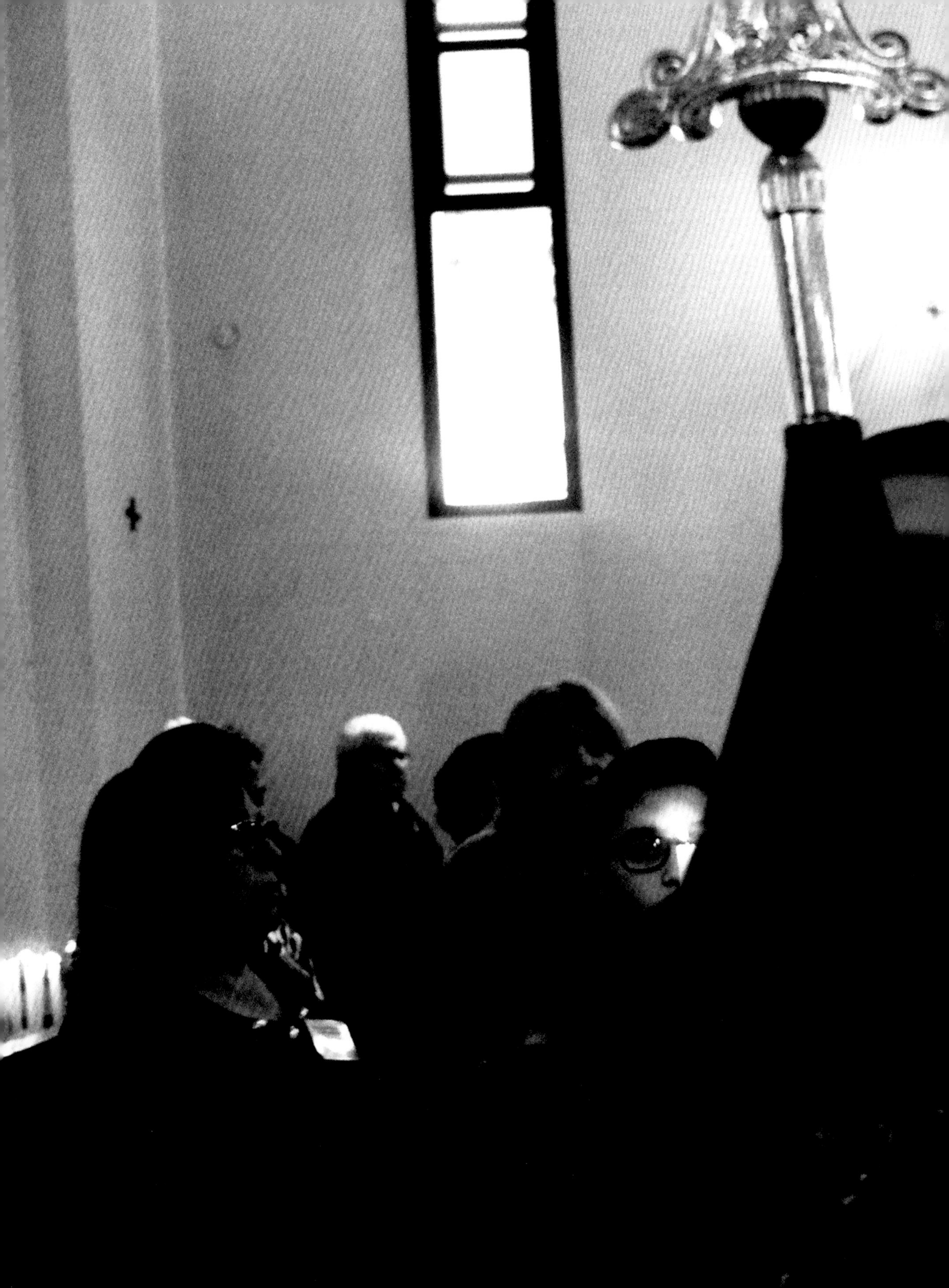

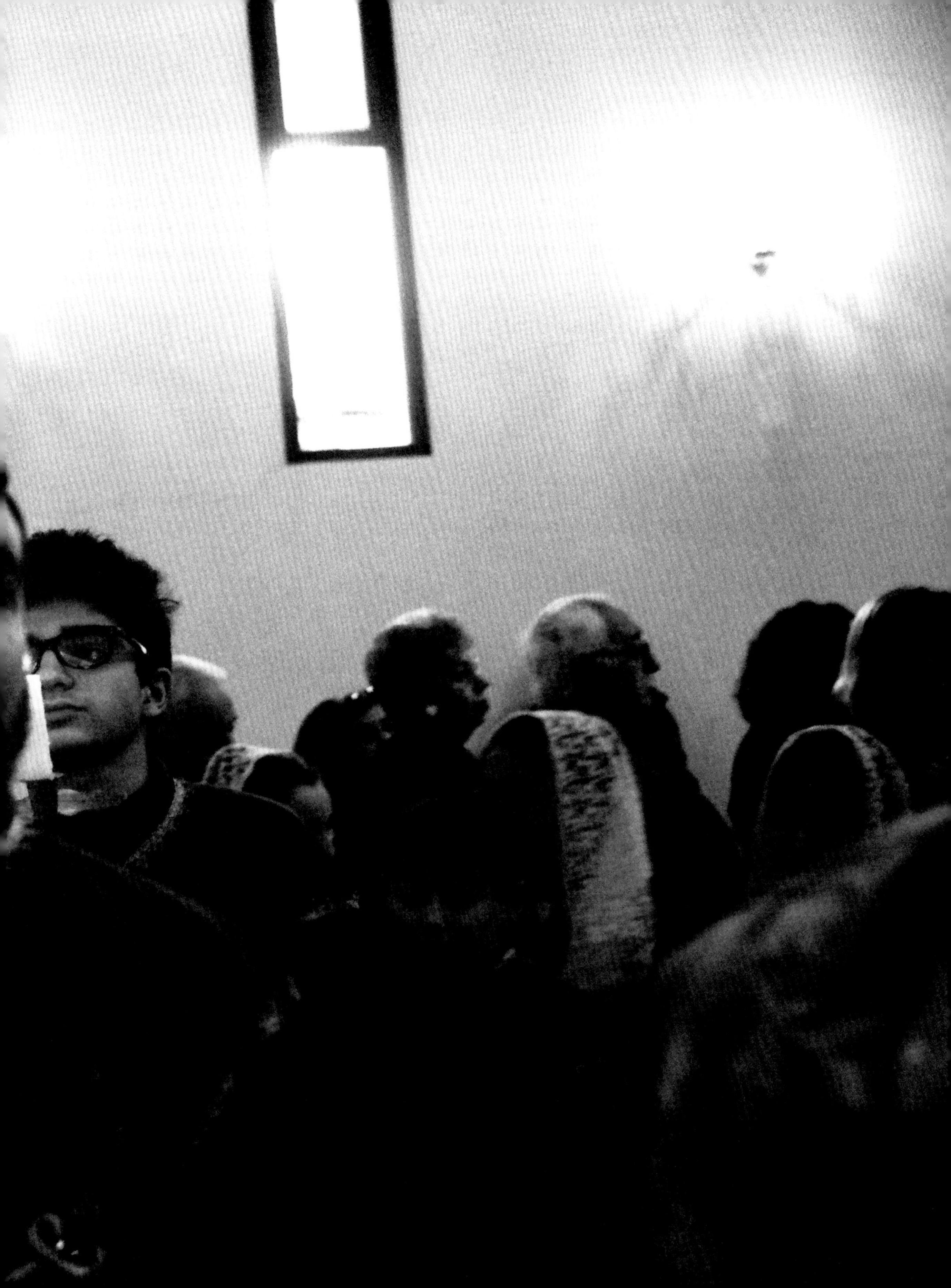

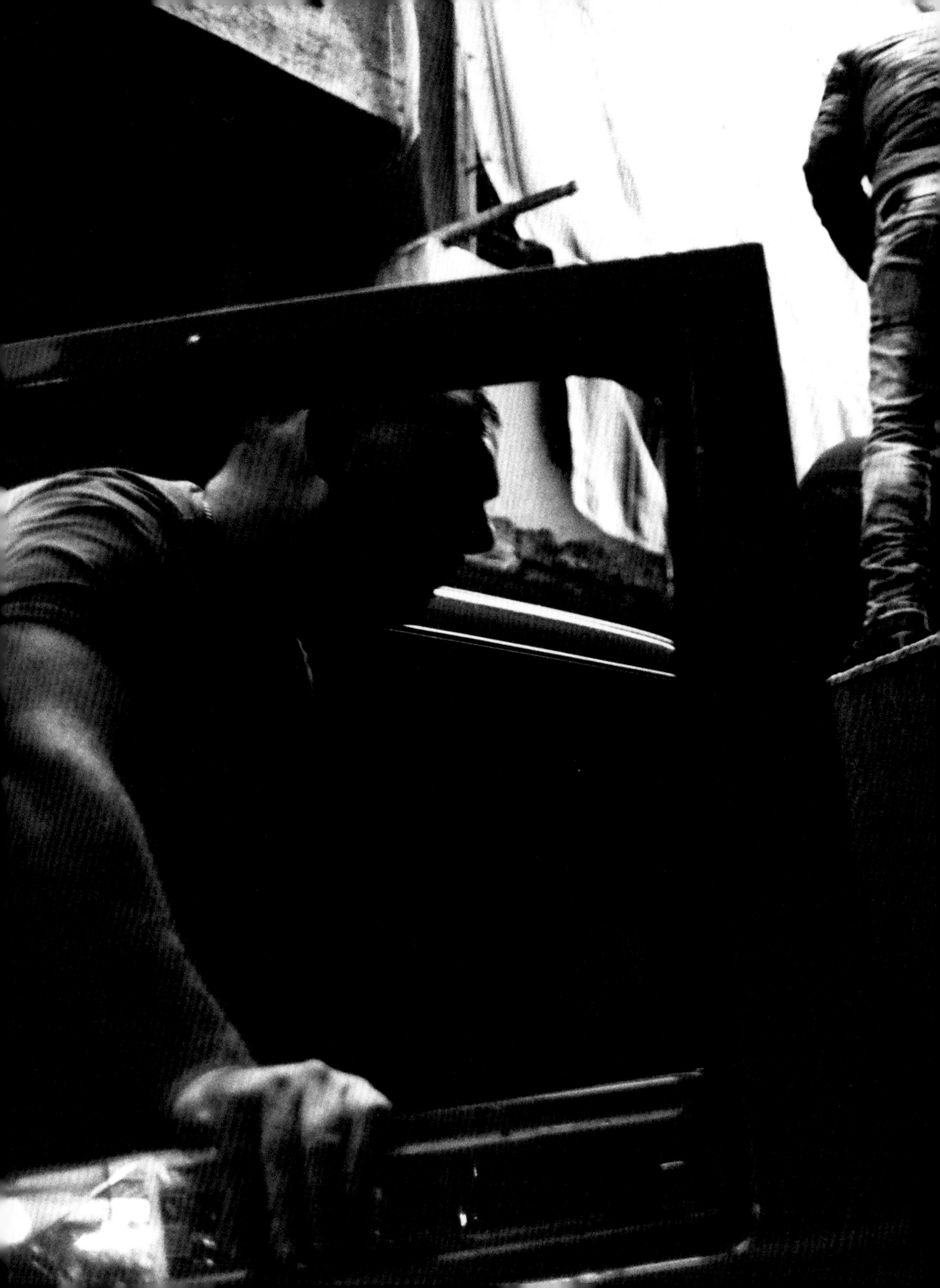

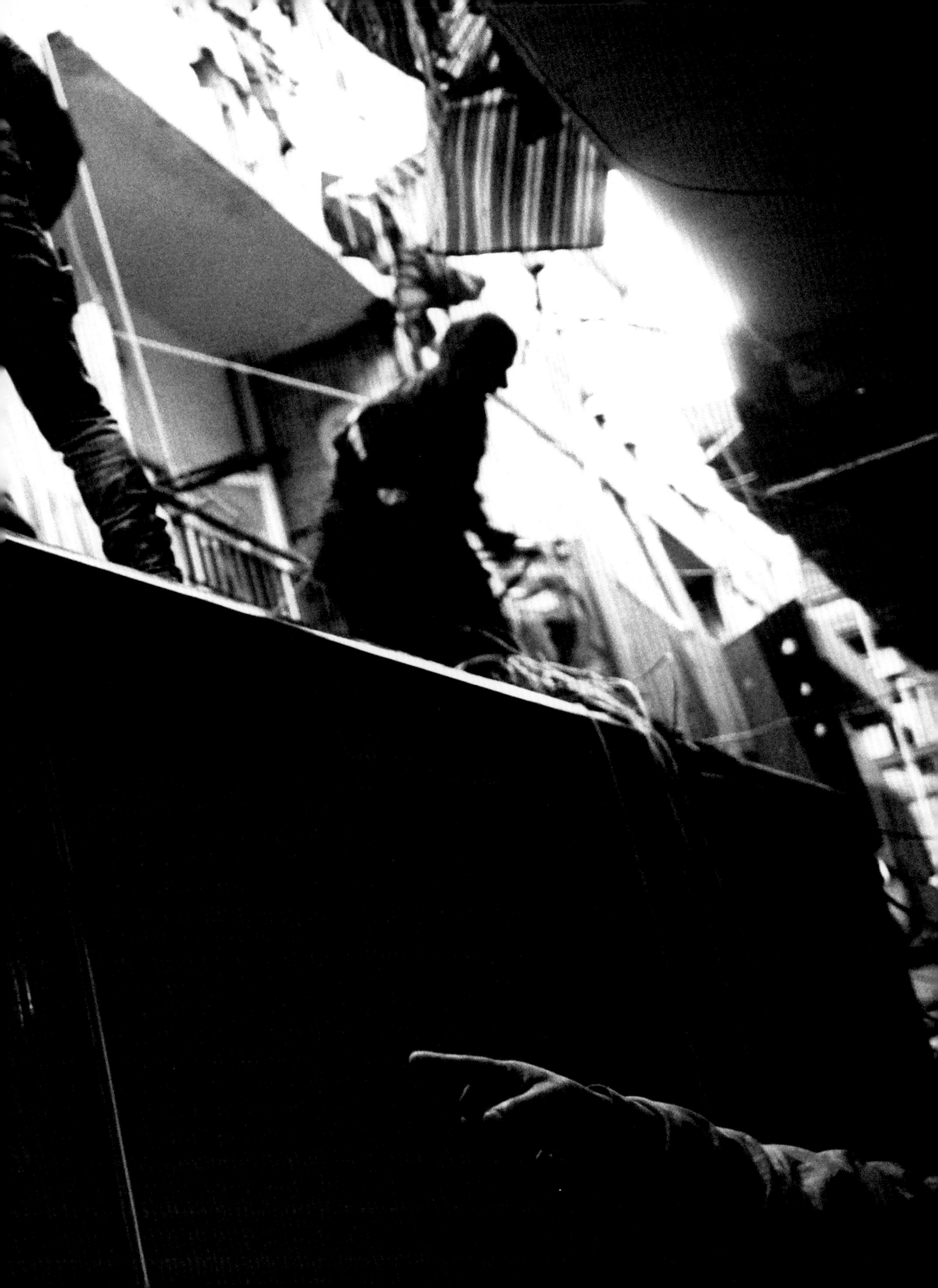

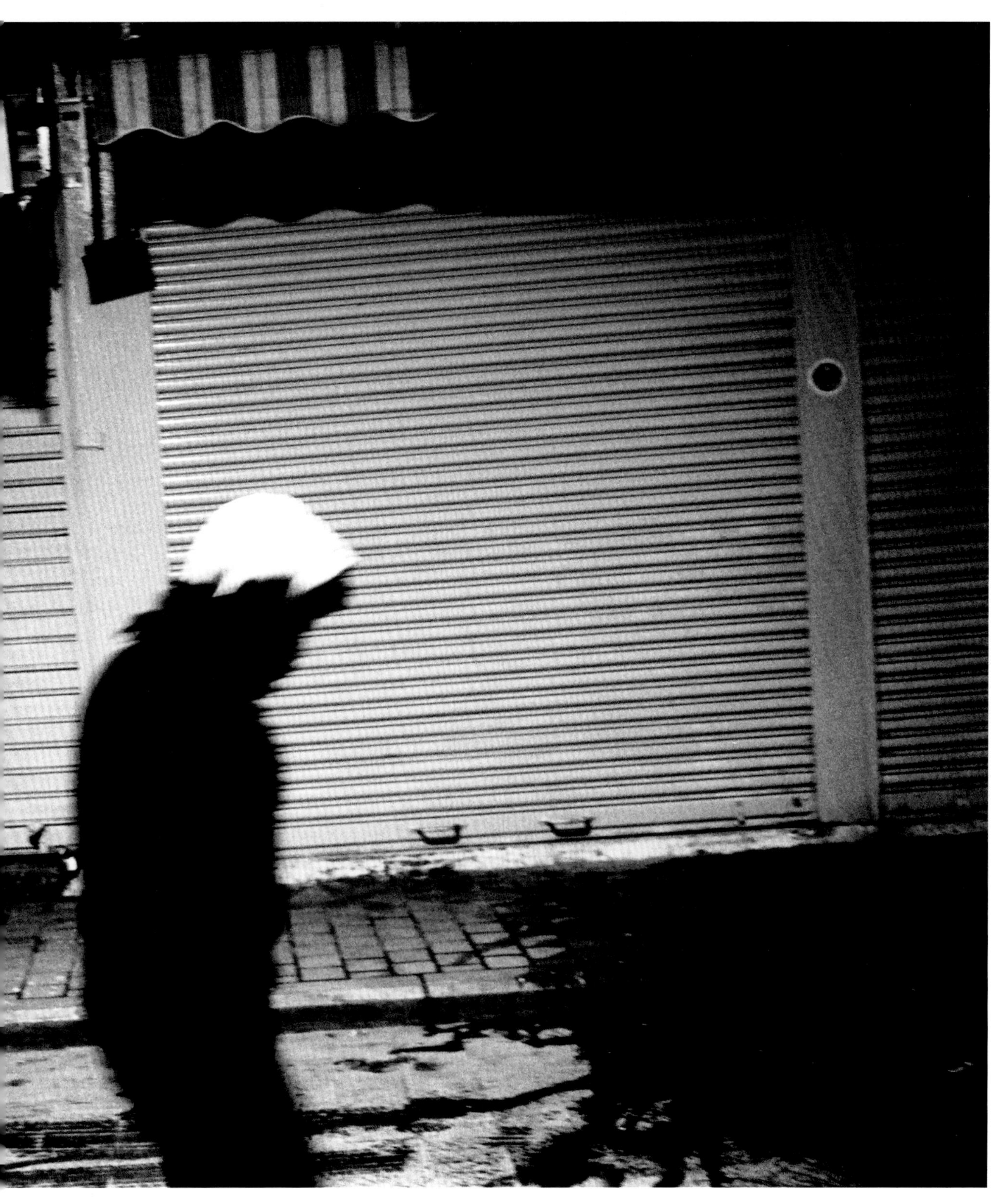

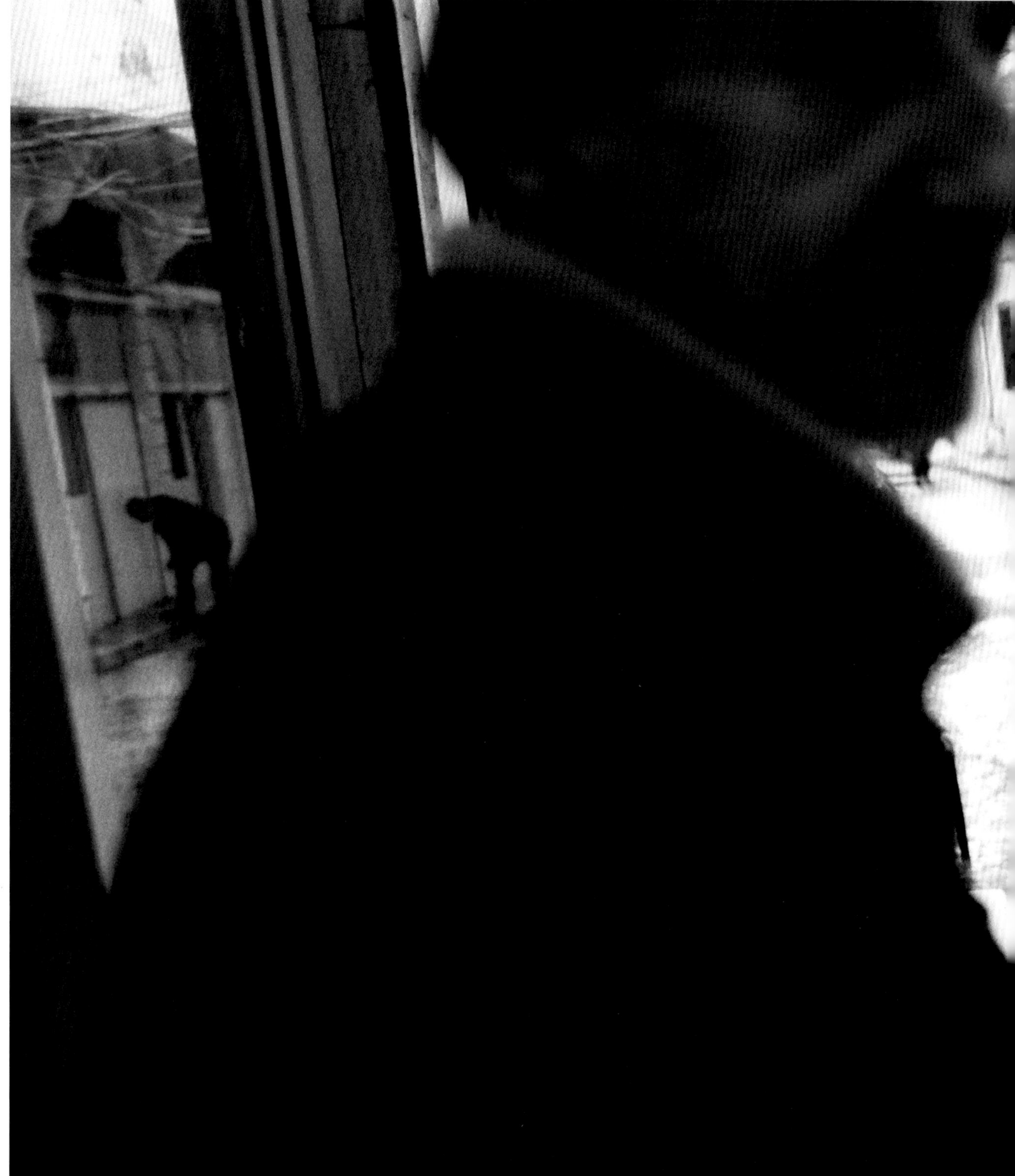

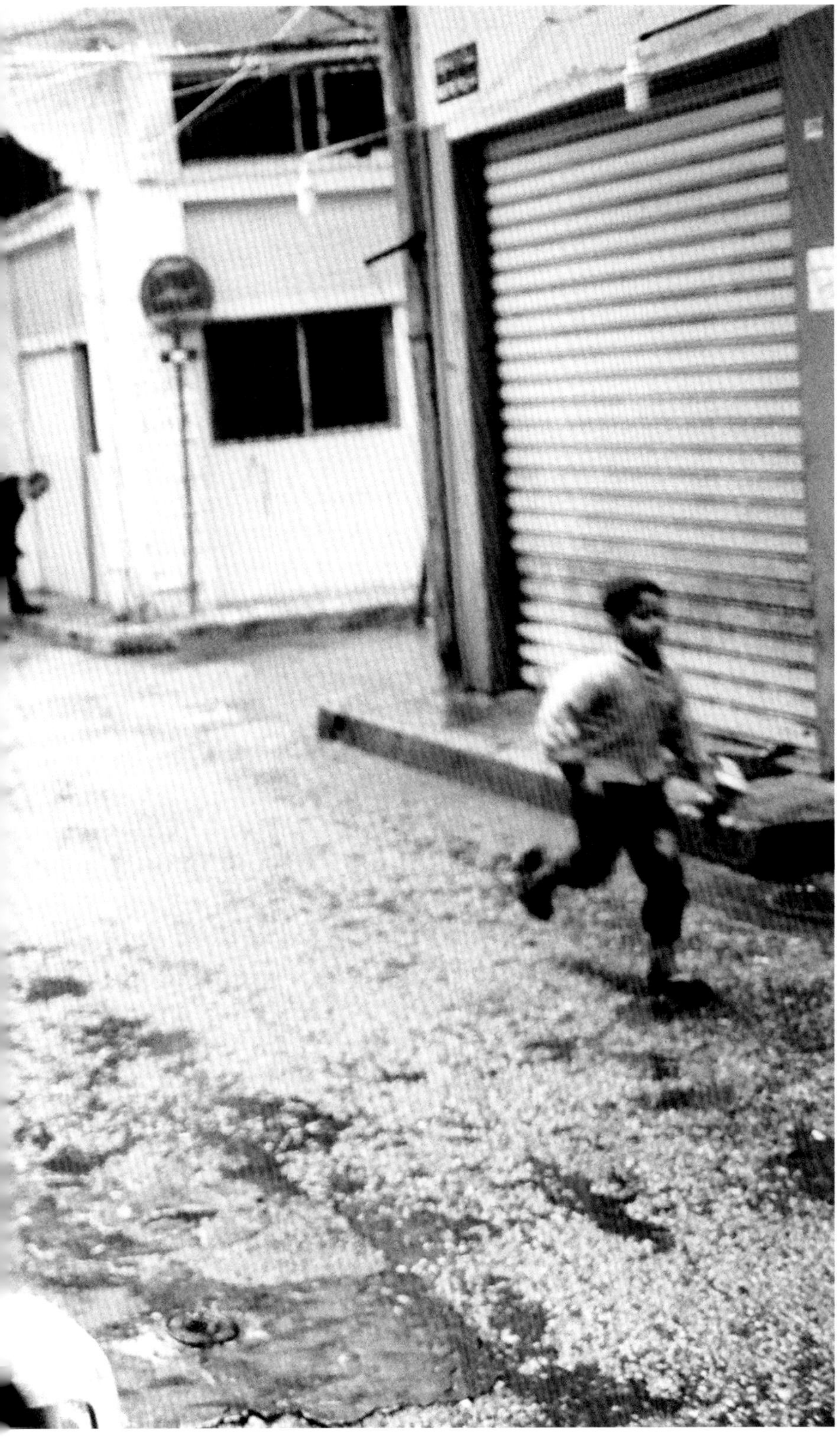

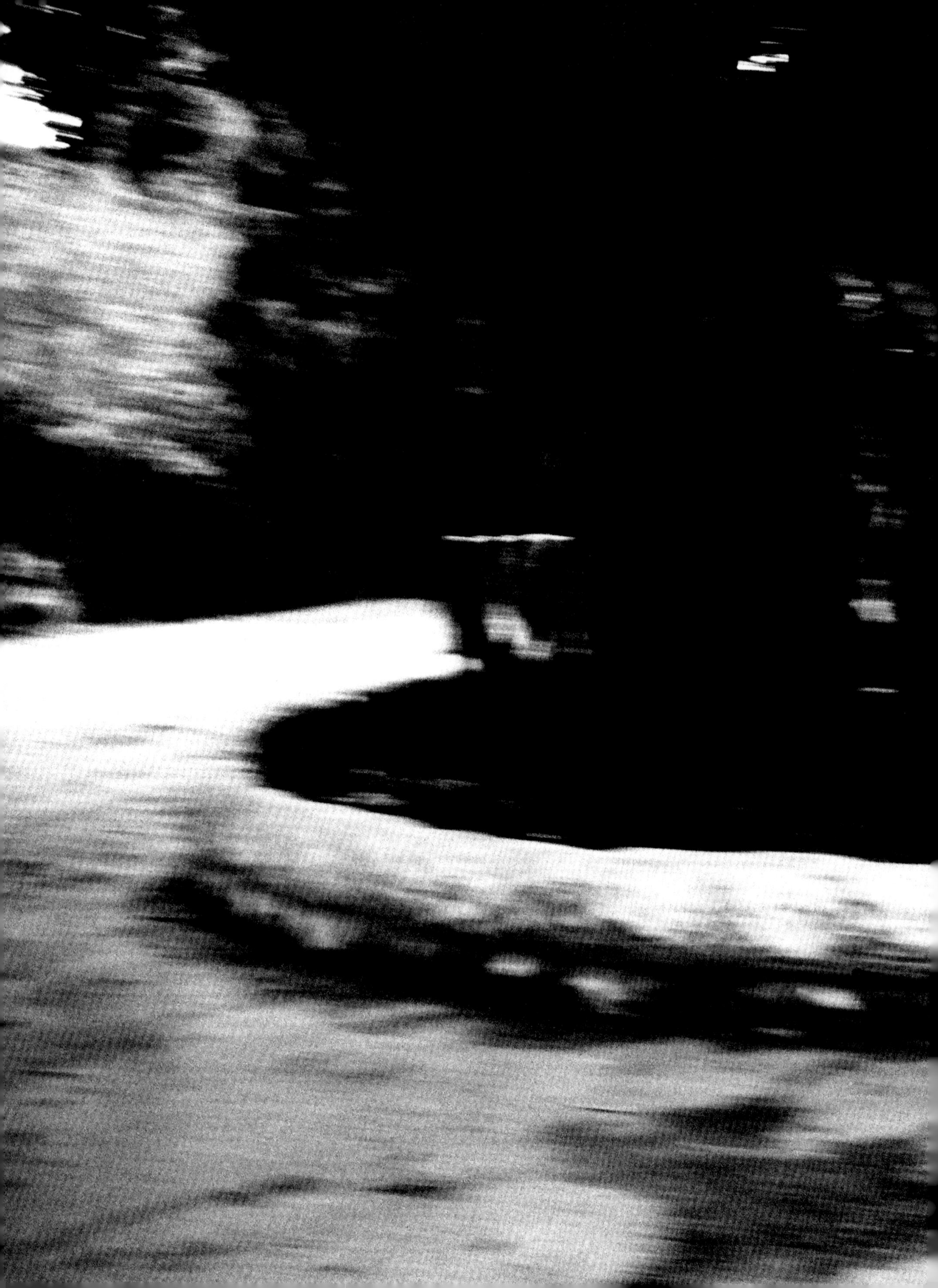

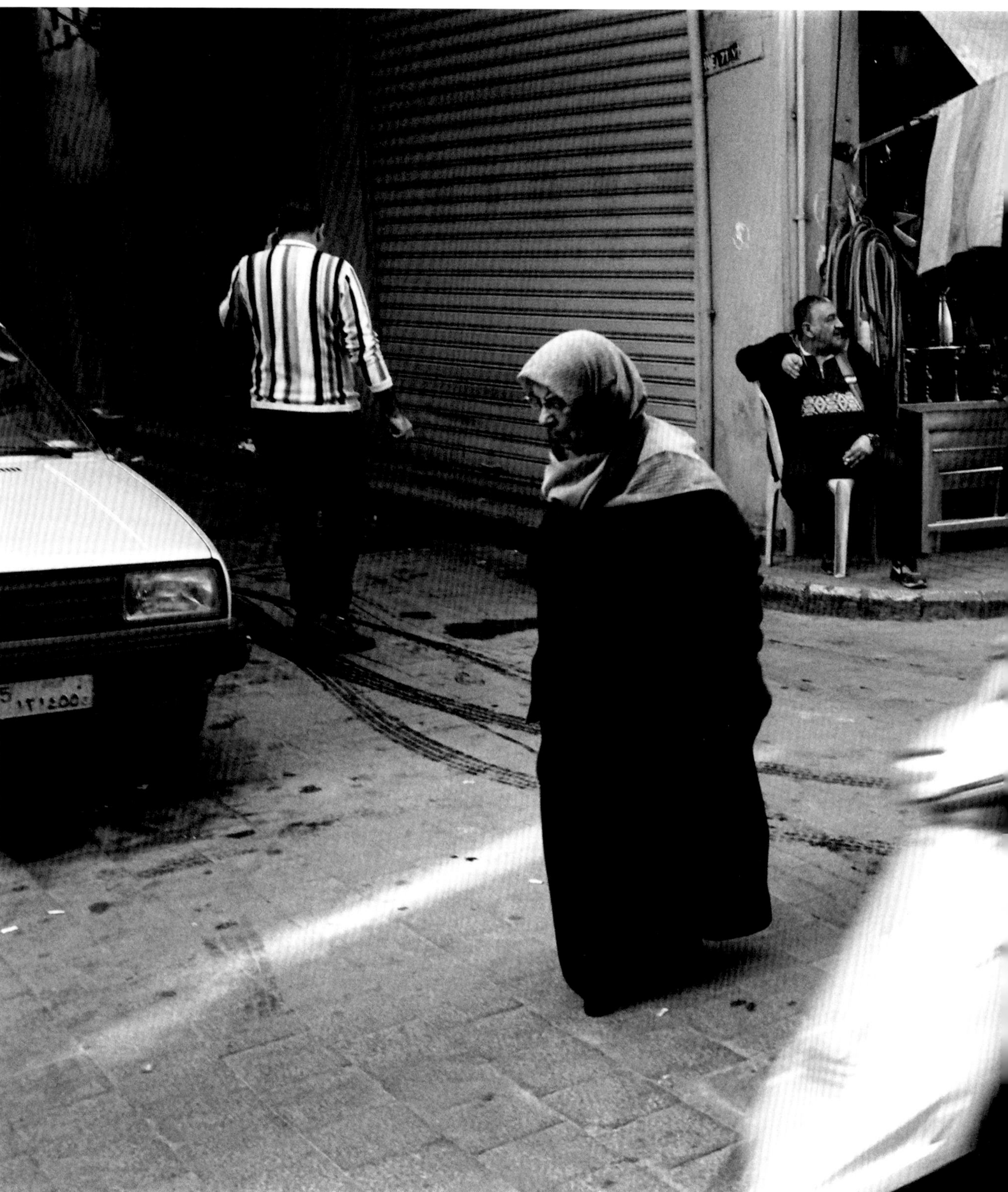

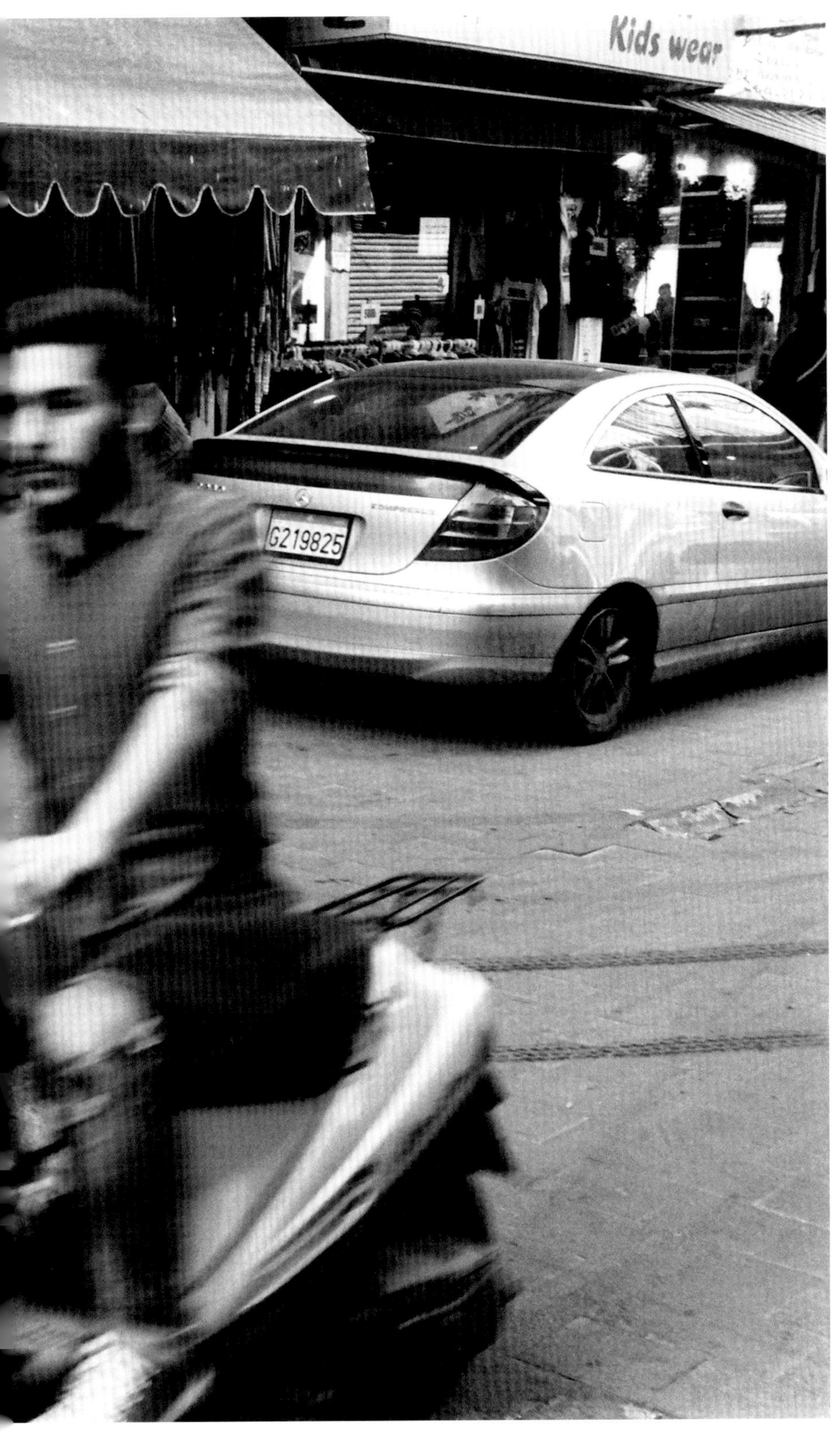
Kids wear
G219825

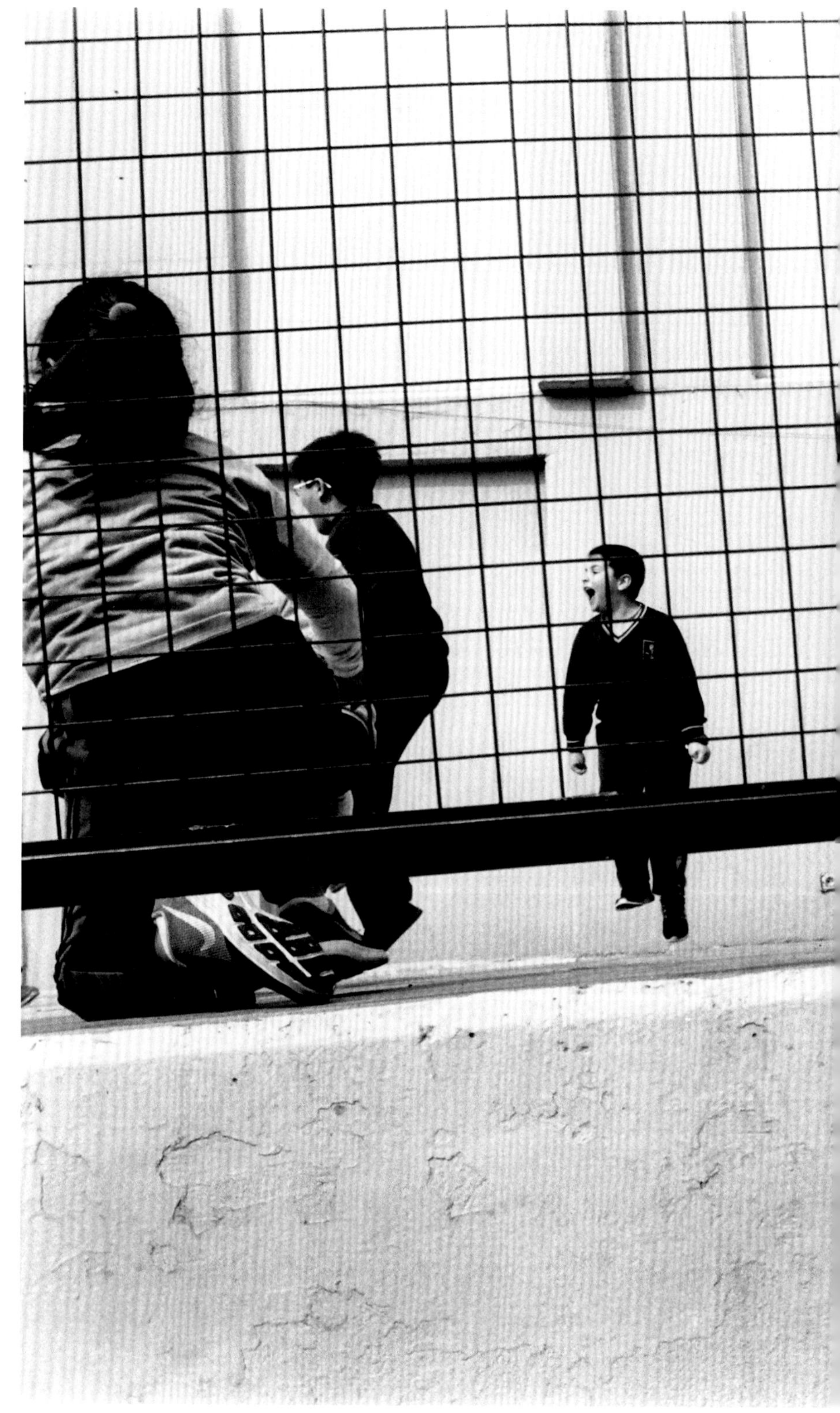

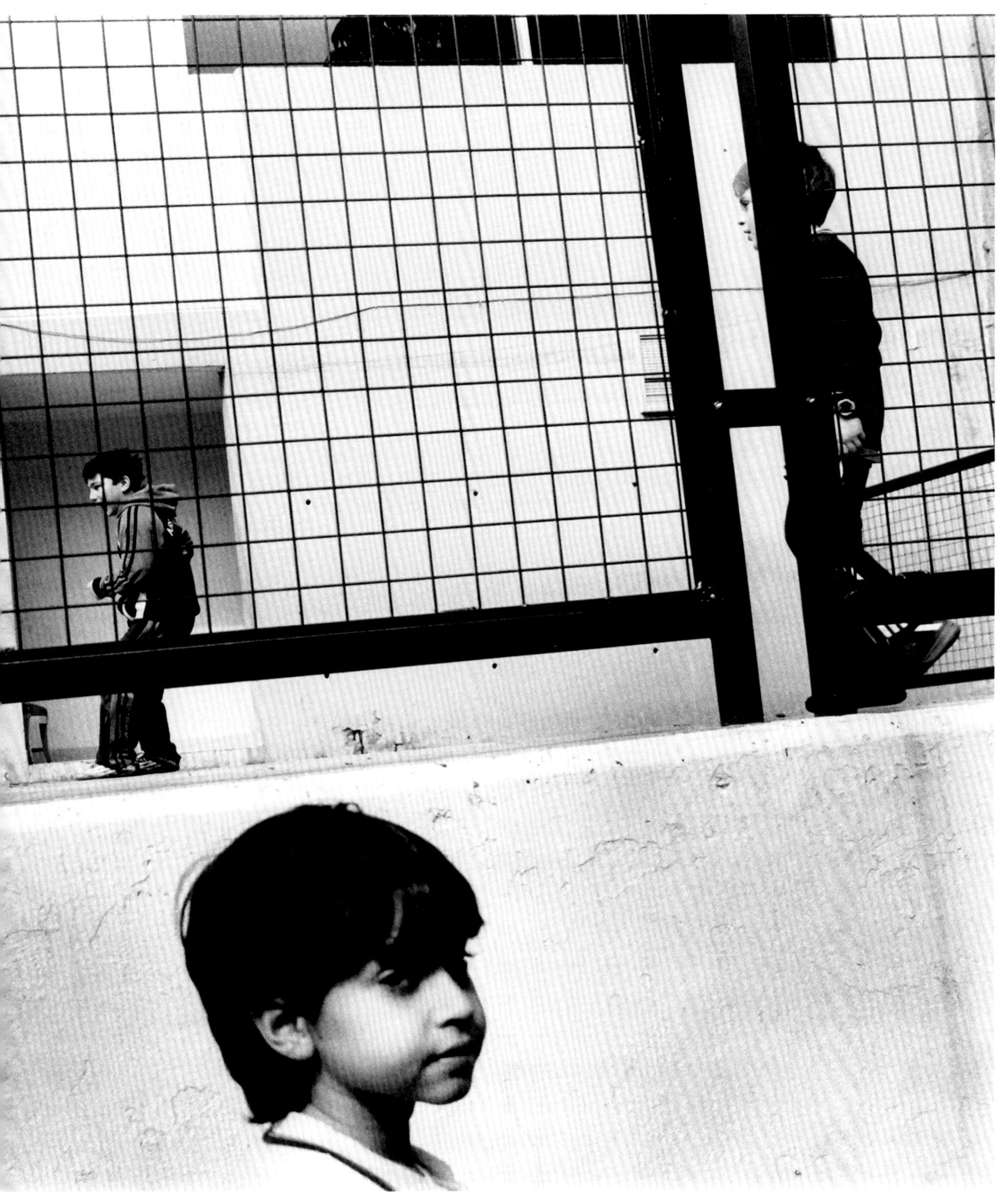

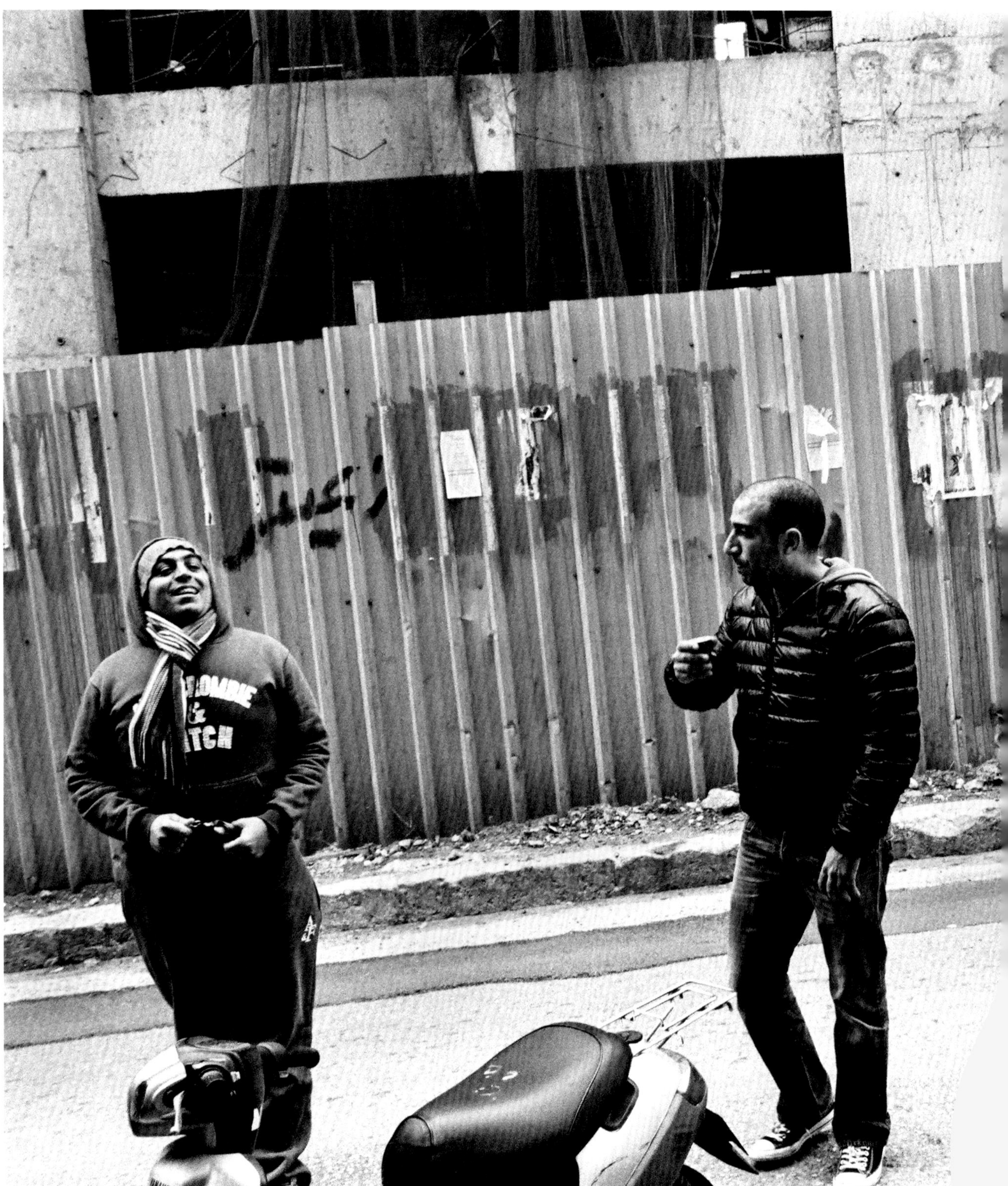

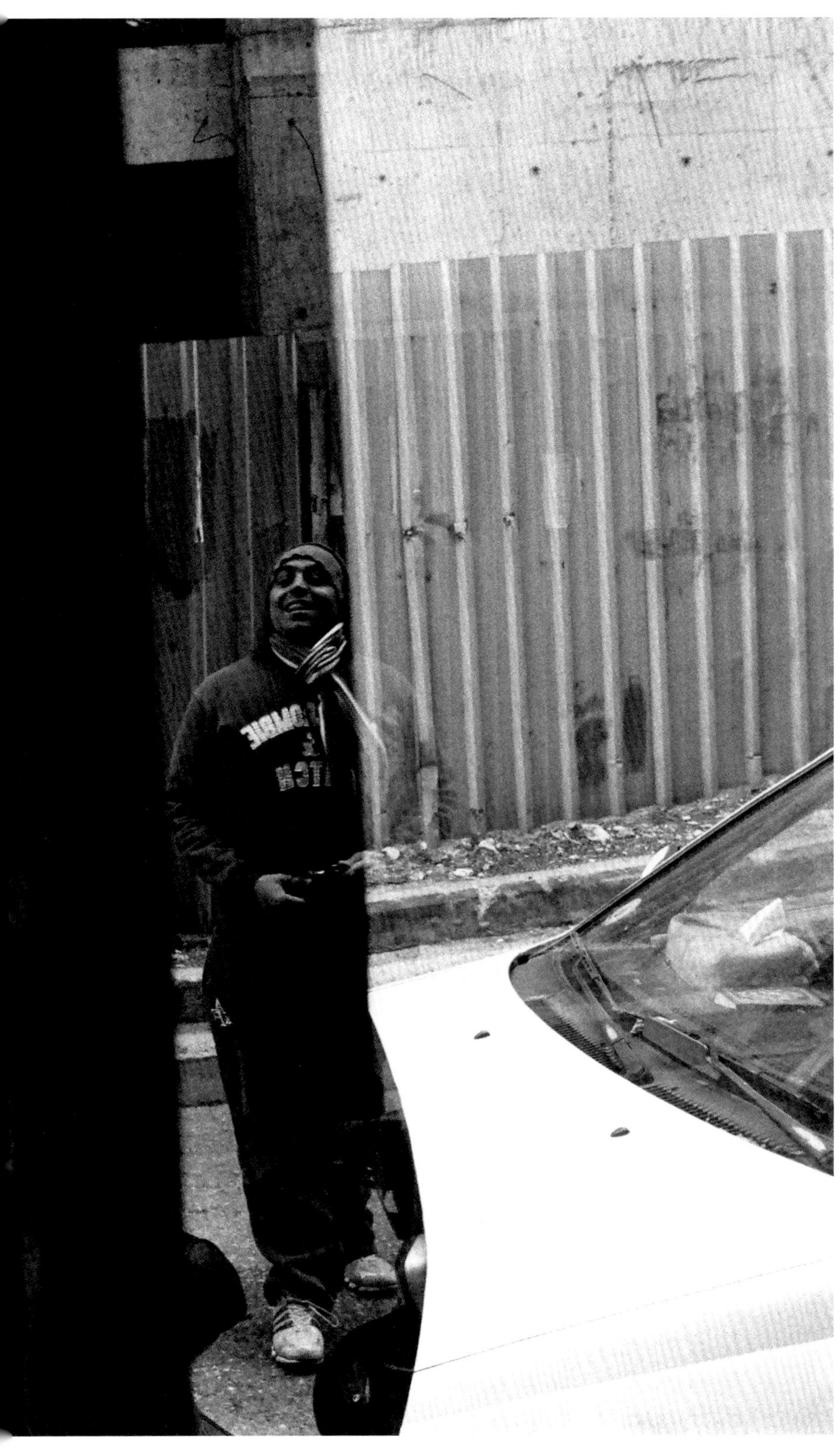

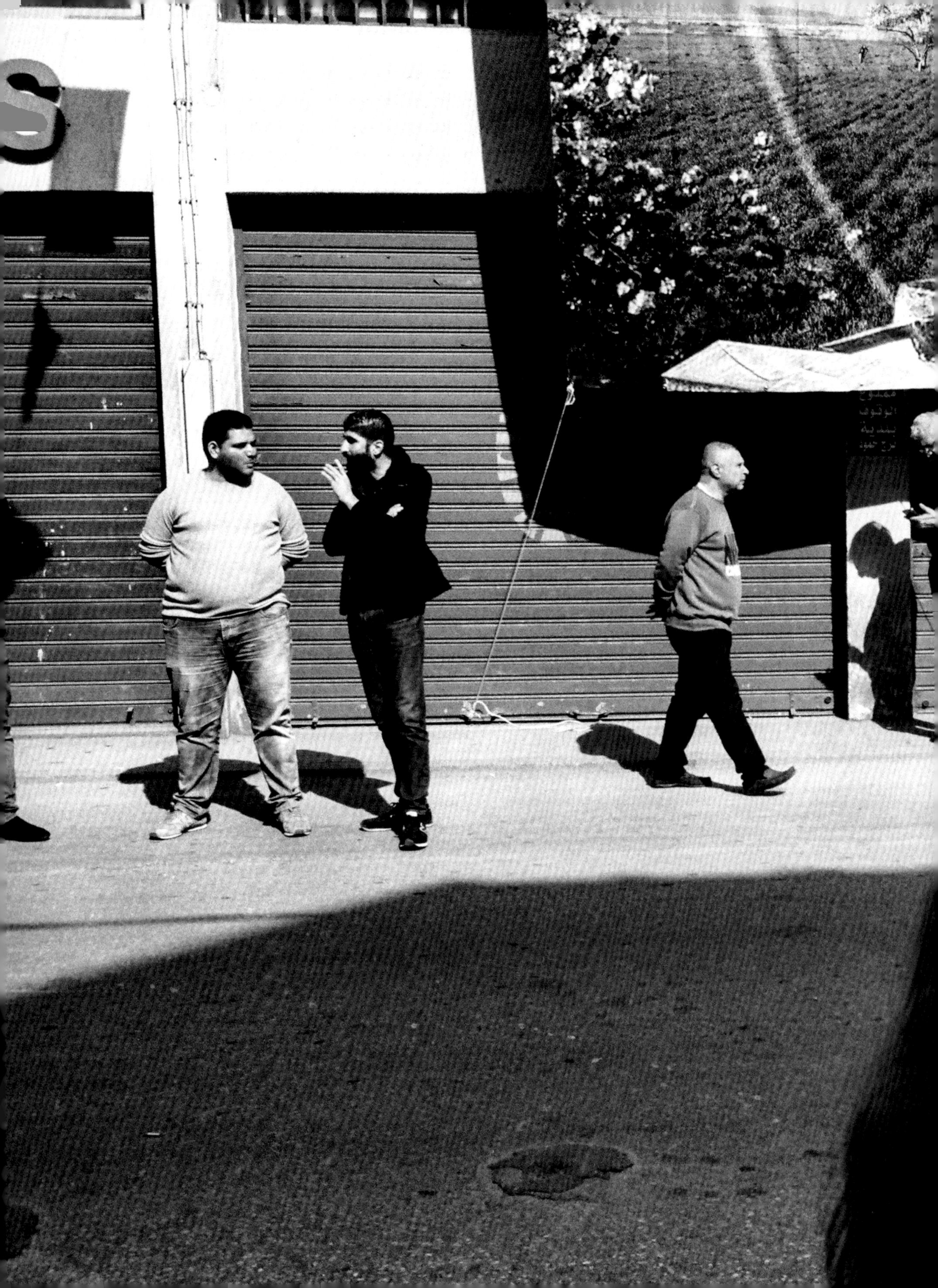

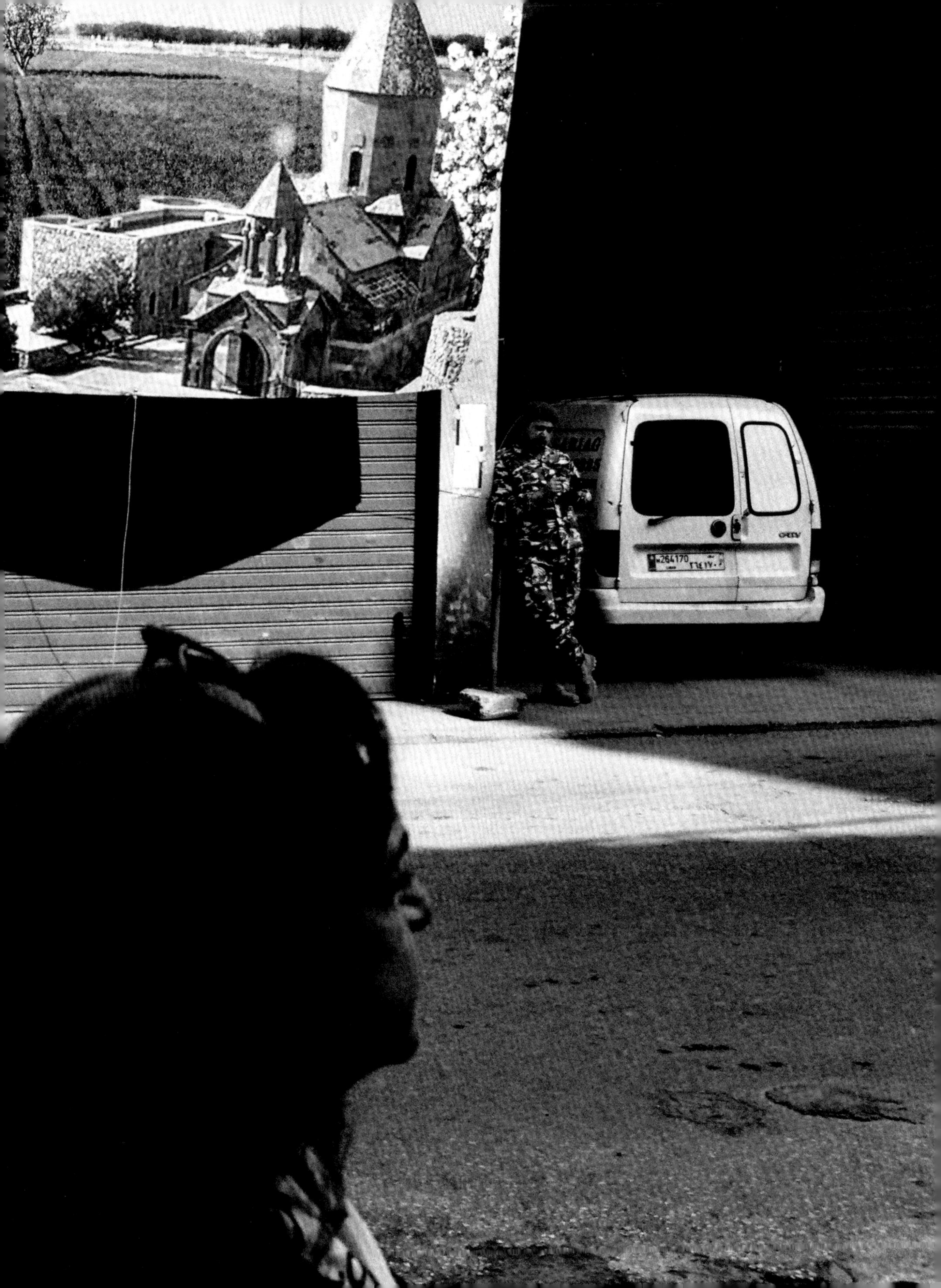

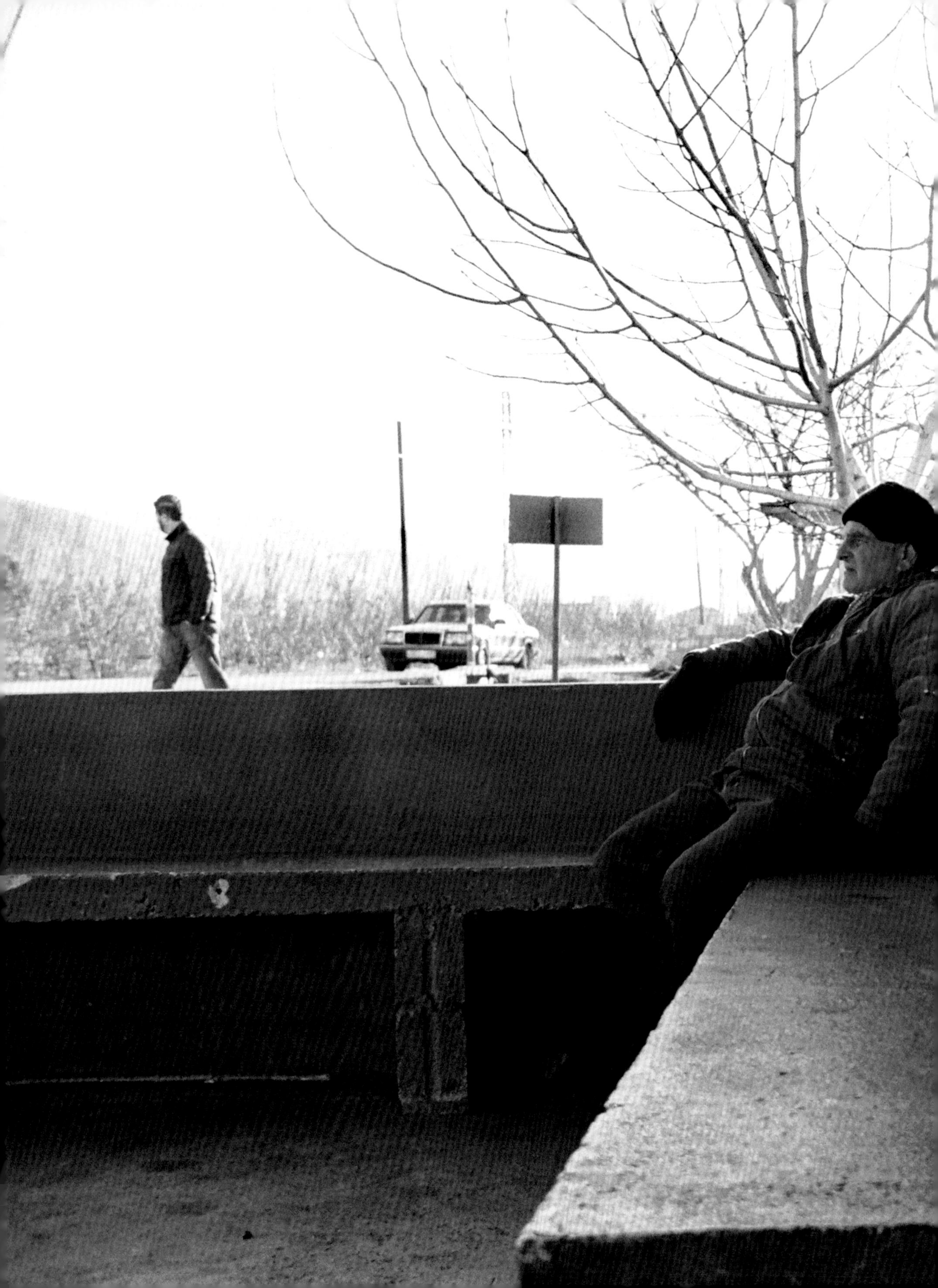

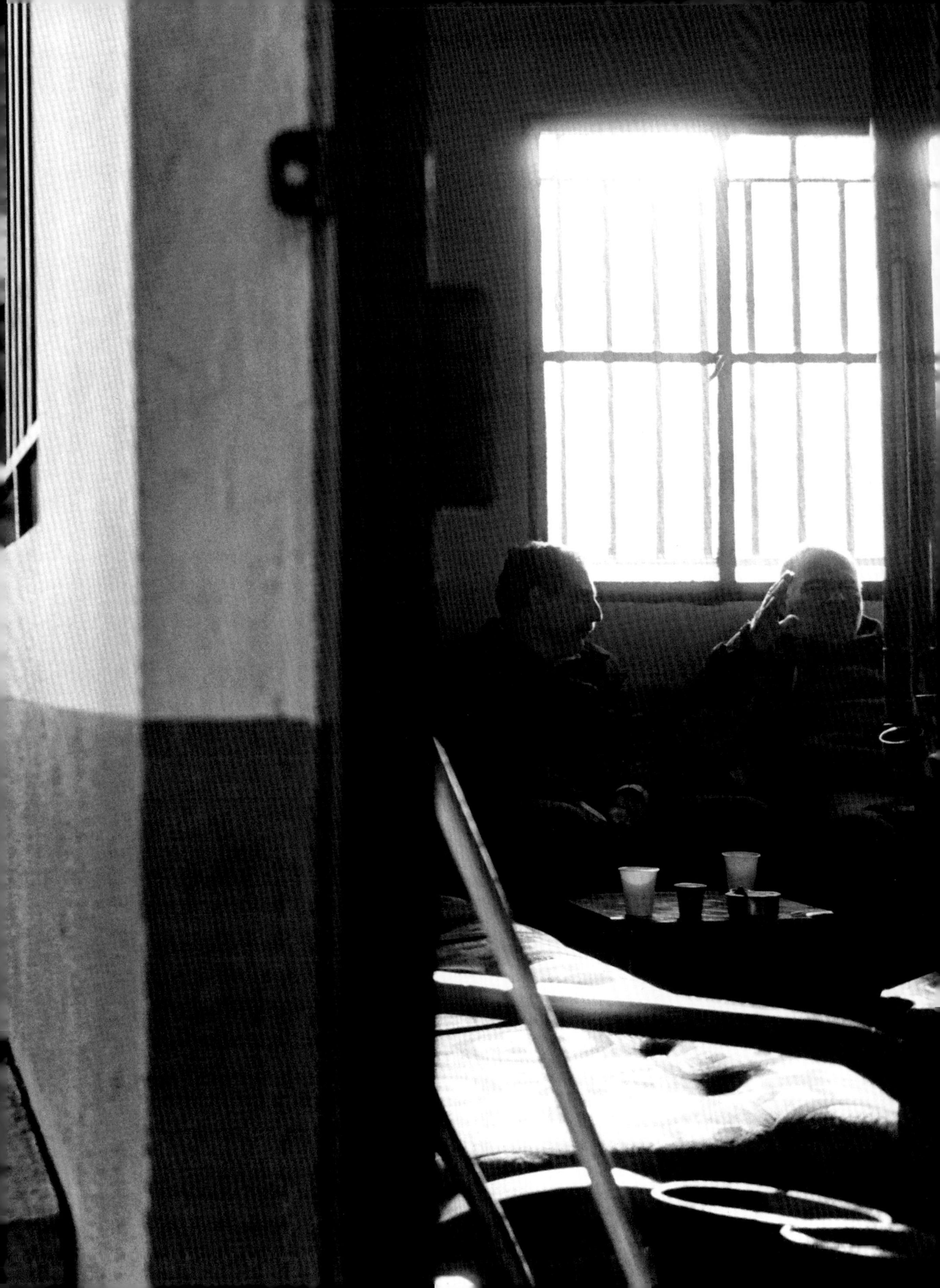

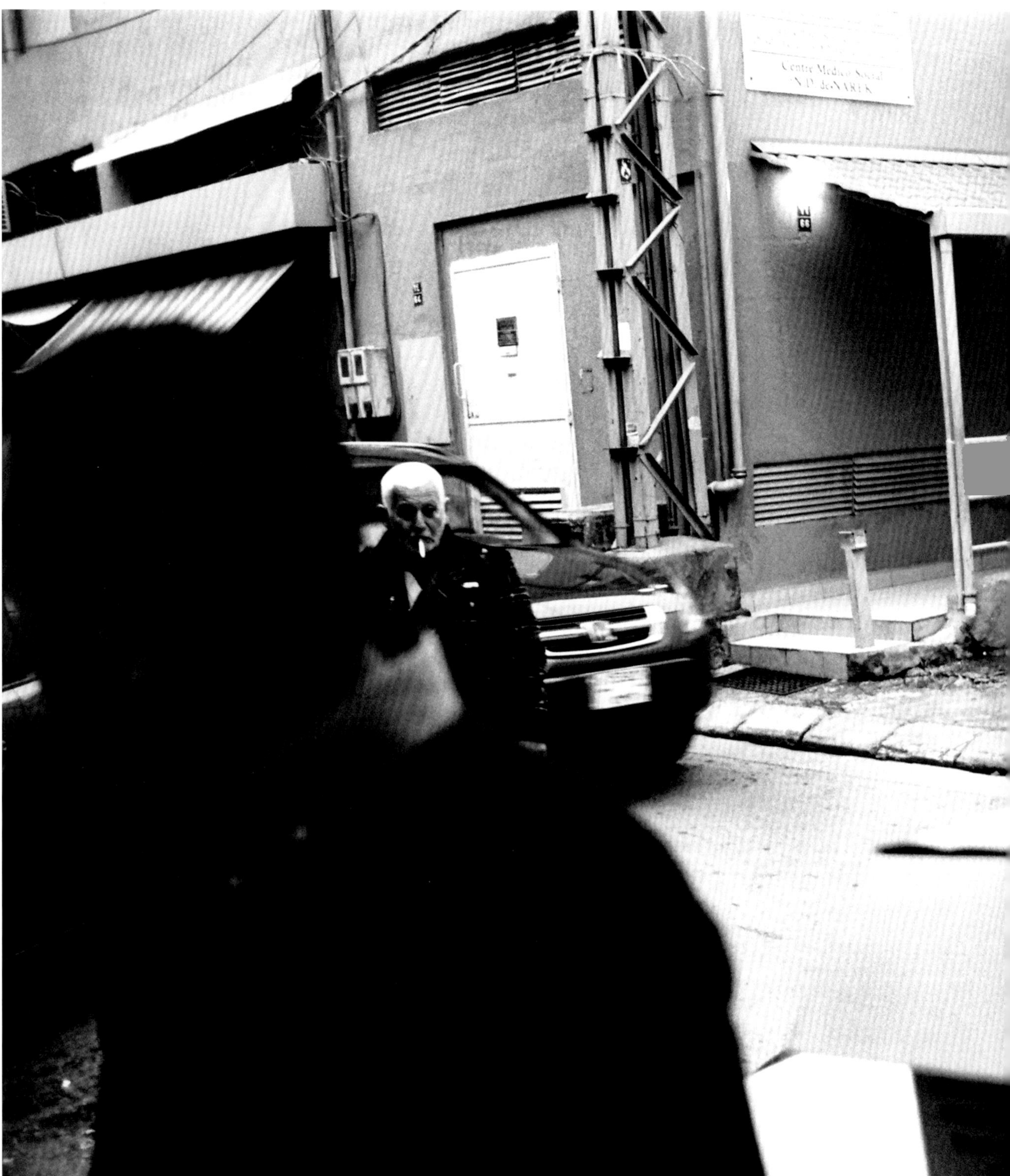
Centre Medico Social

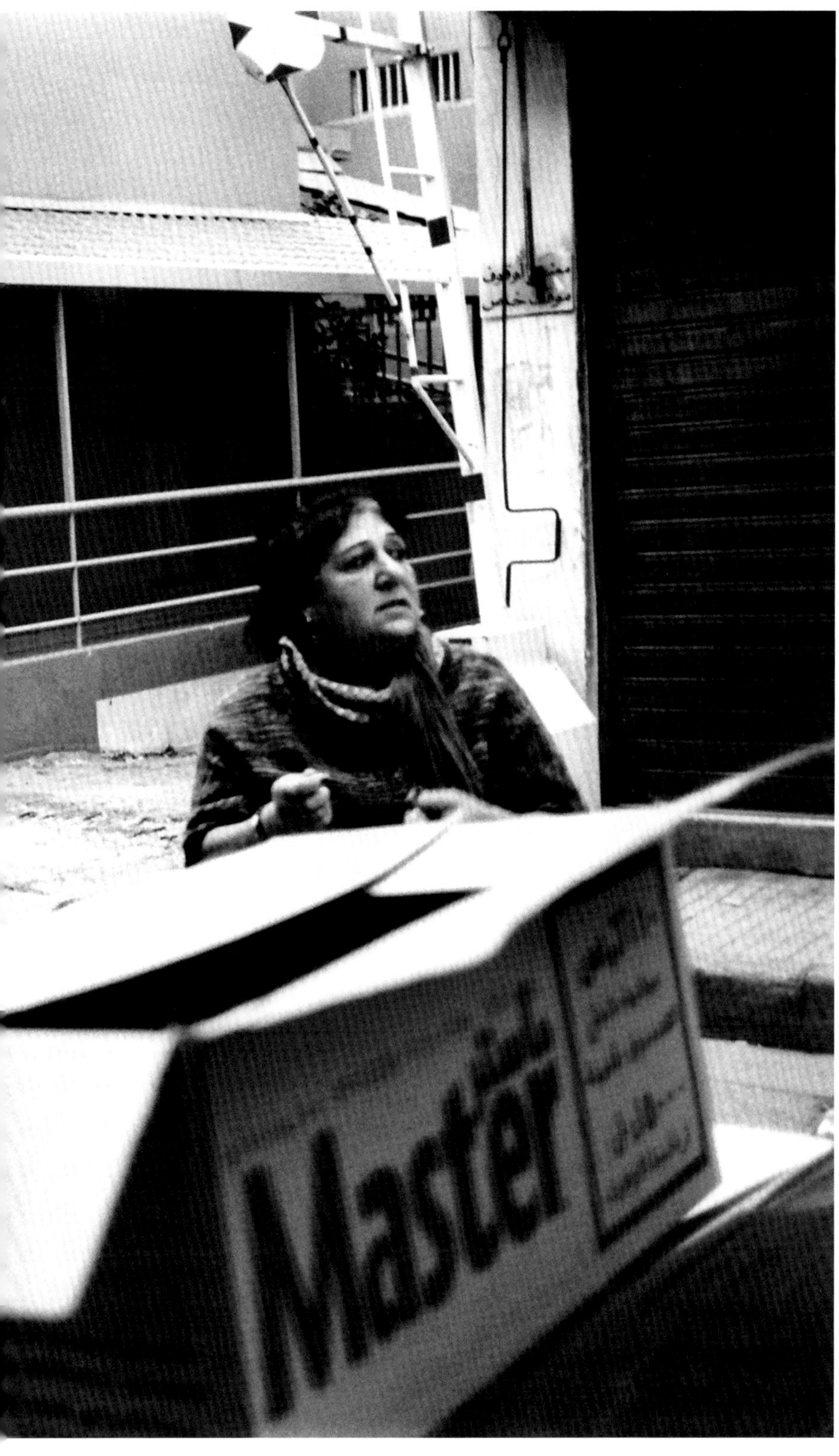
Master

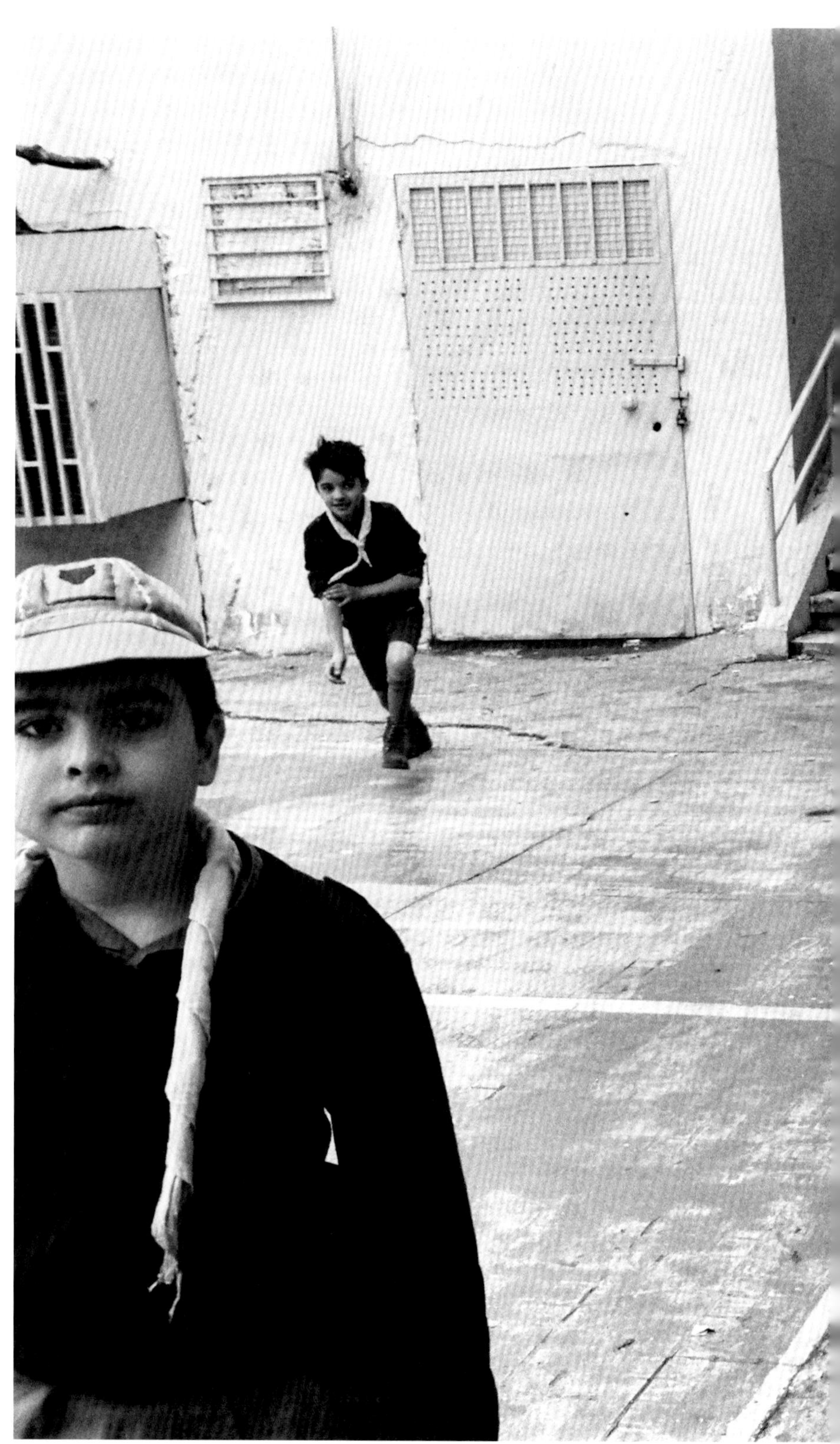

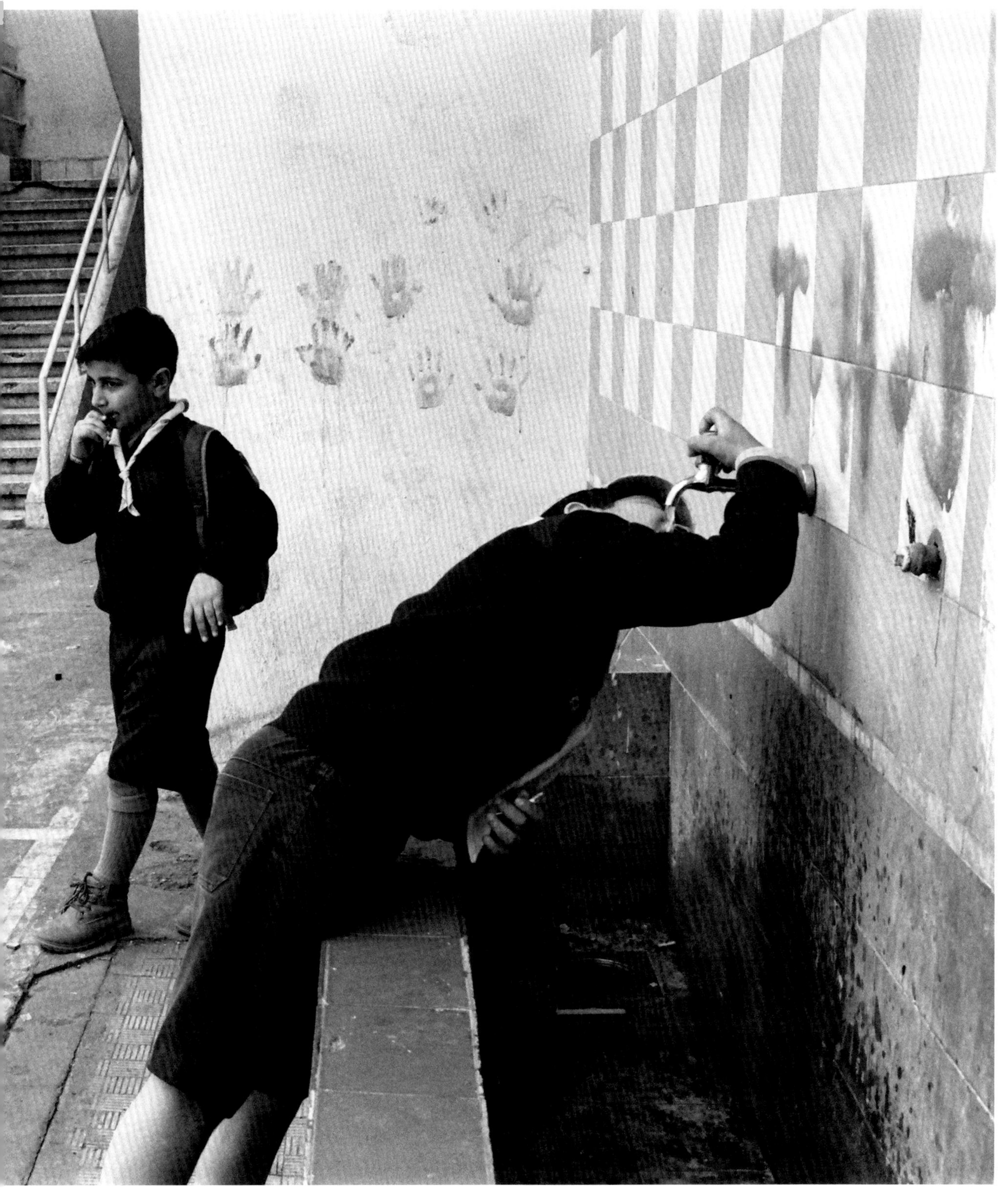

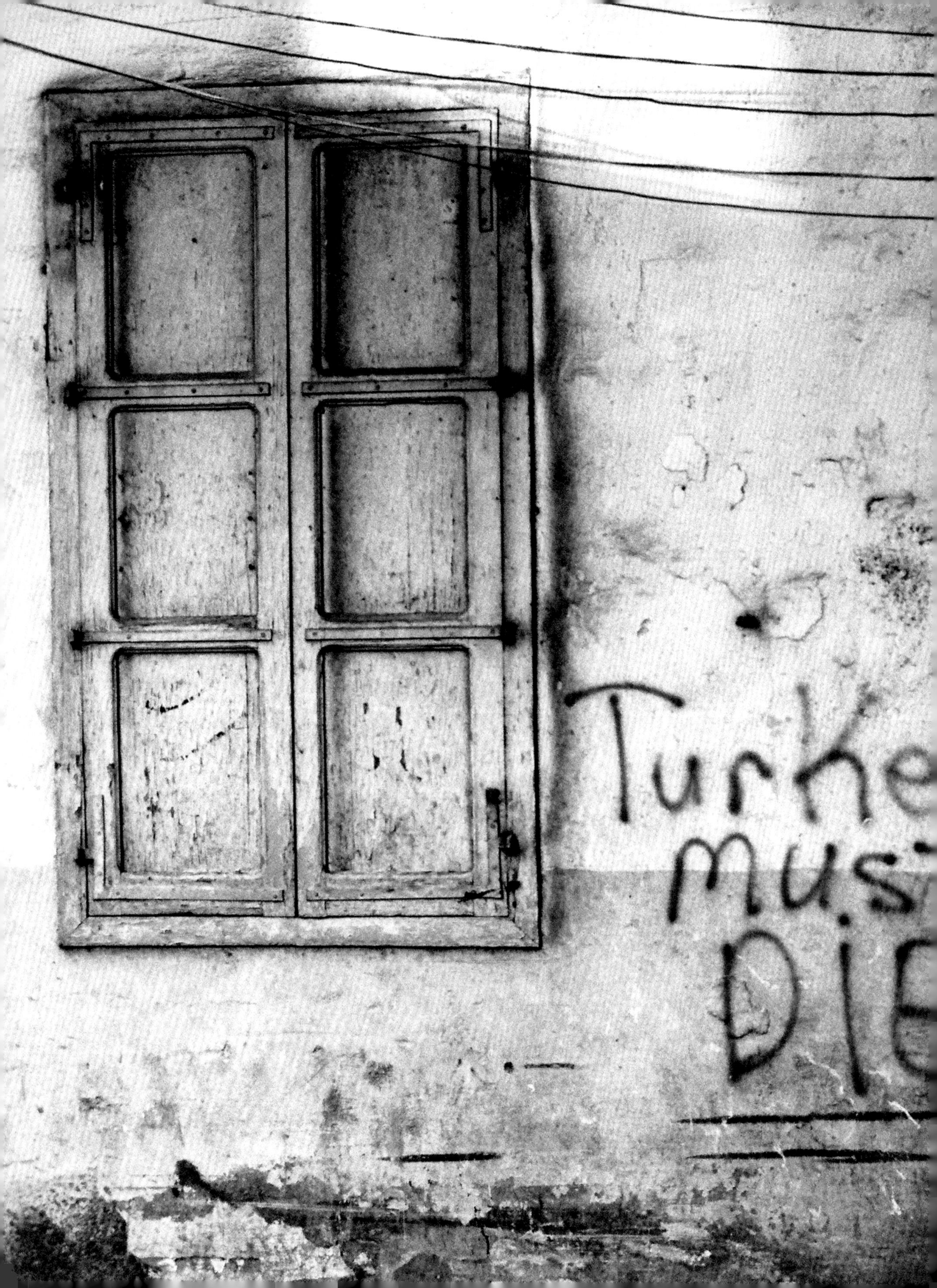
Turke
mus
DIE

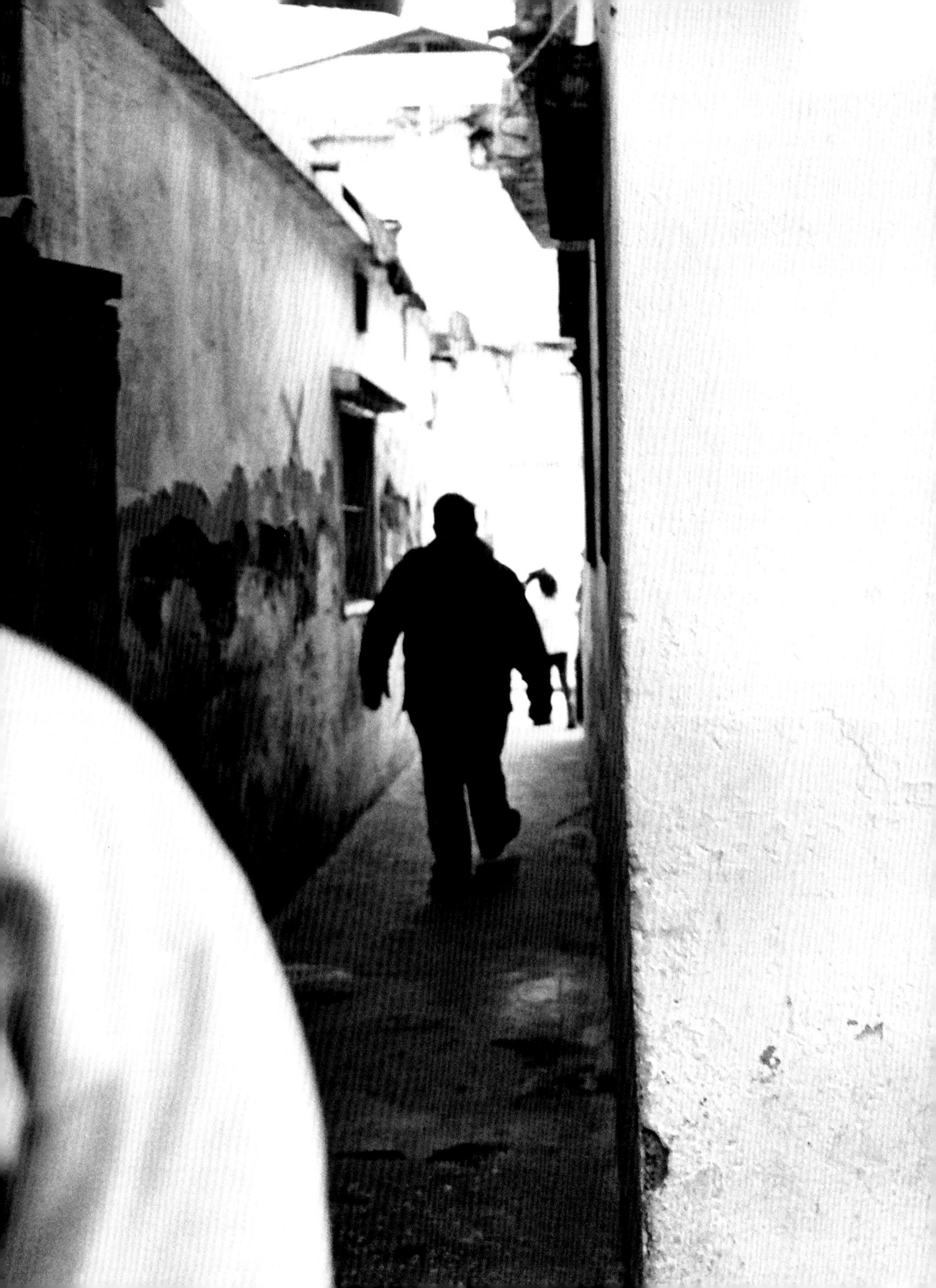

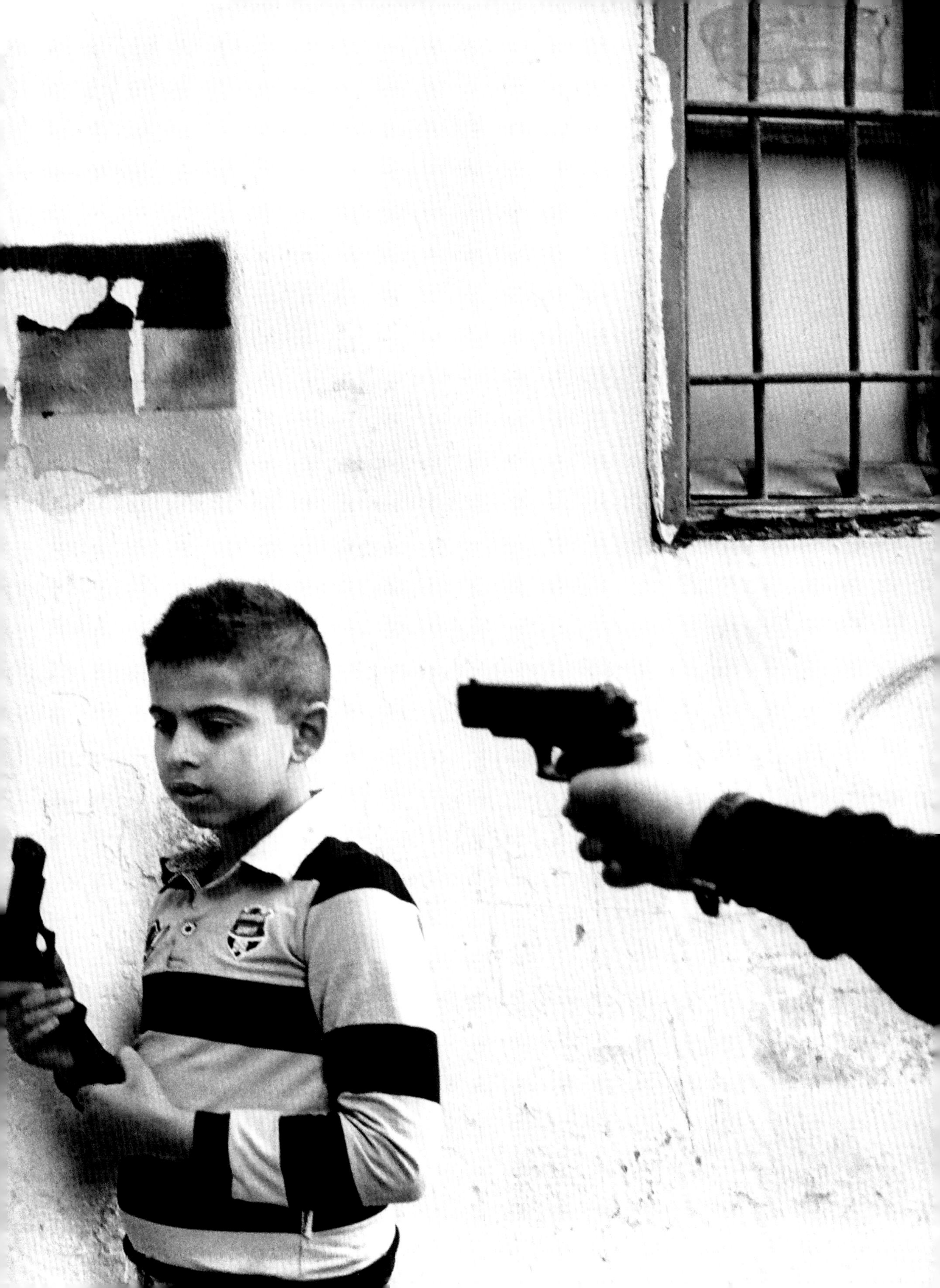

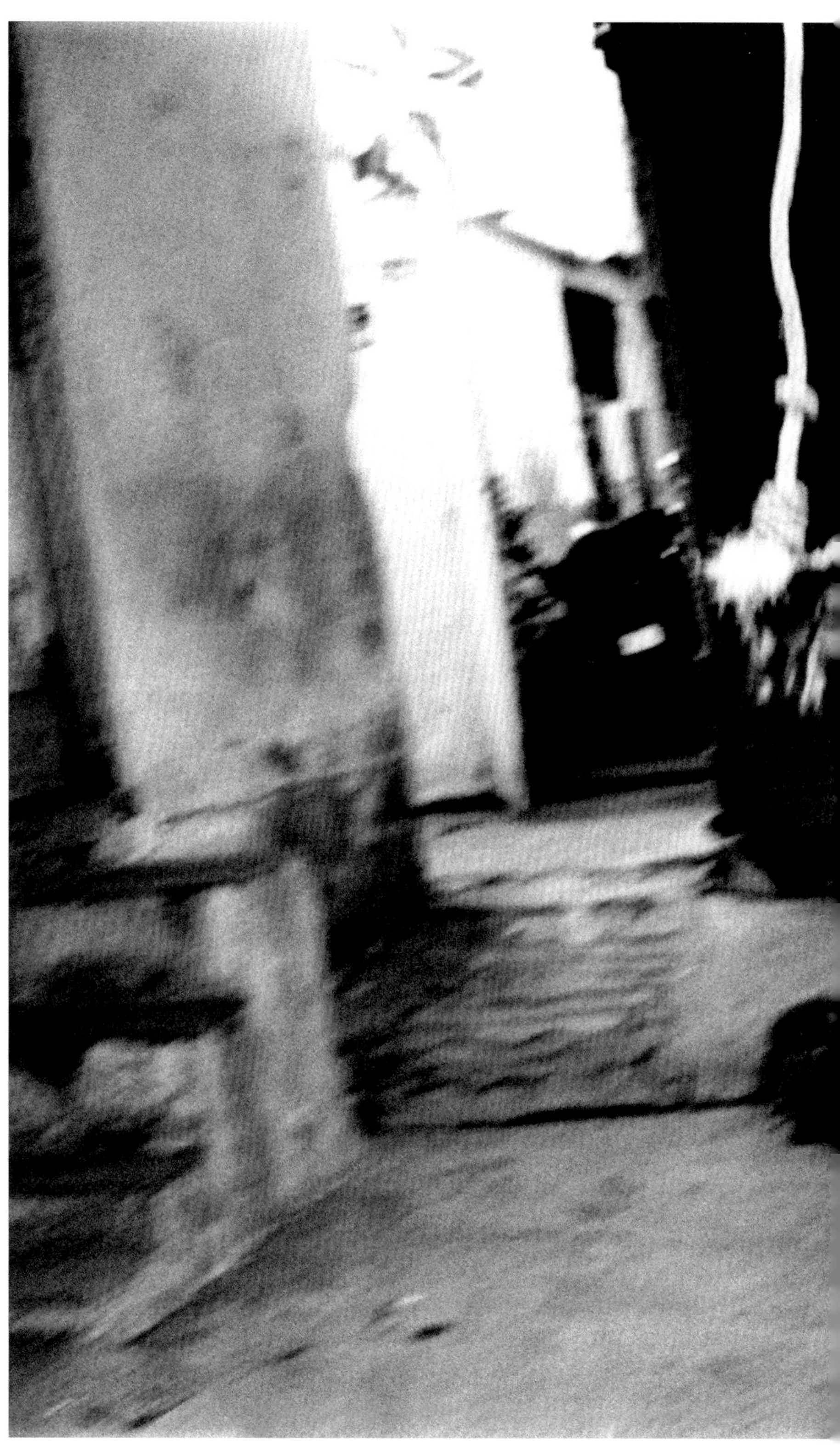

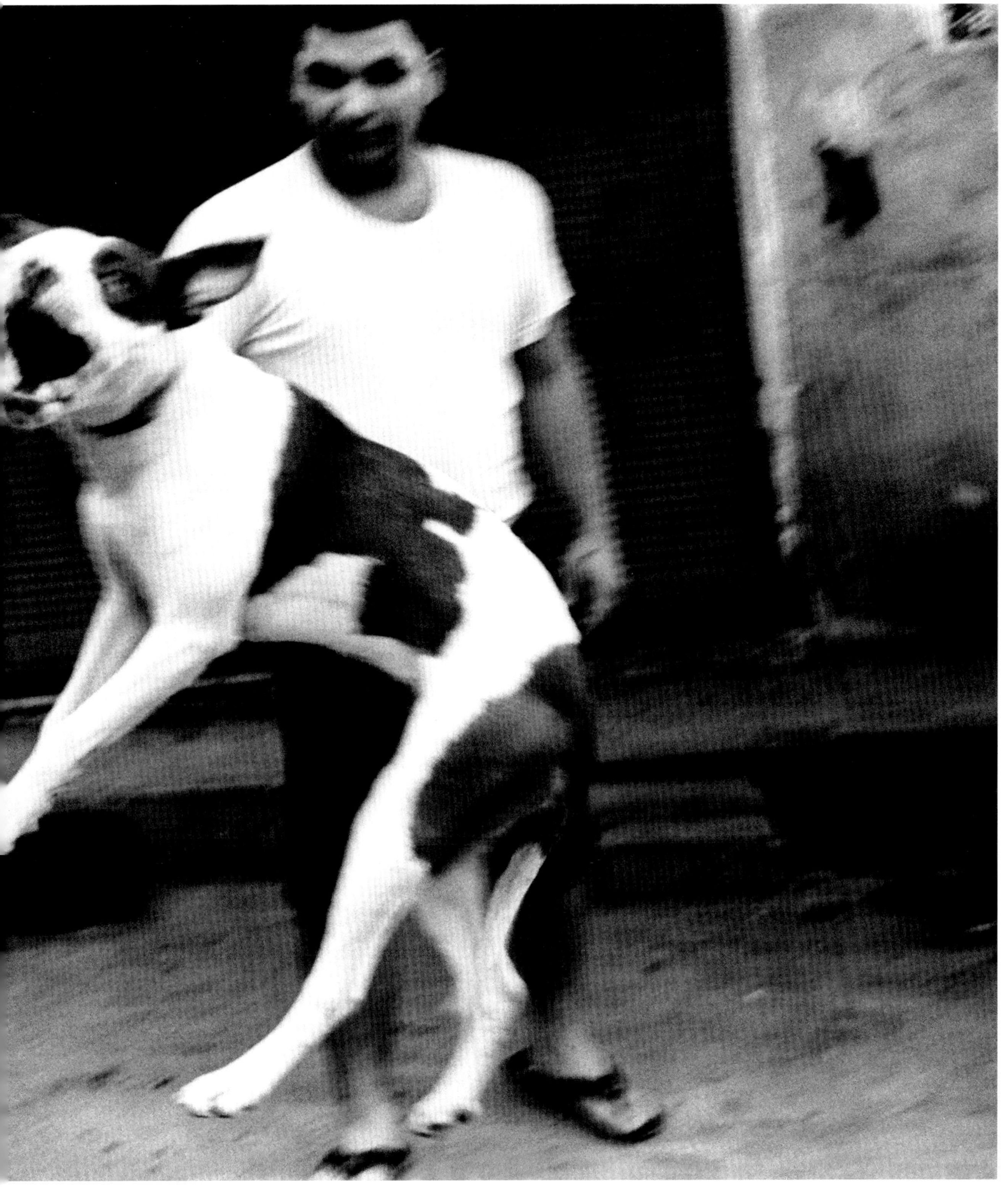

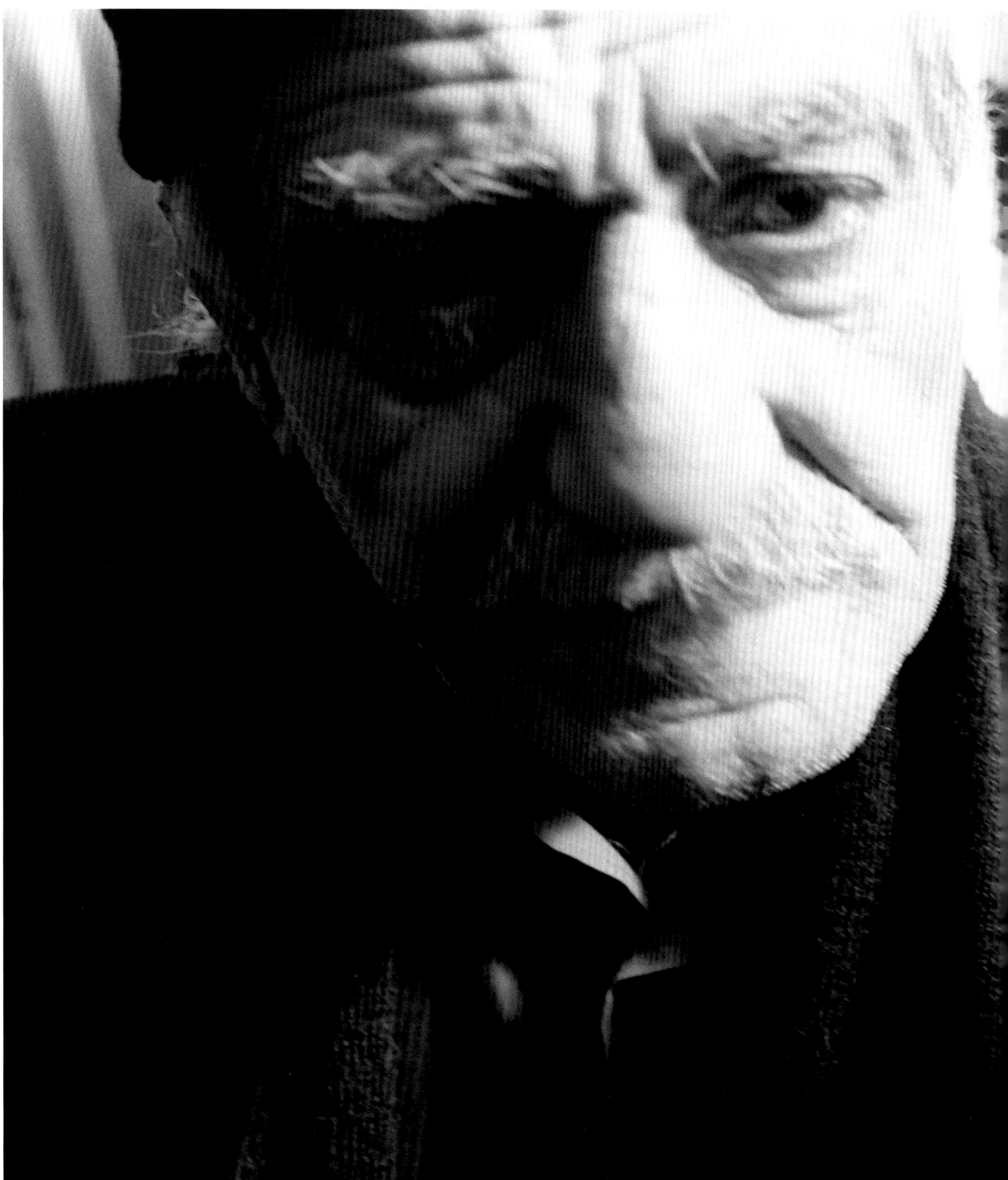

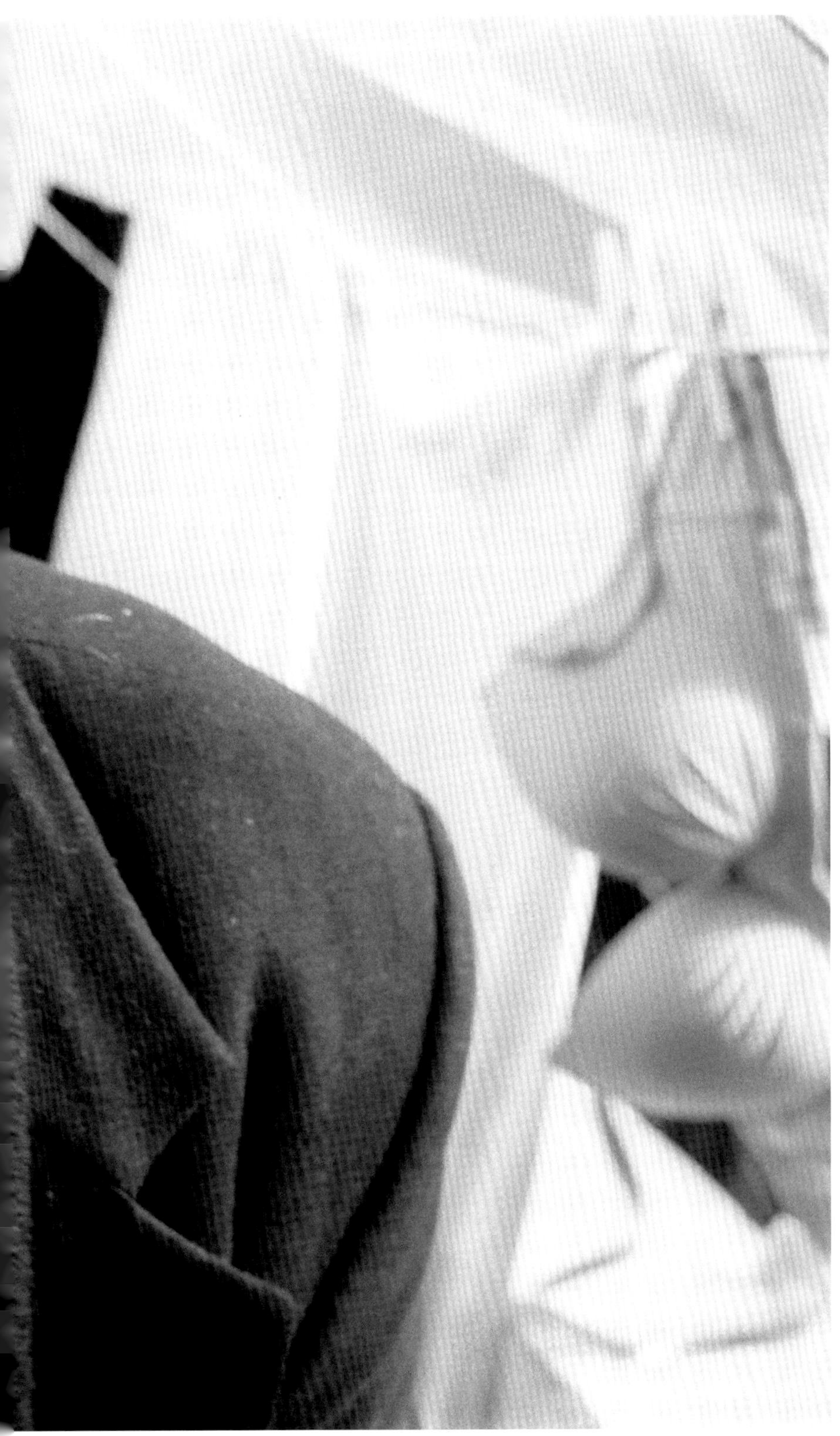

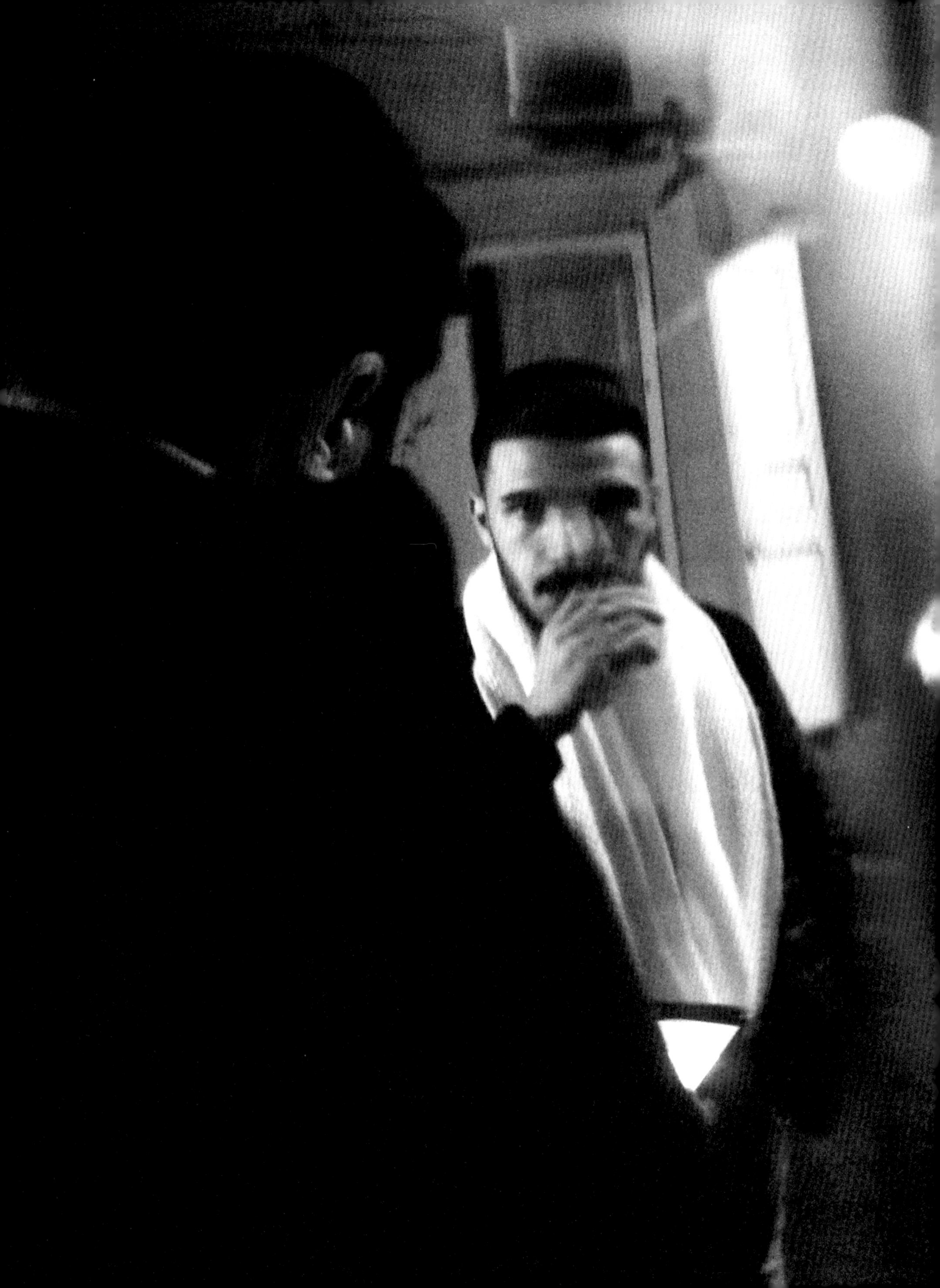

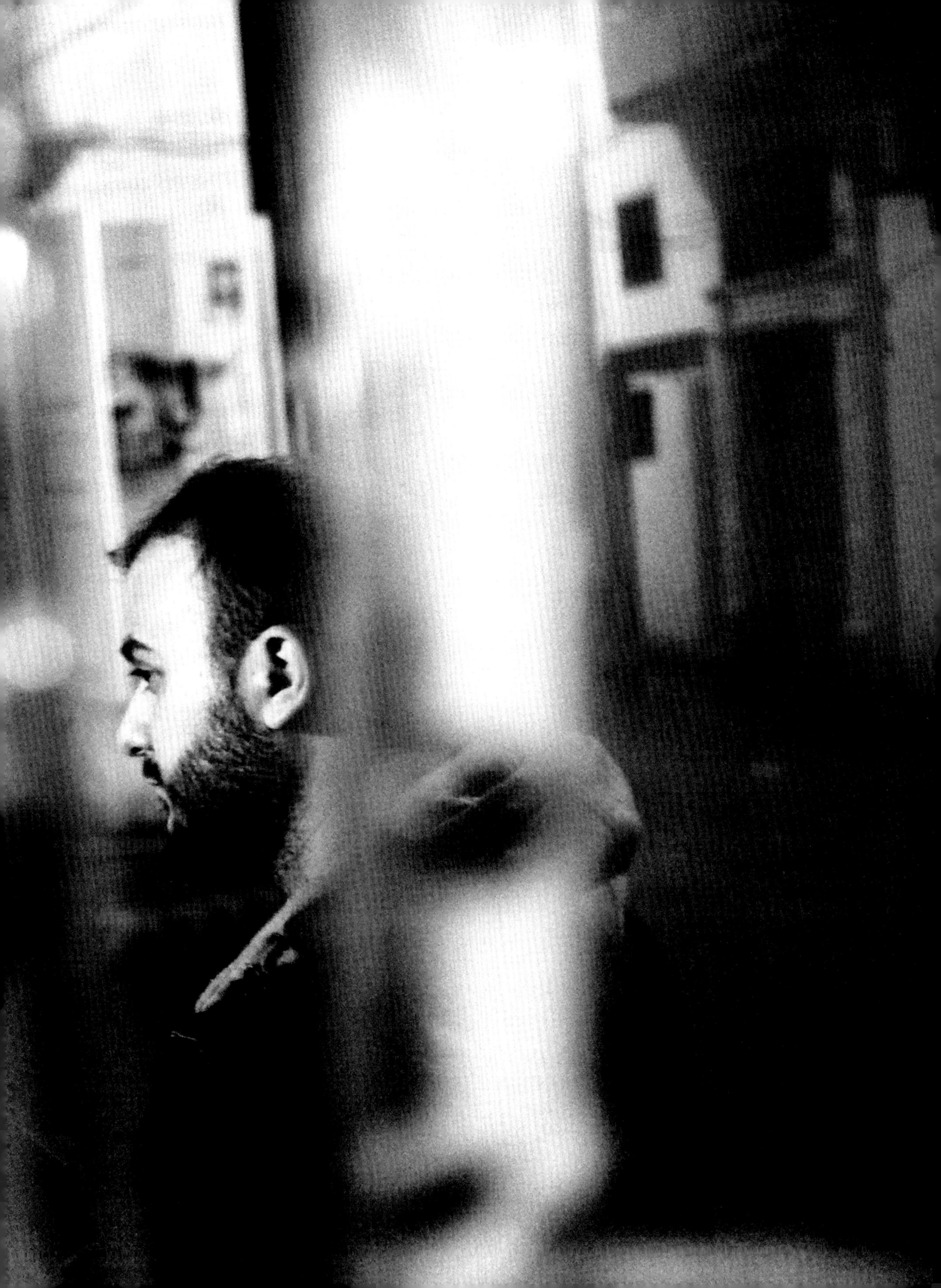

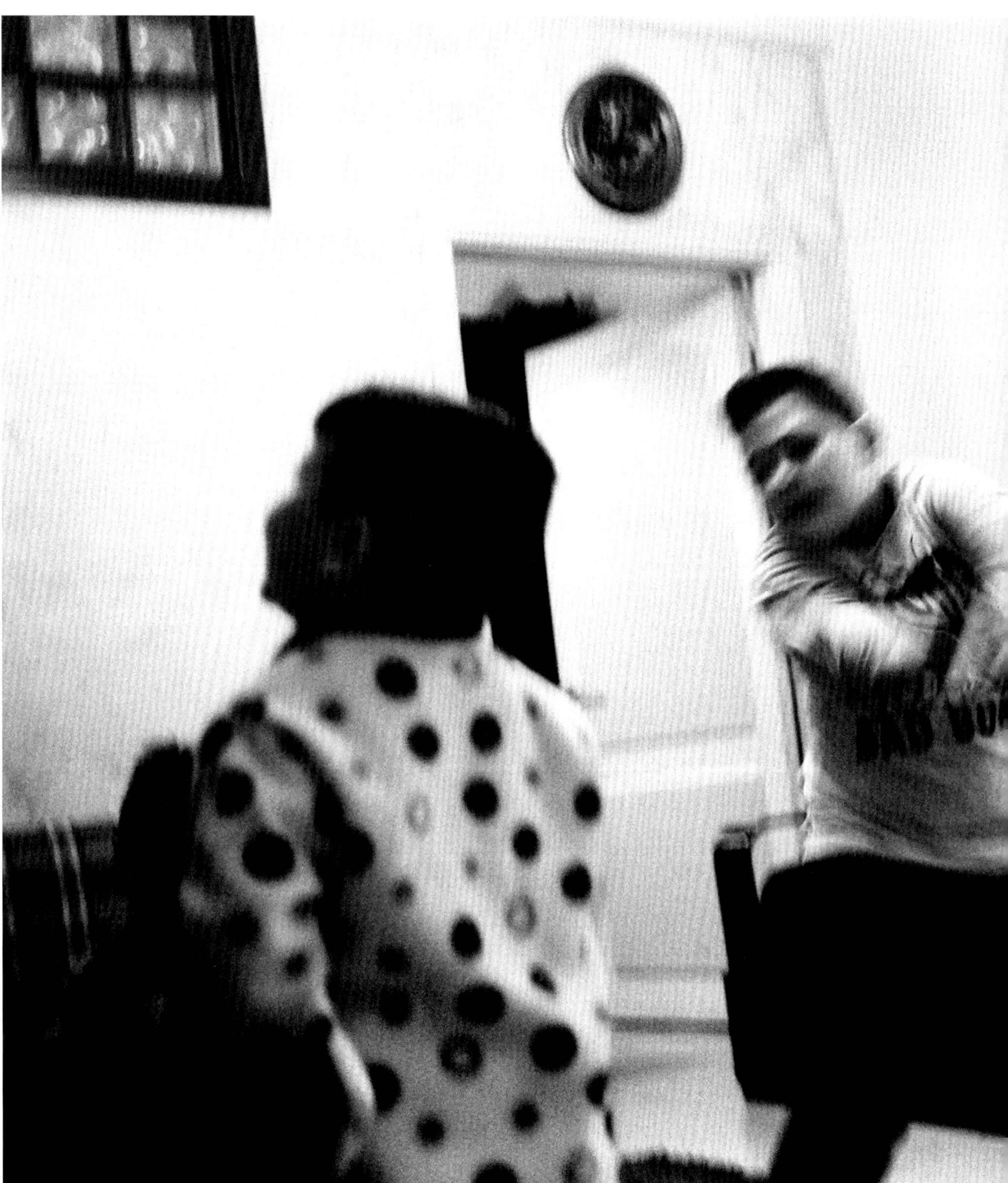

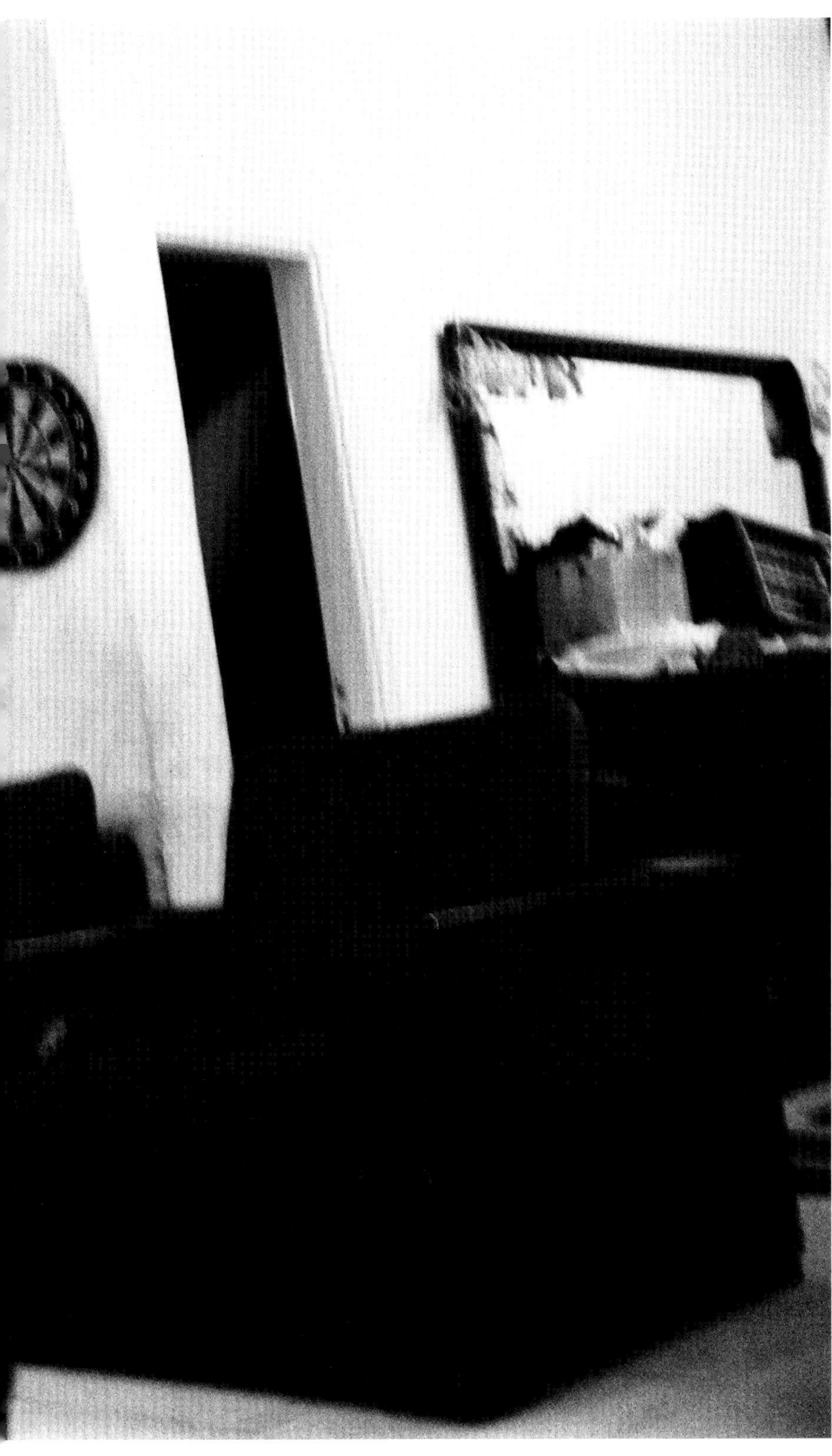

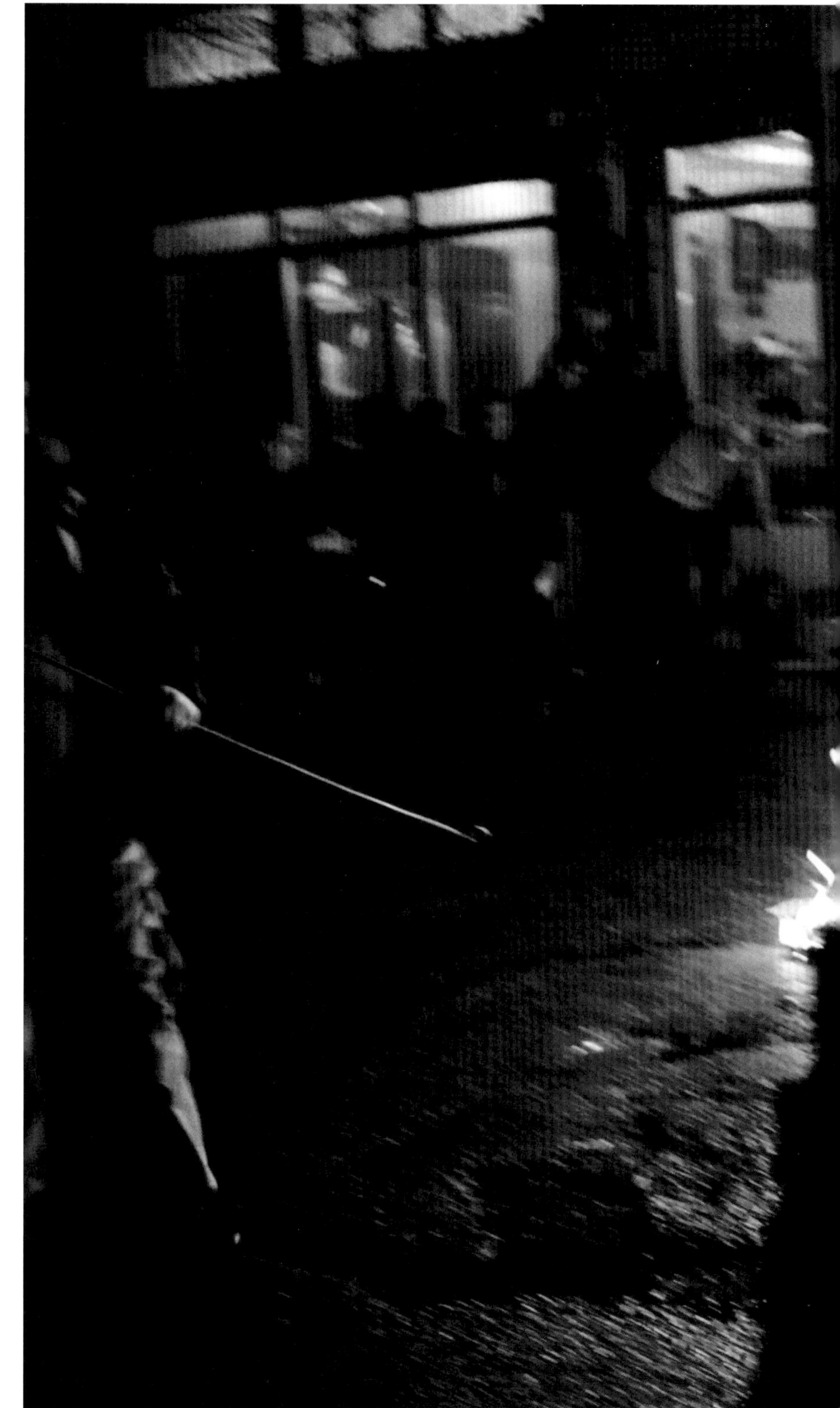

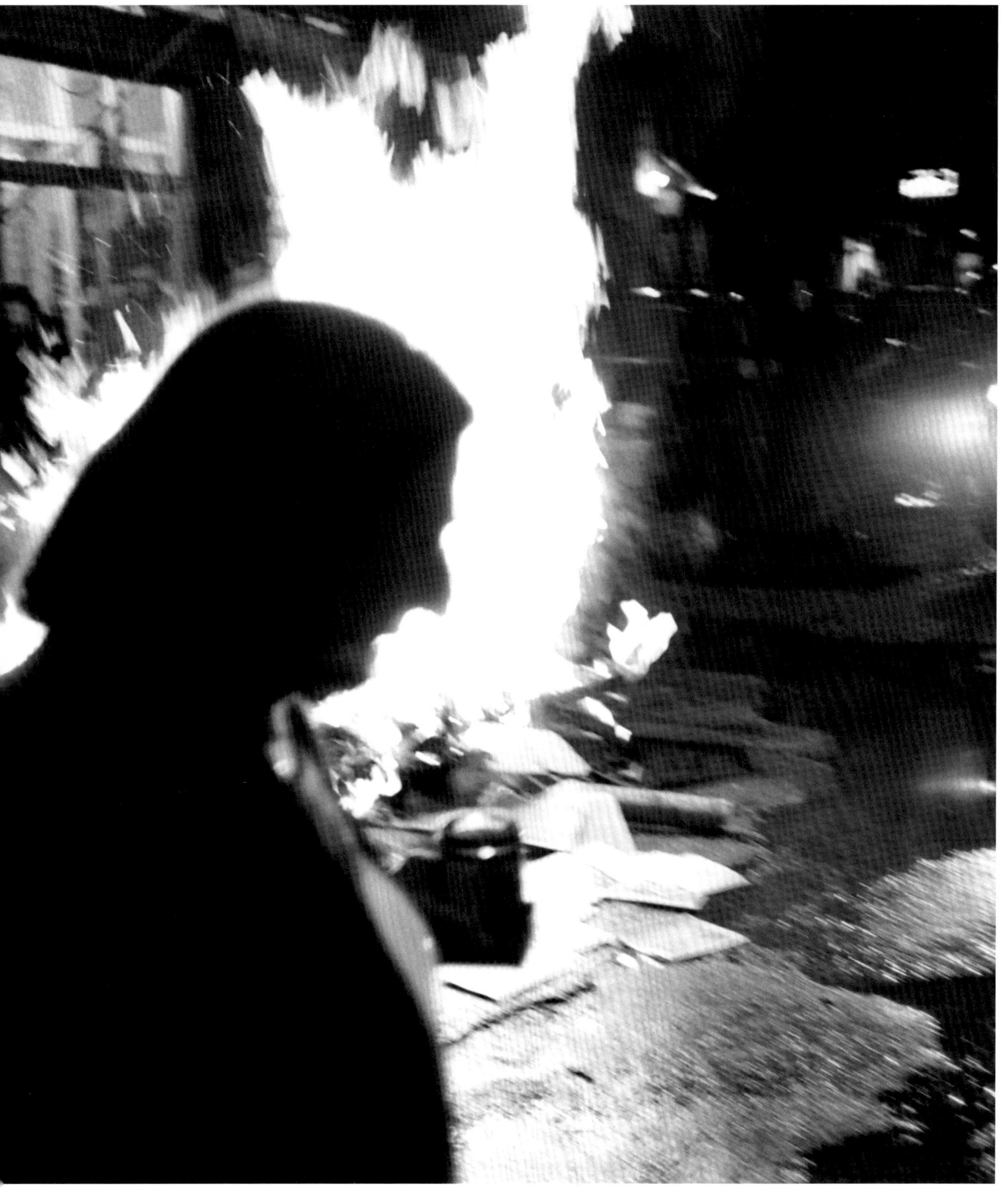

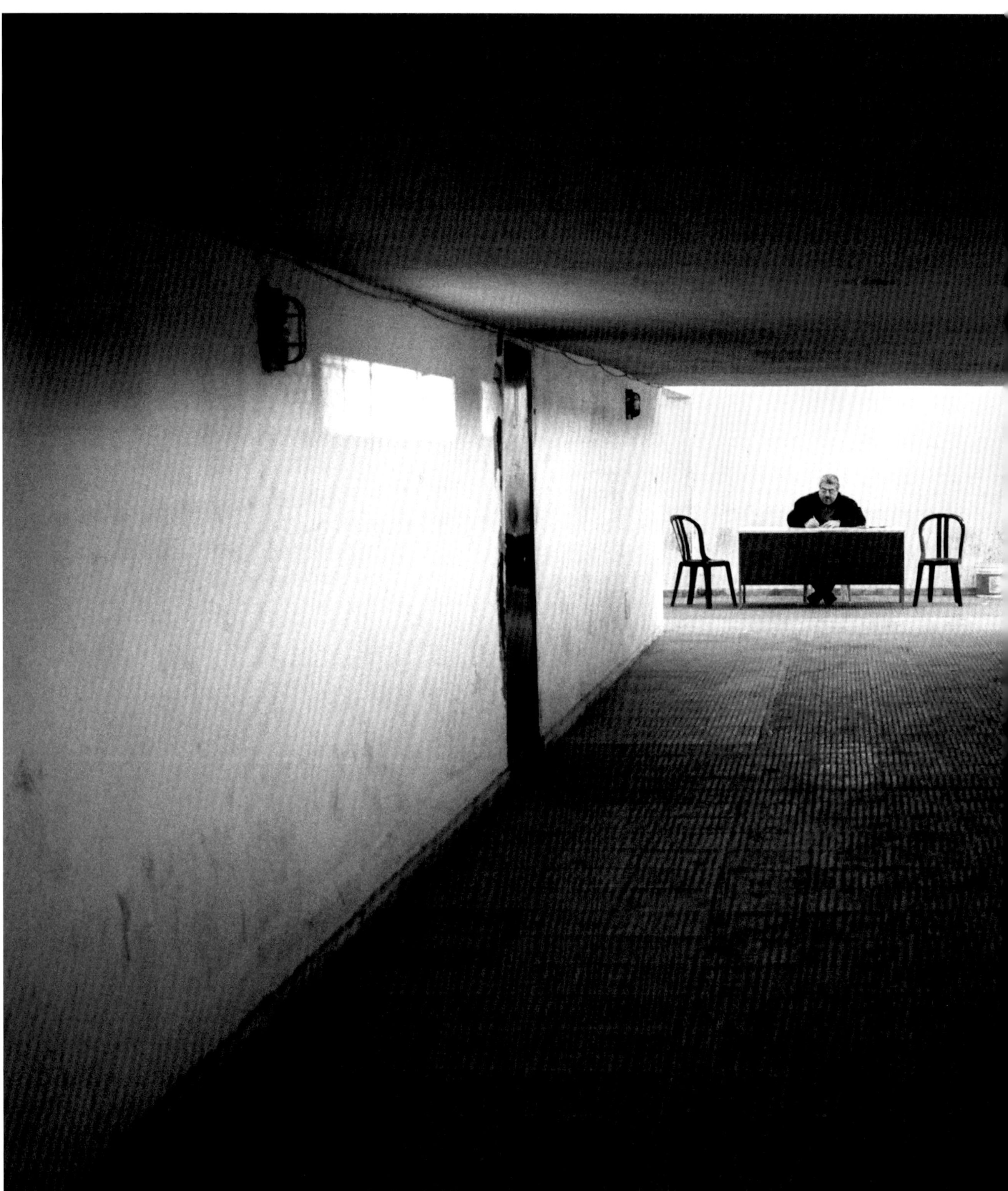

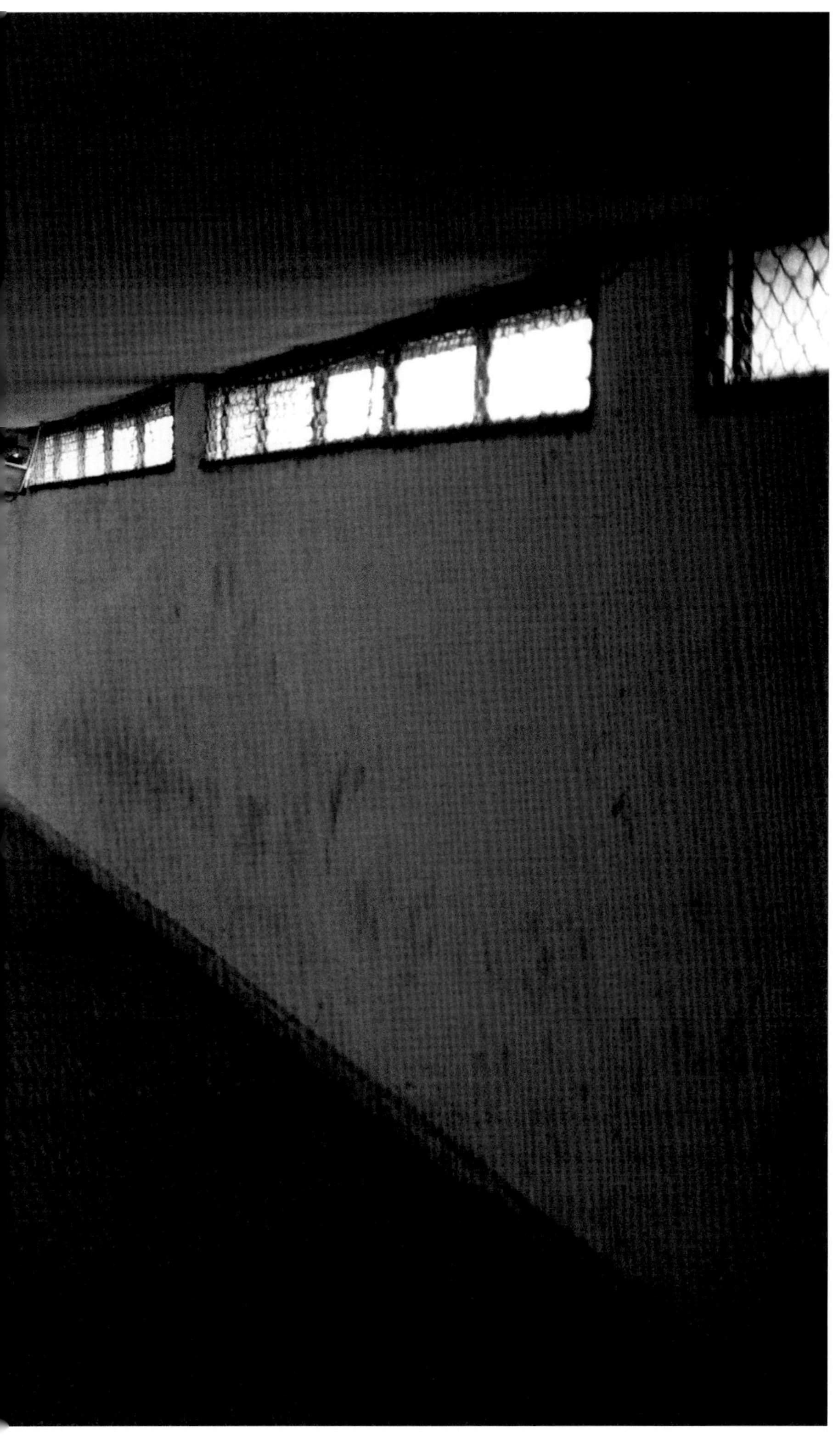

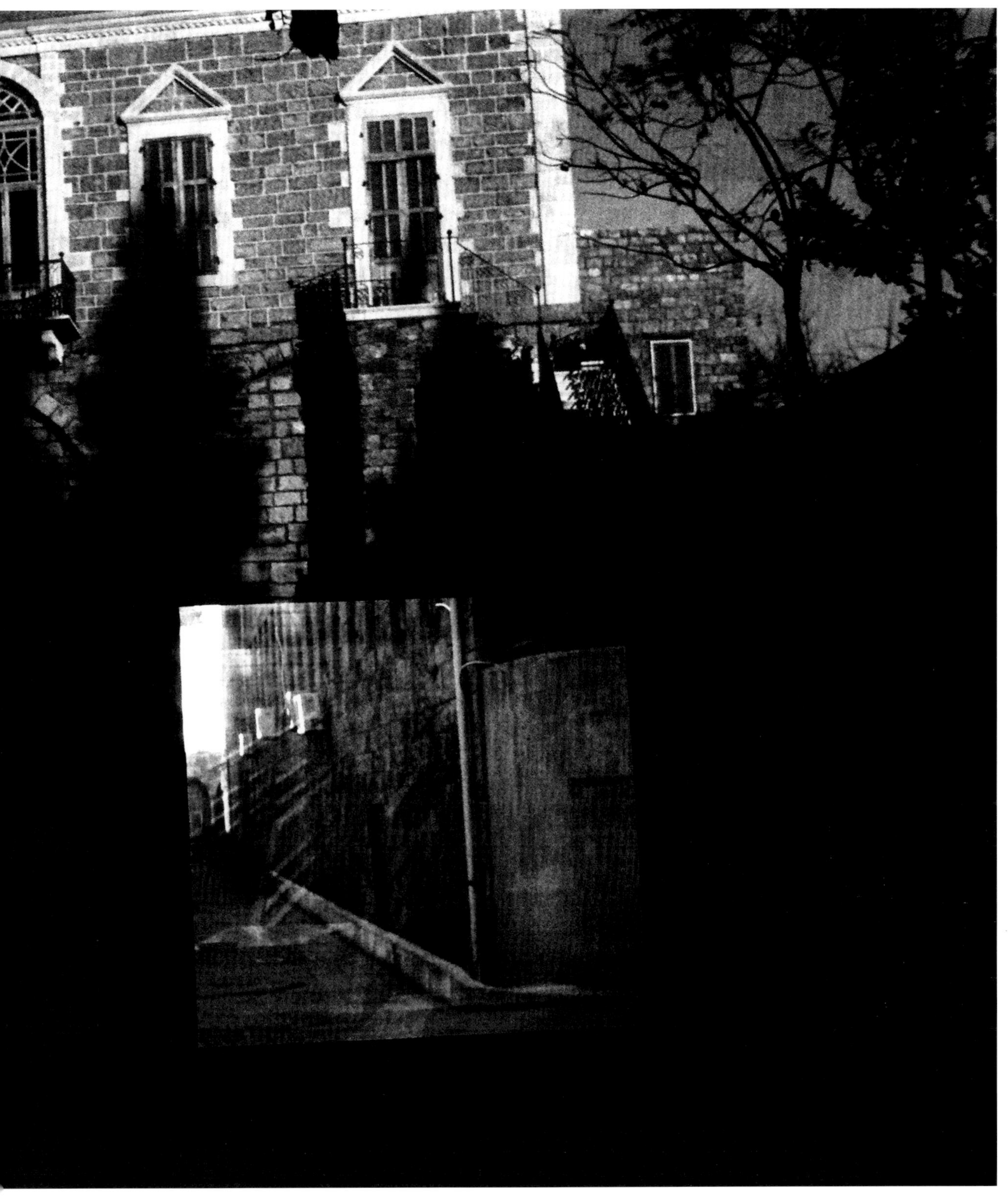

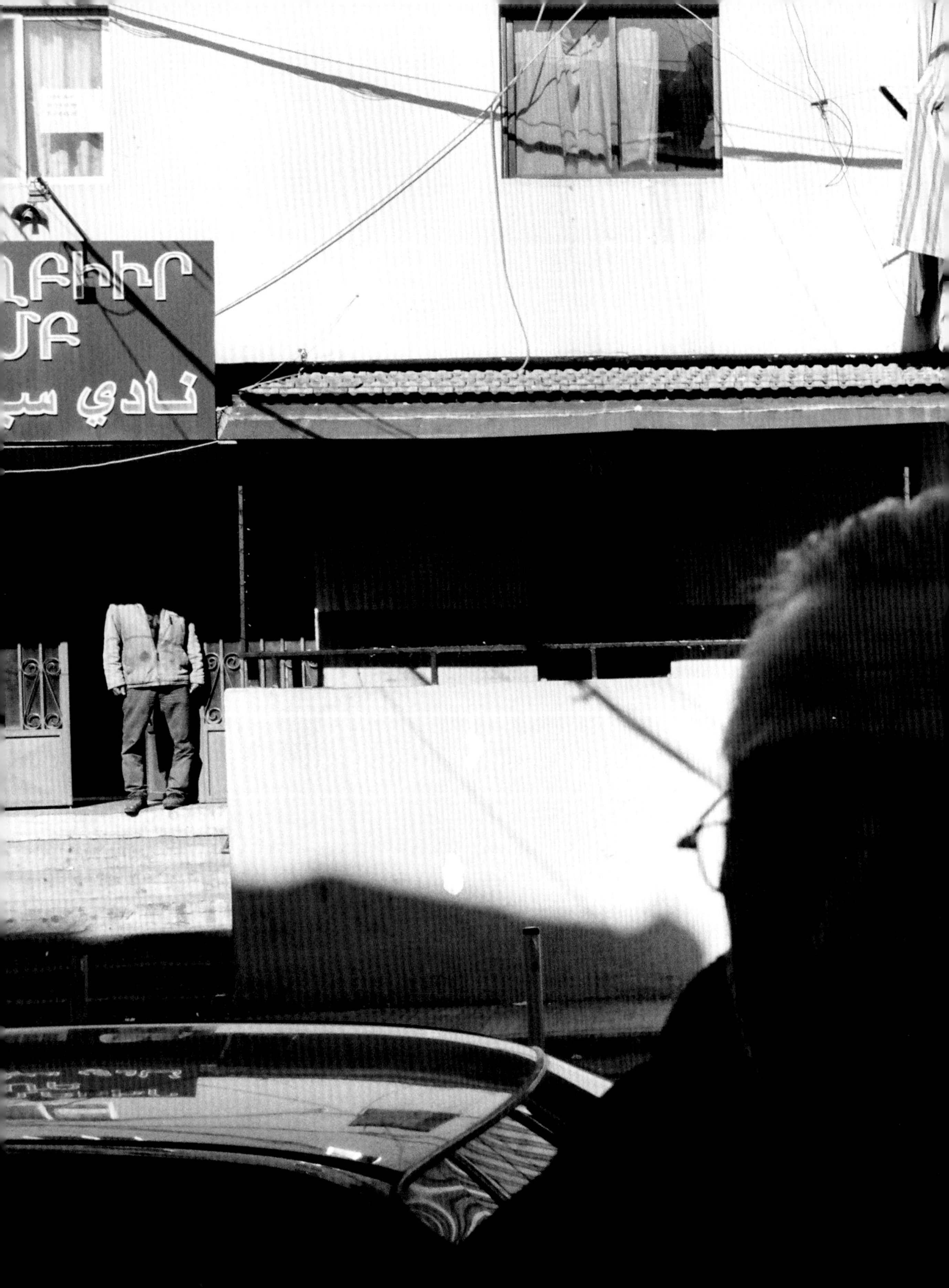
نادي

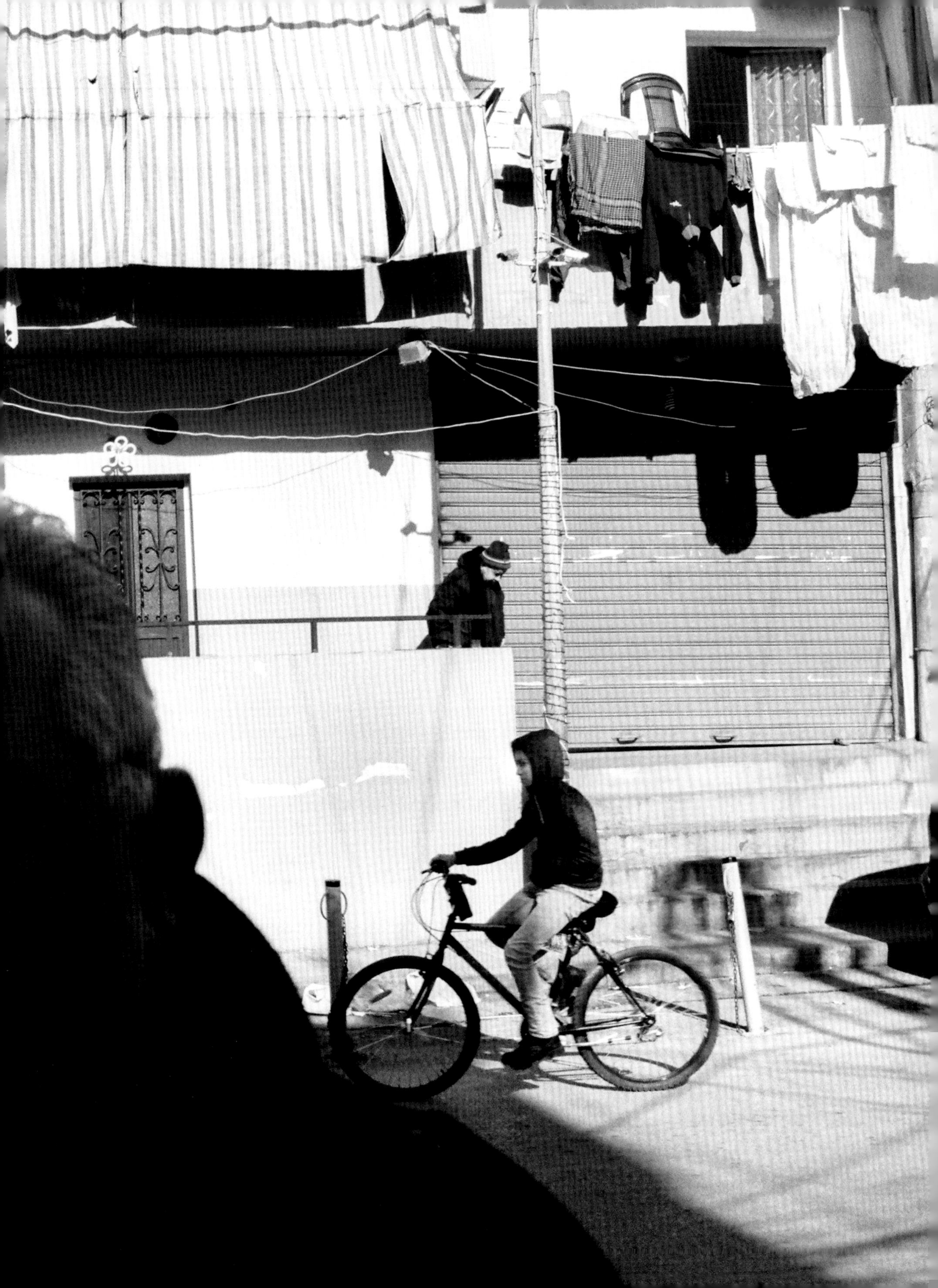

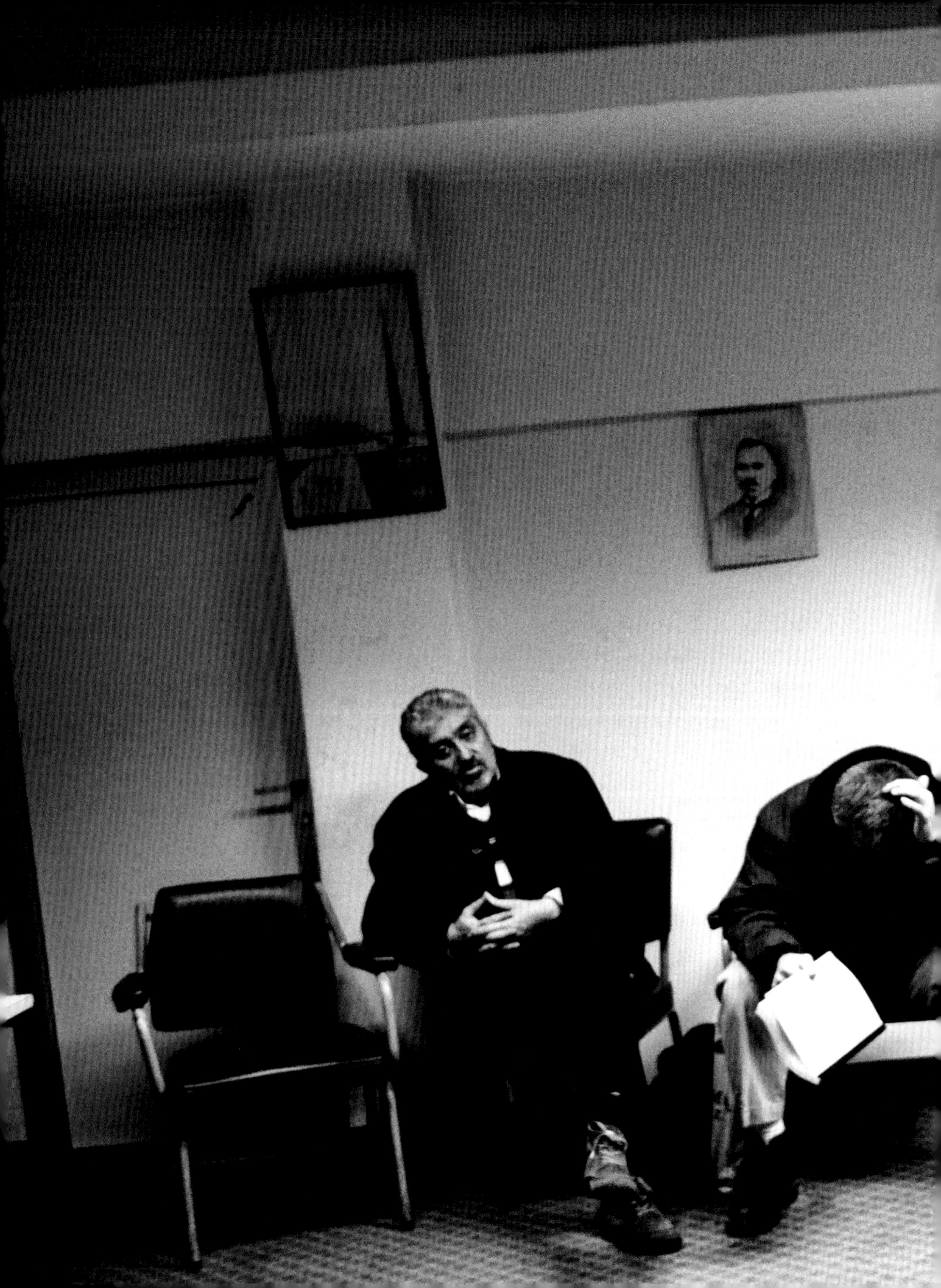

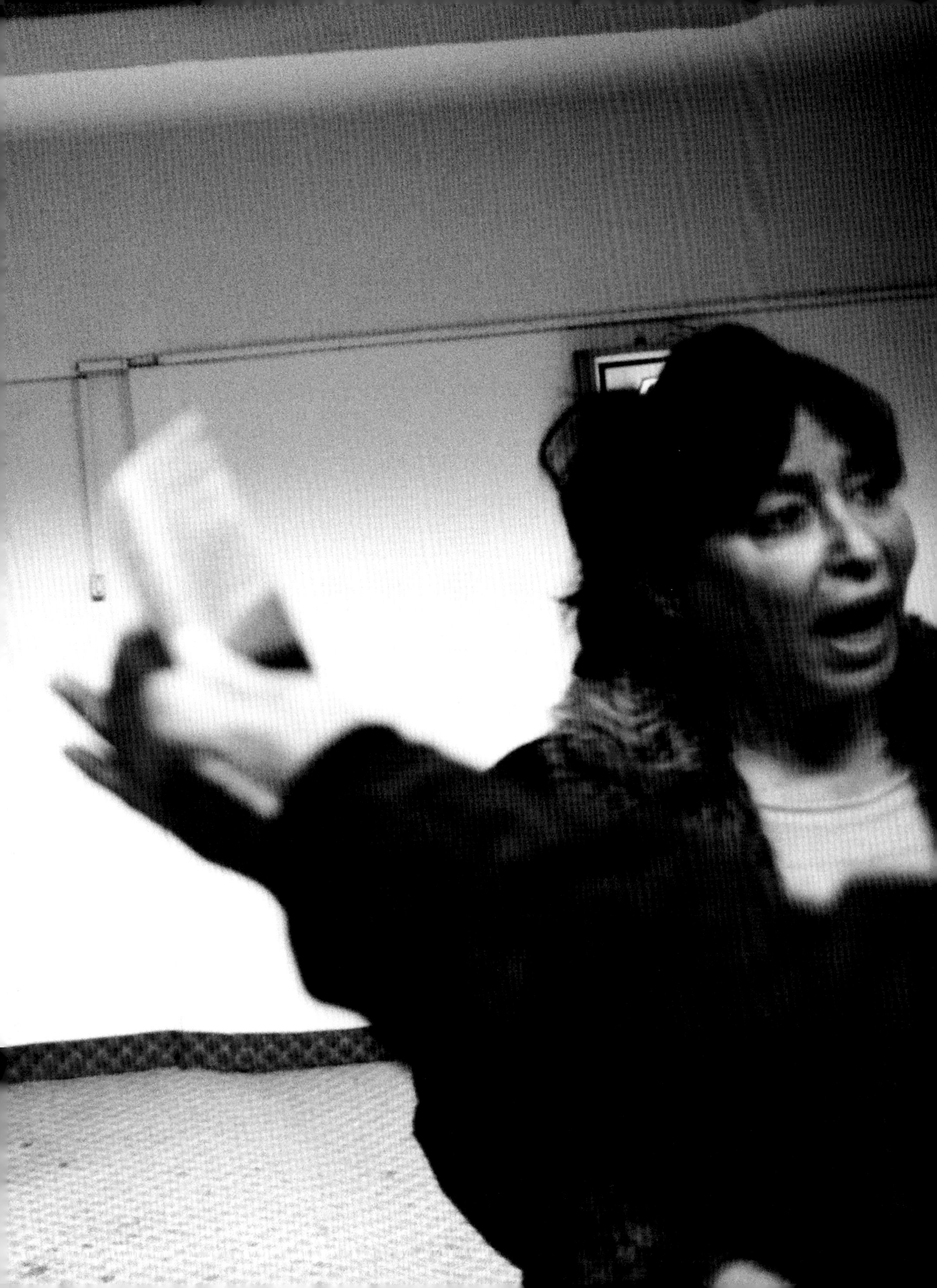

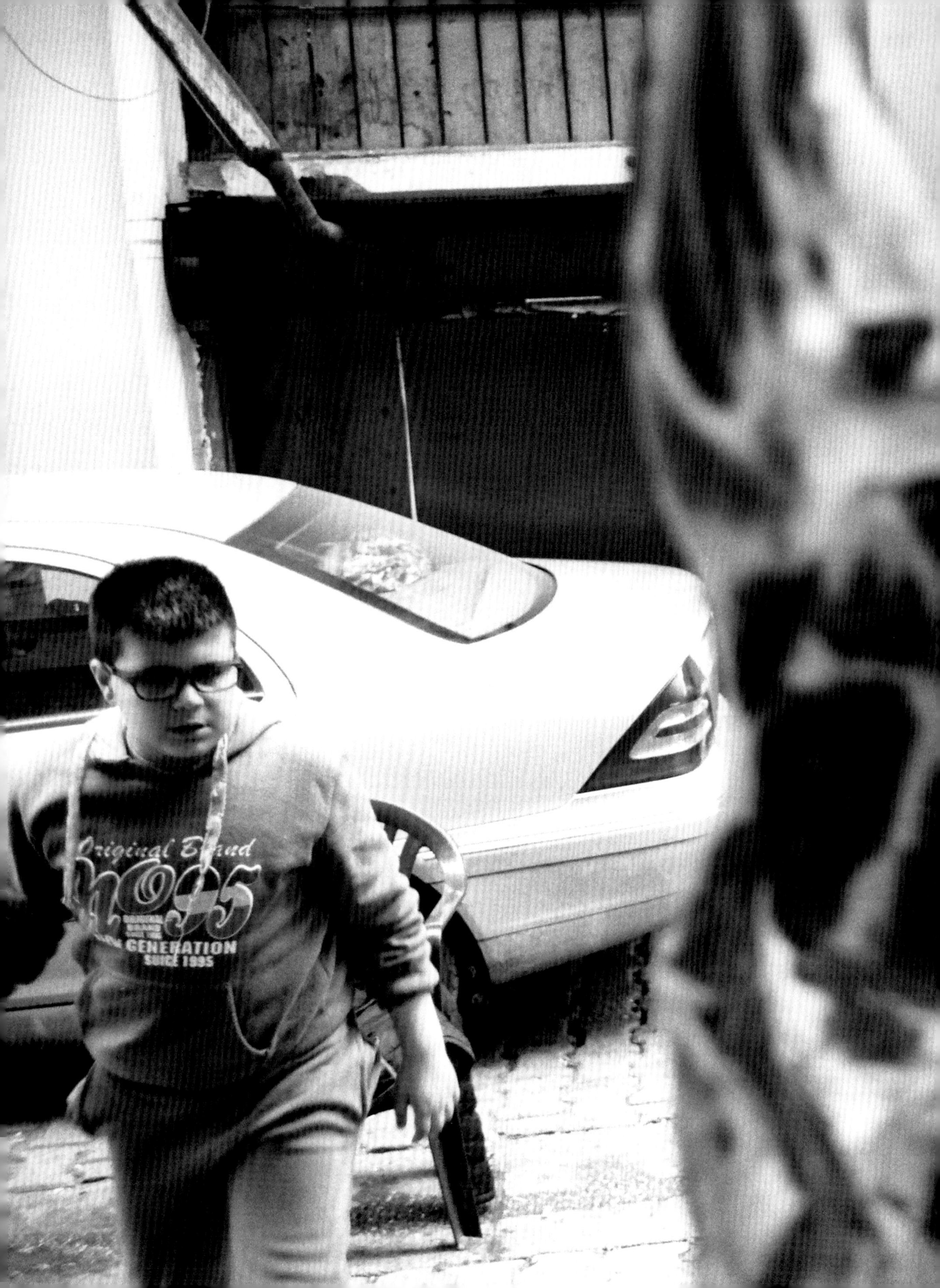
Original Brand
GENERATION

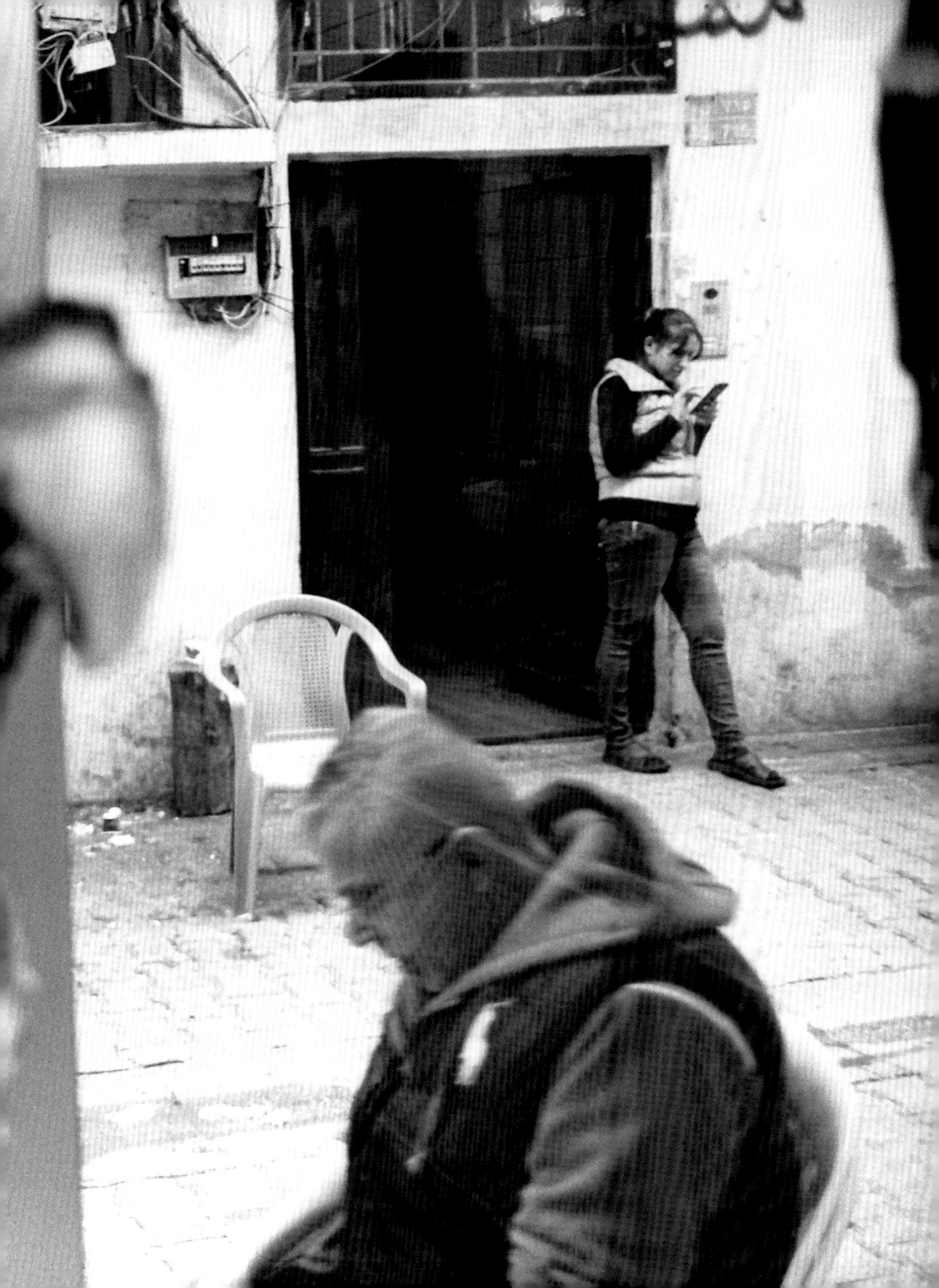

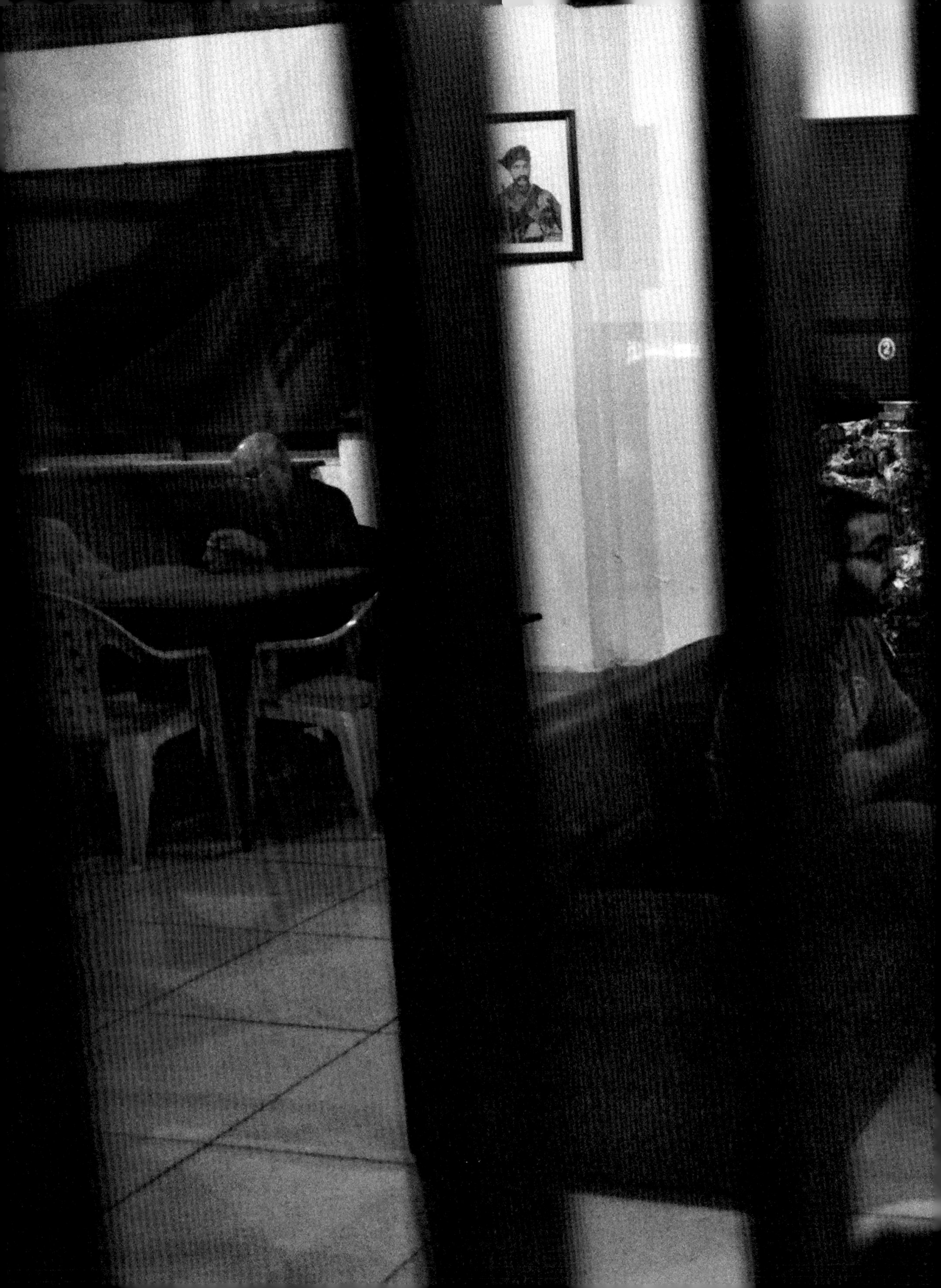

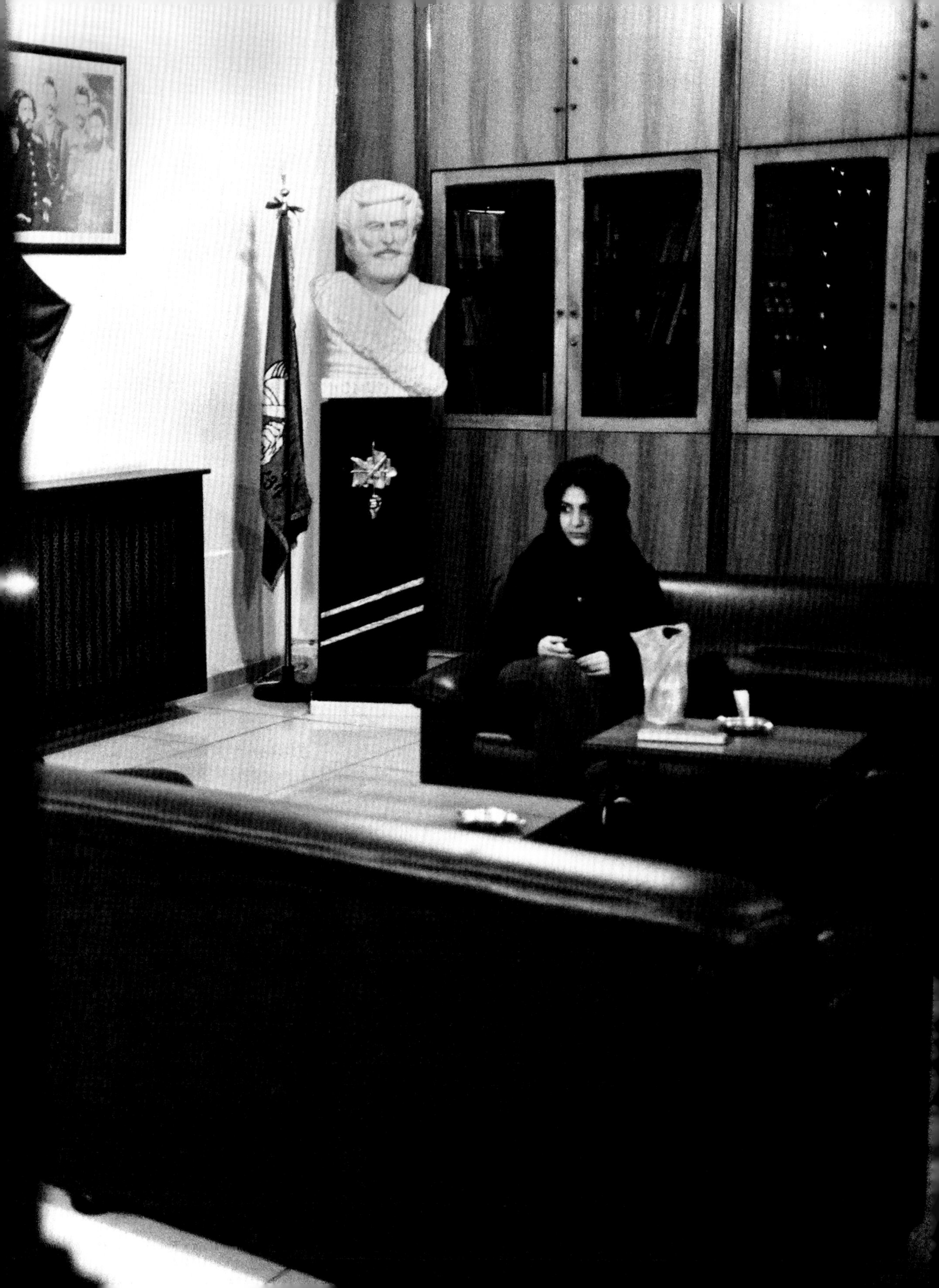

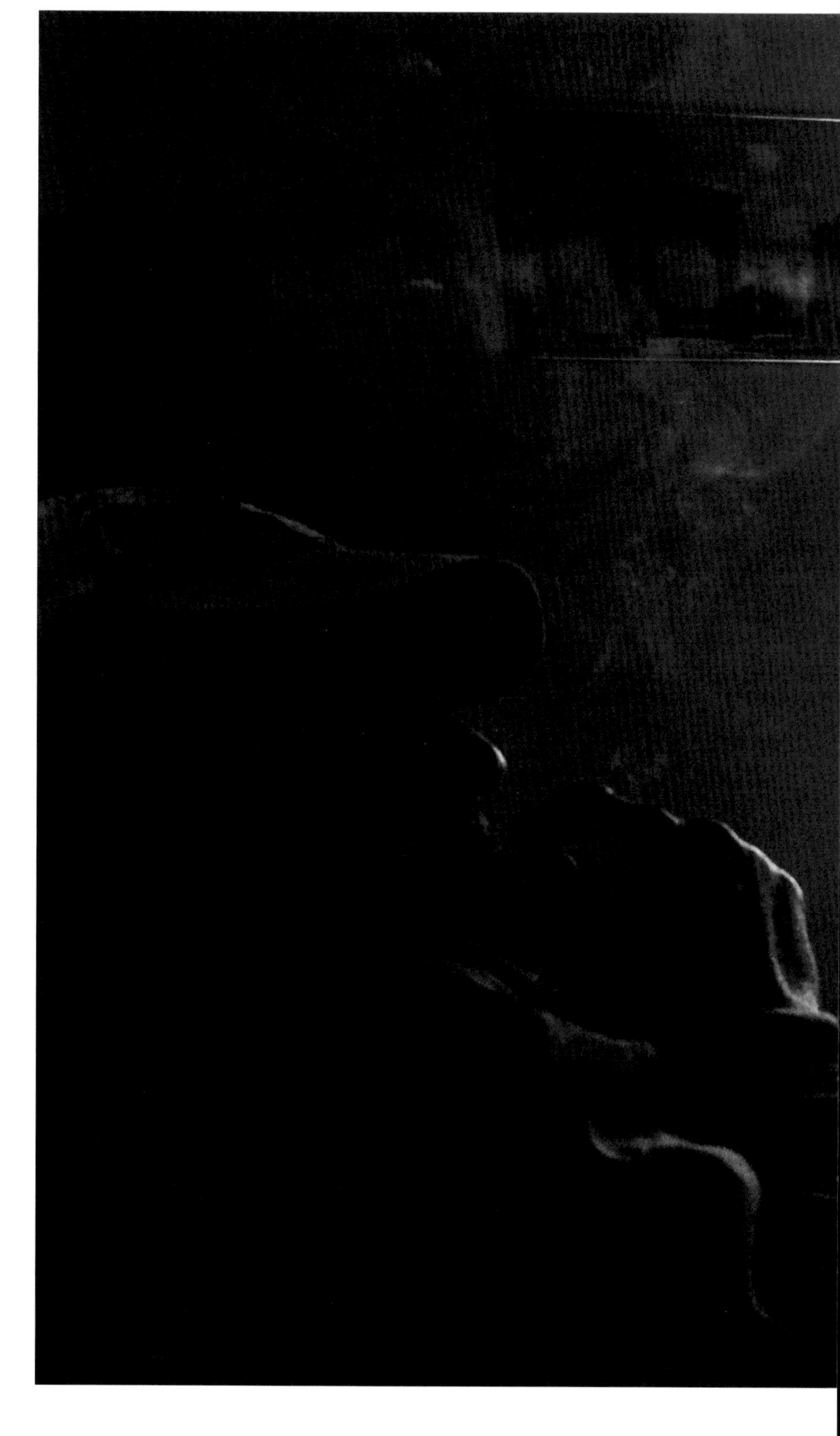

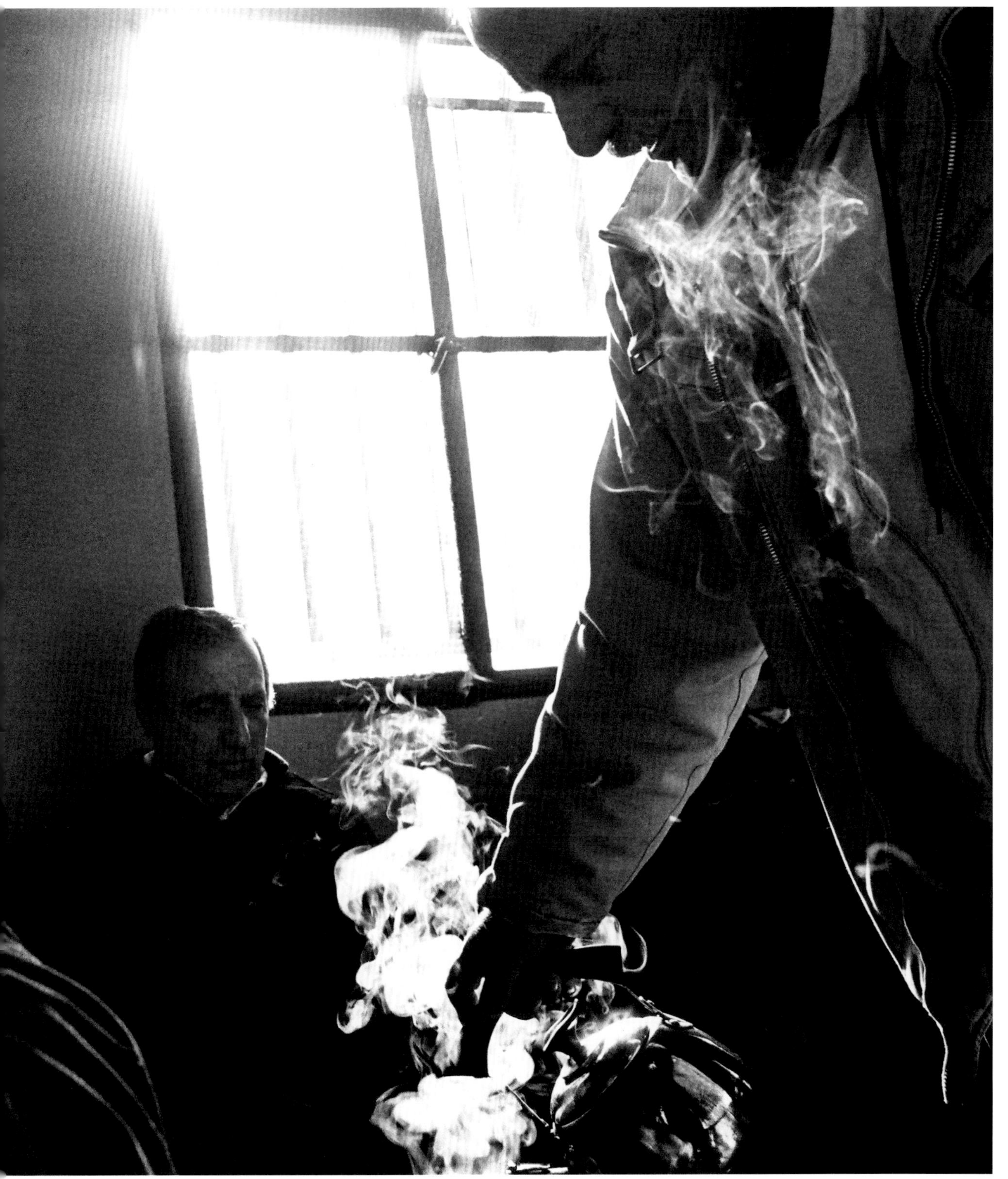

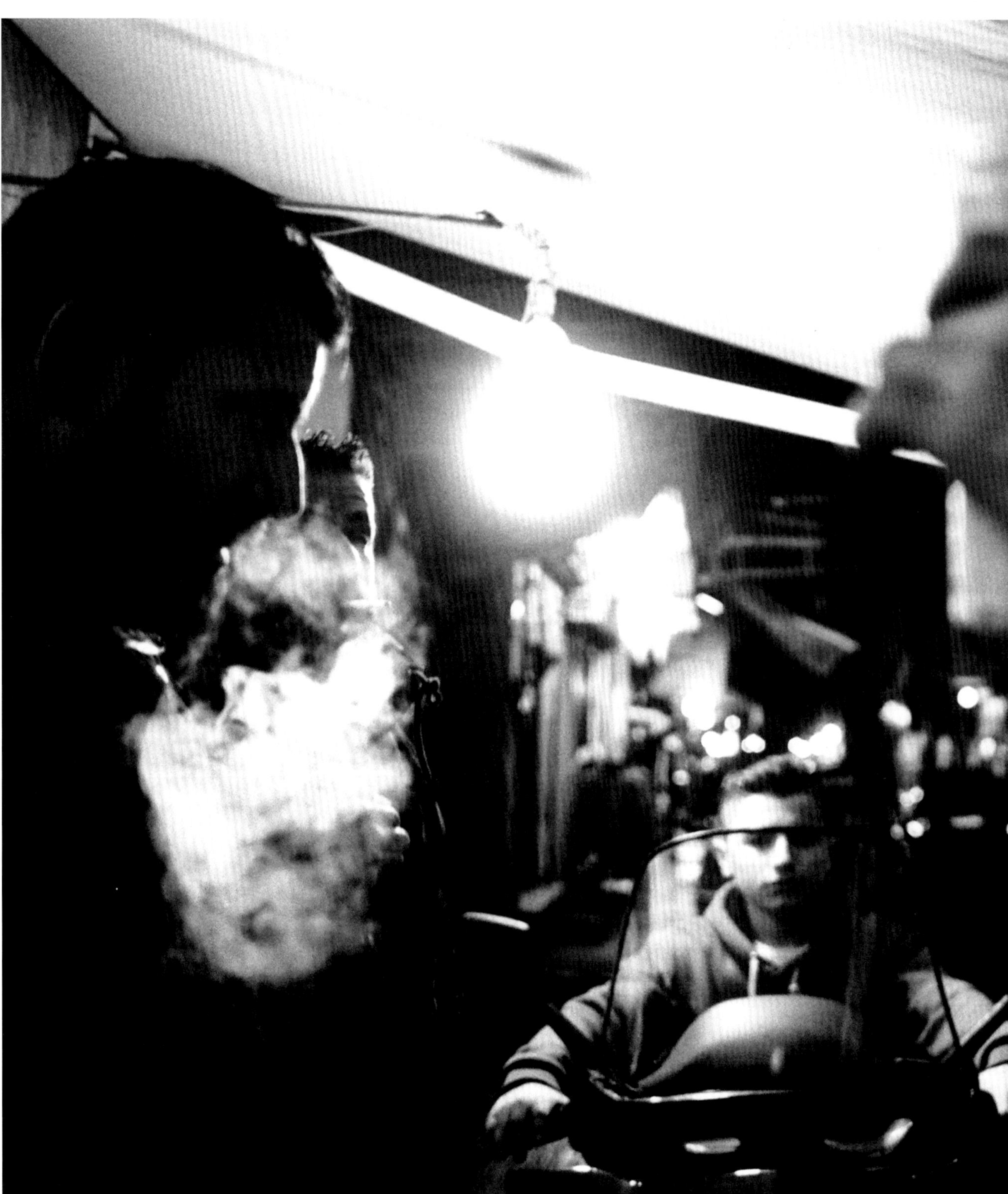

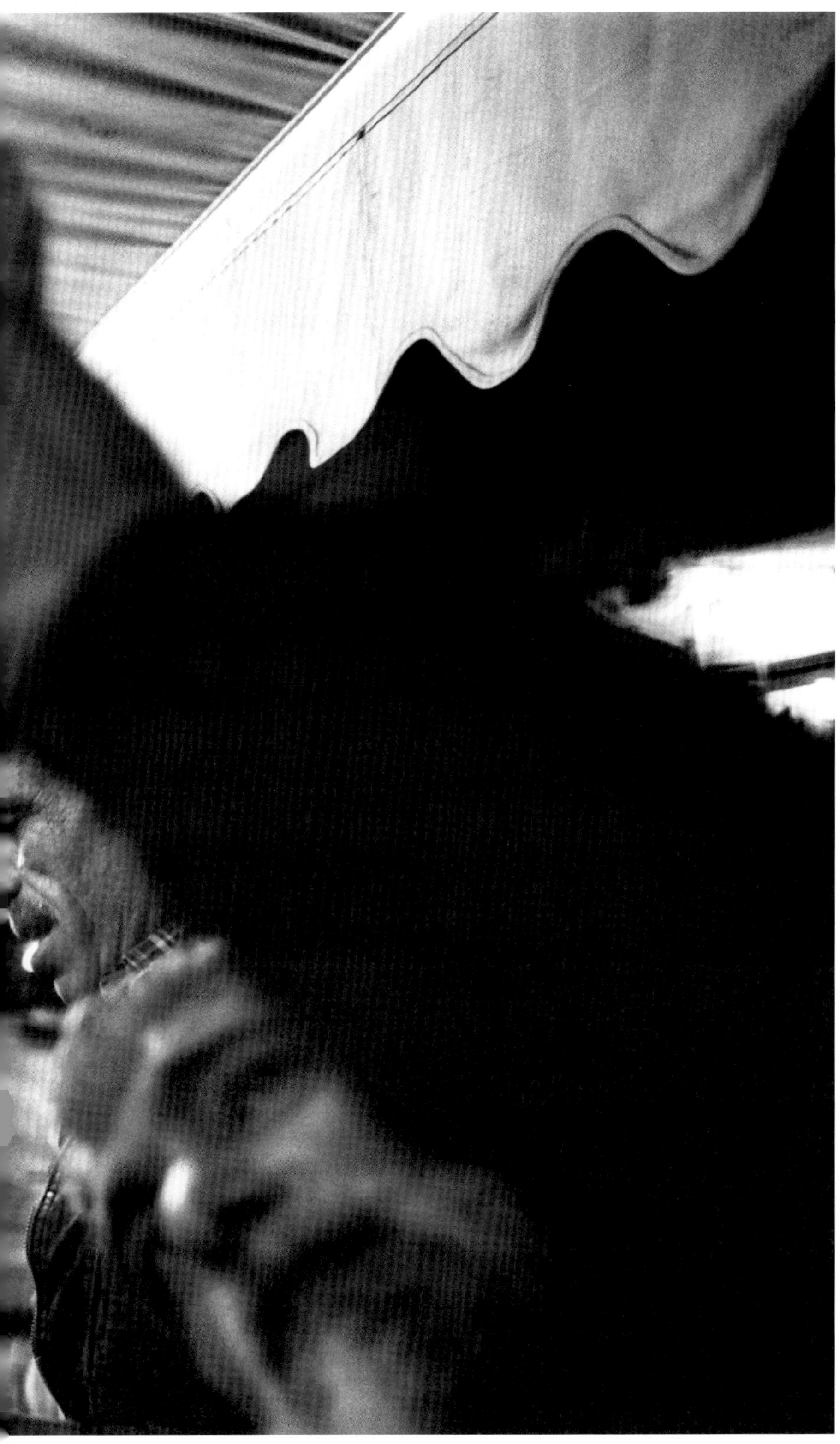

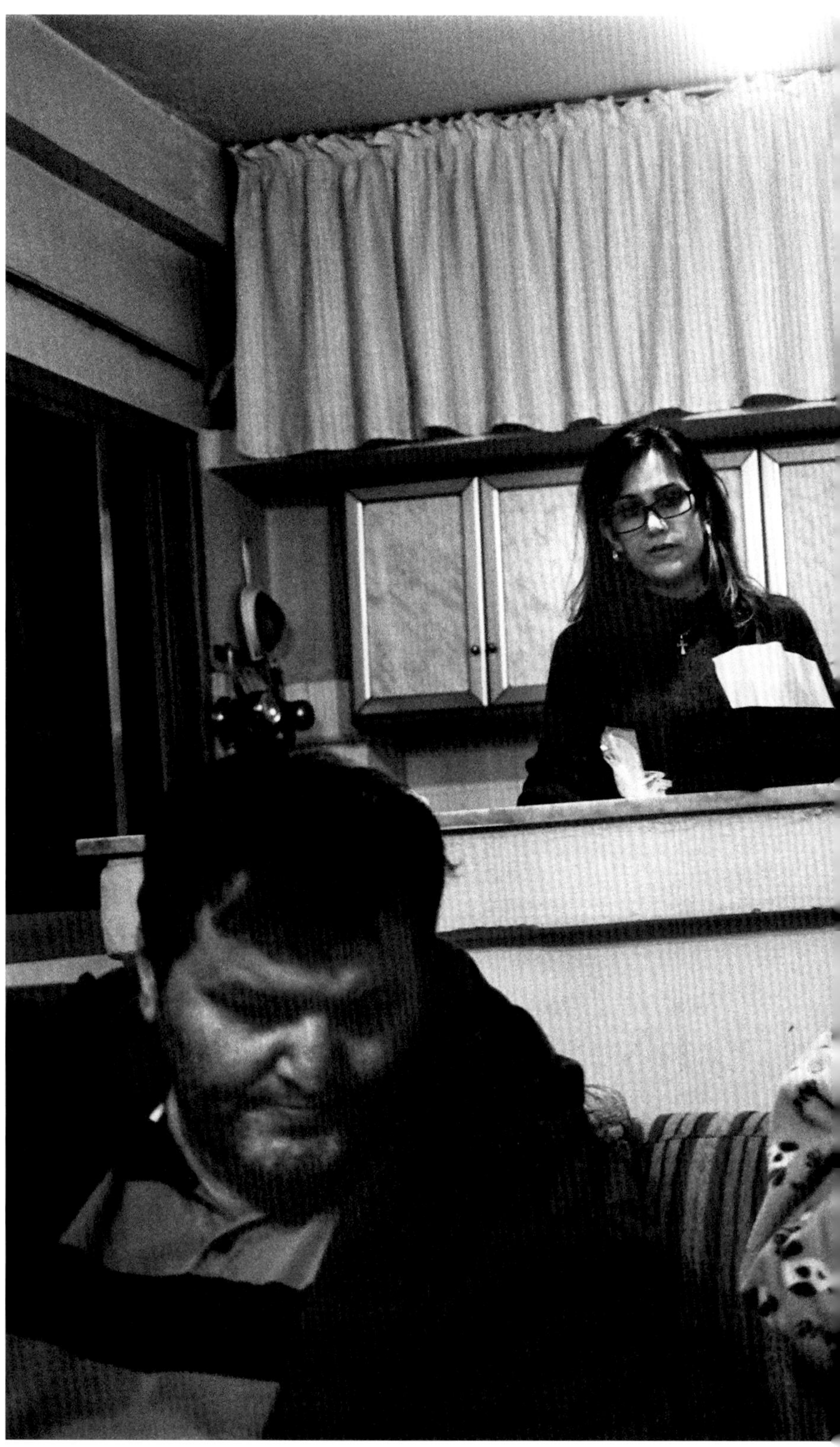

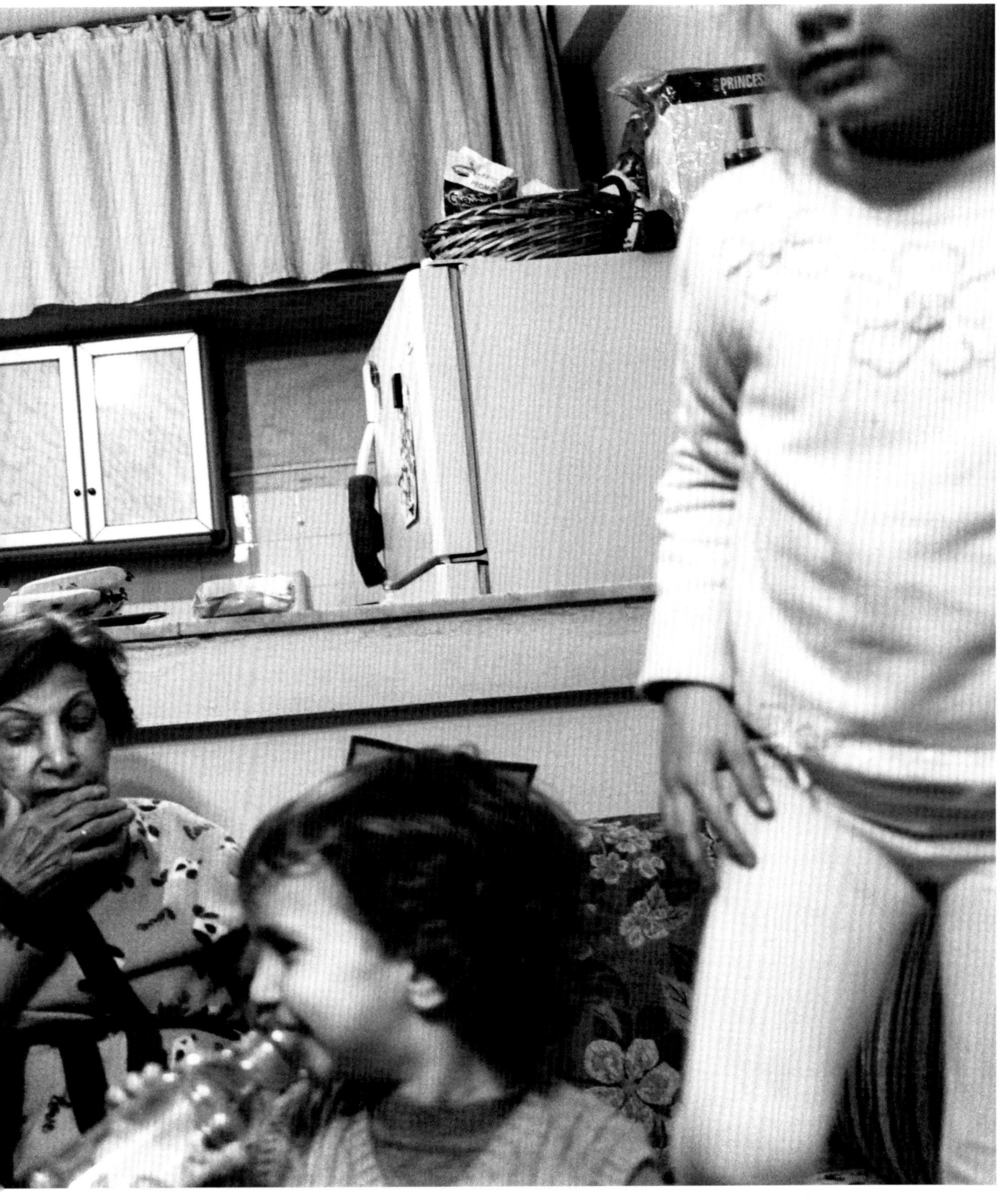
PRINCES

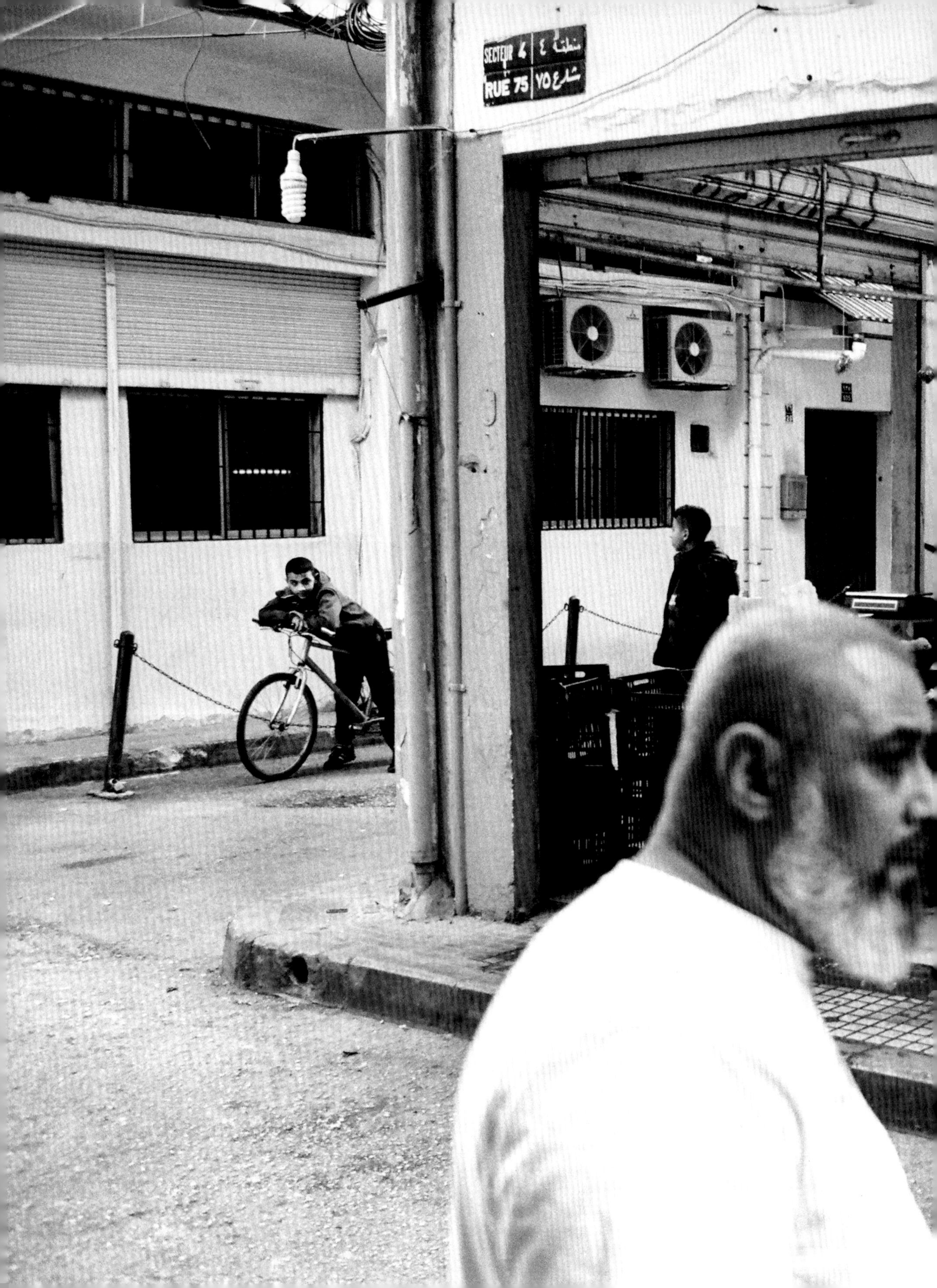
SECTEUR 4 | منطقة ٤
RUE 75 | شارع ٧٥

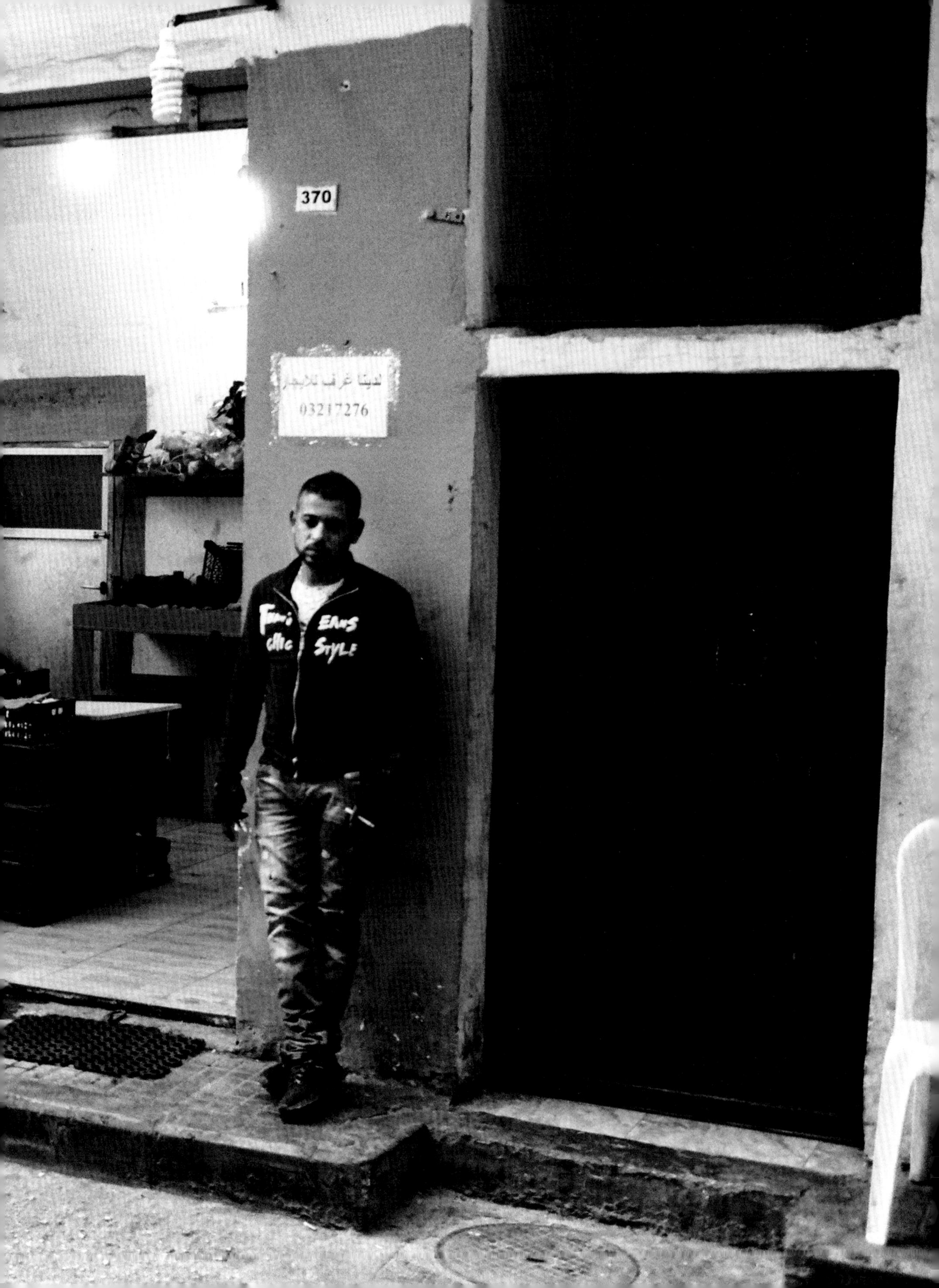
370
لدينا غرف للايجار
03217276
STYLE

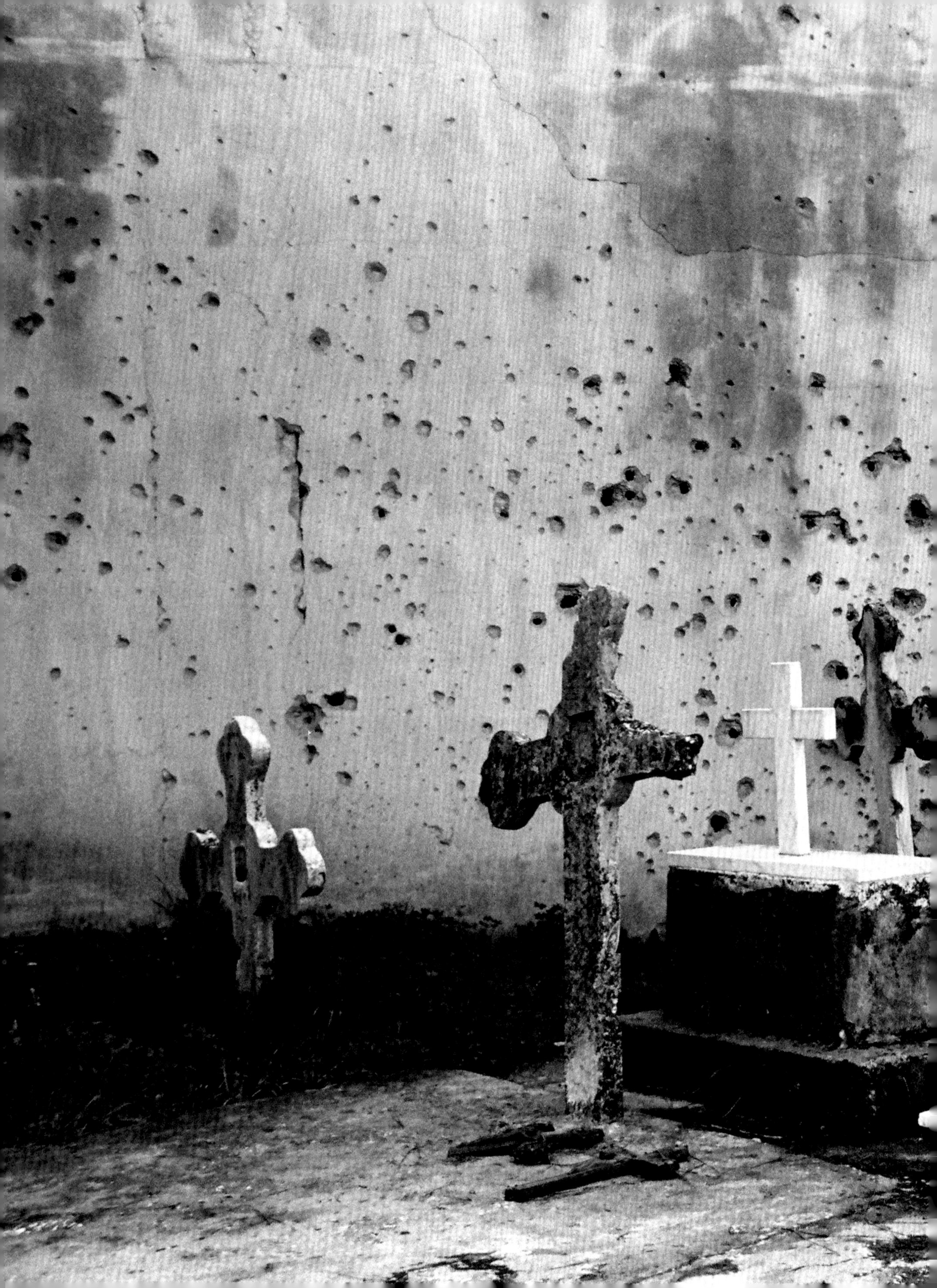

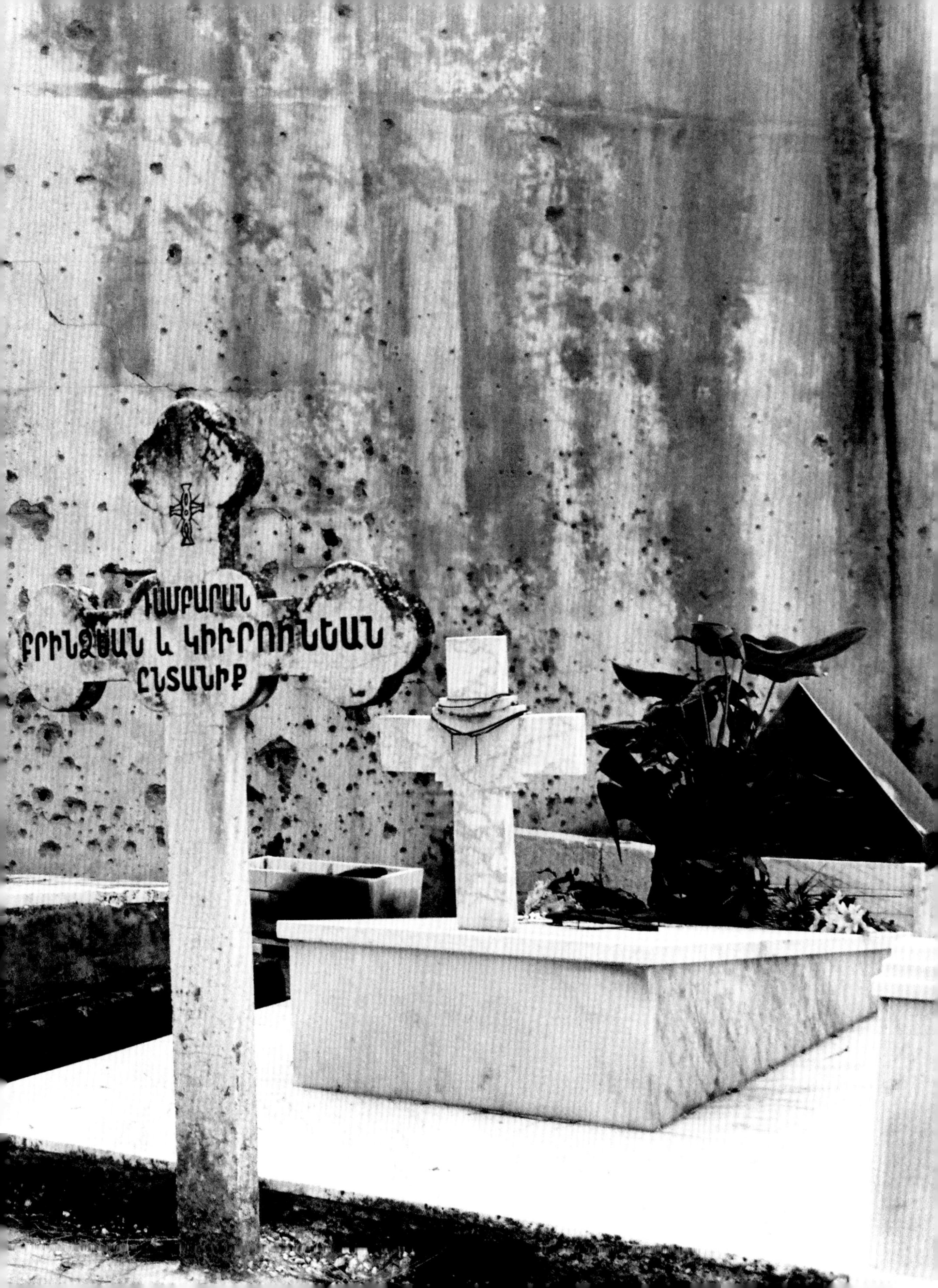
ԴԱՄԲԱՐԱՆ
ԲՐԻՆՋԵԱՆ և ԿԻՐՐՈՃՆԵԱՆ
ԸՆՏԱՆԻՔ

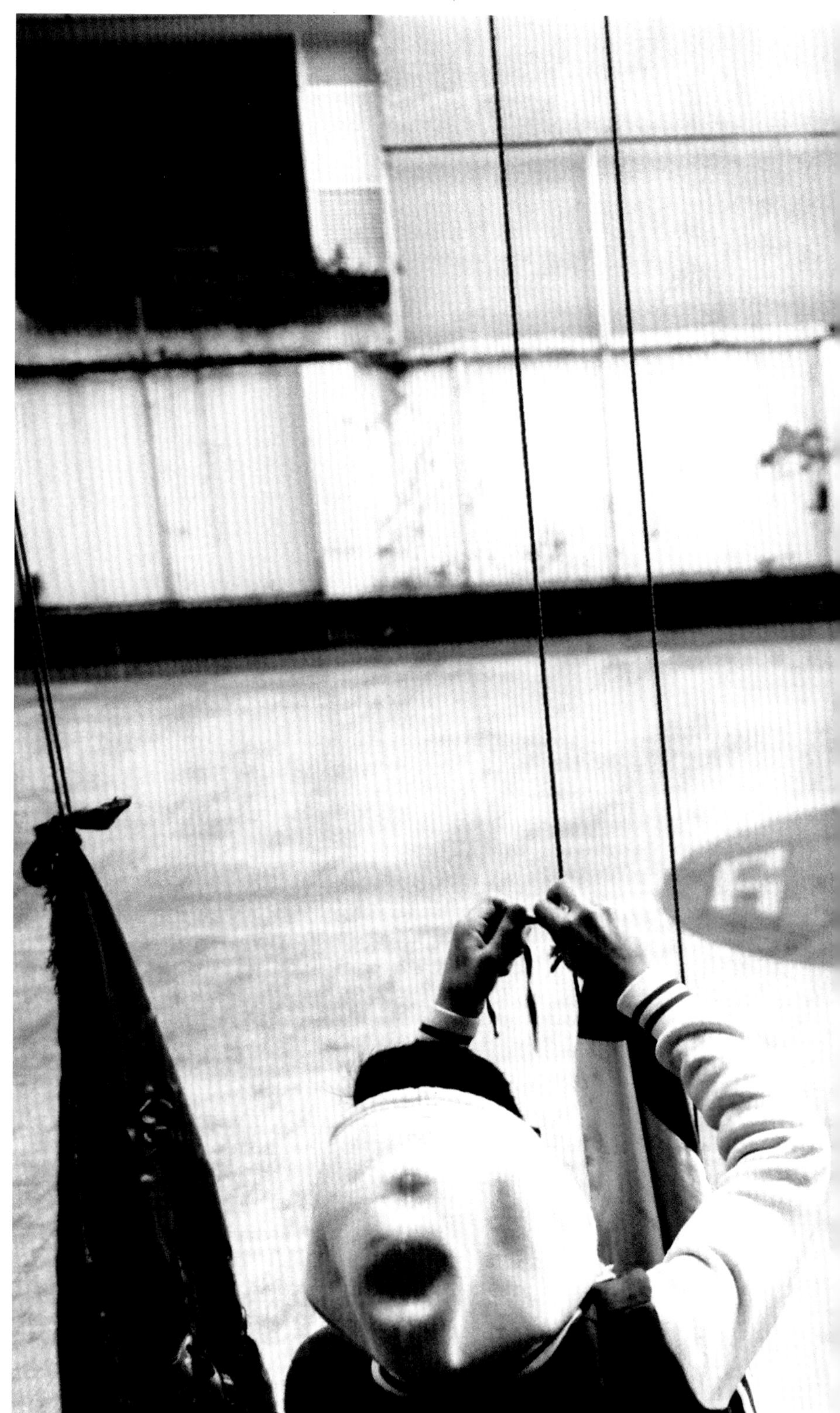

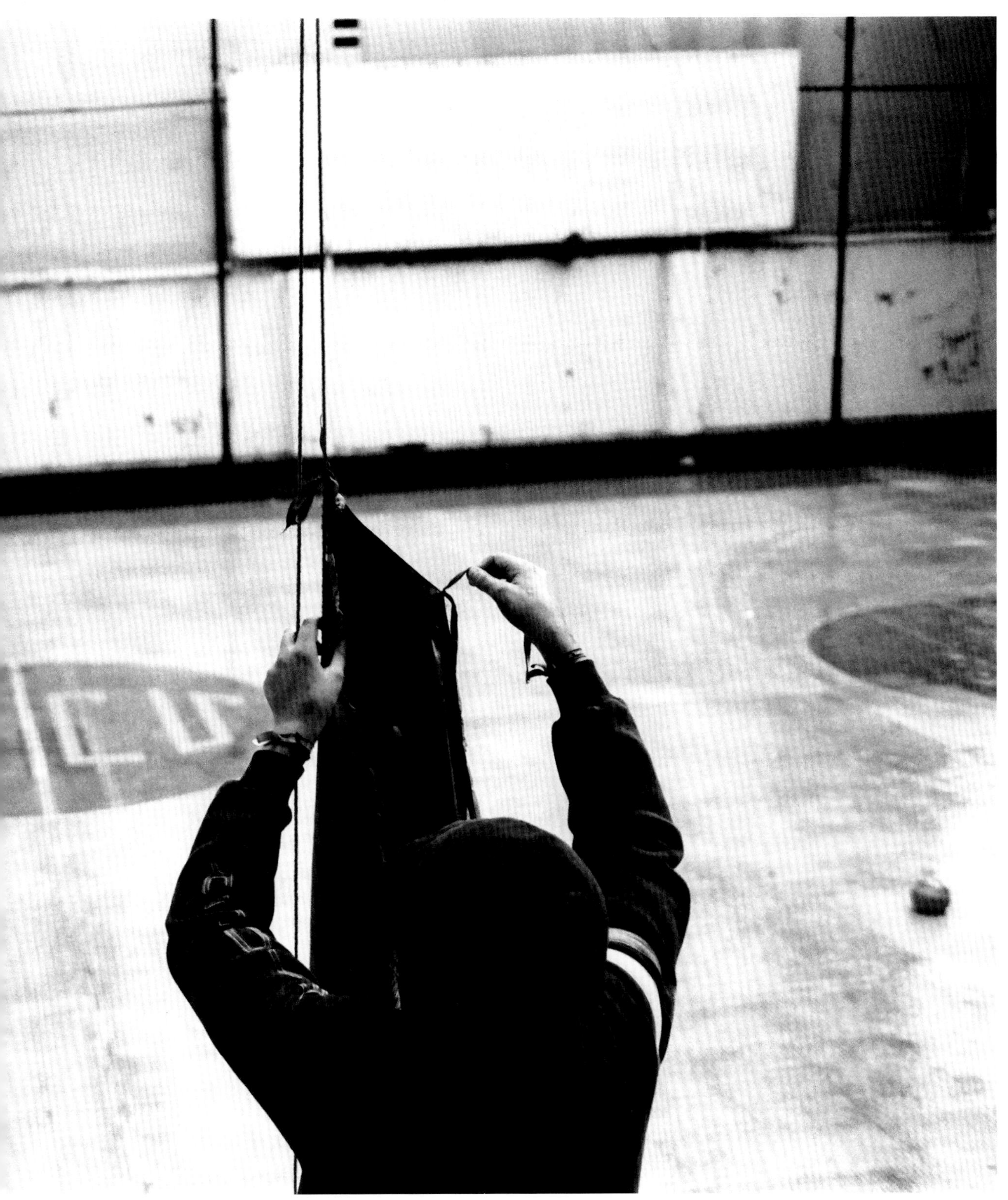

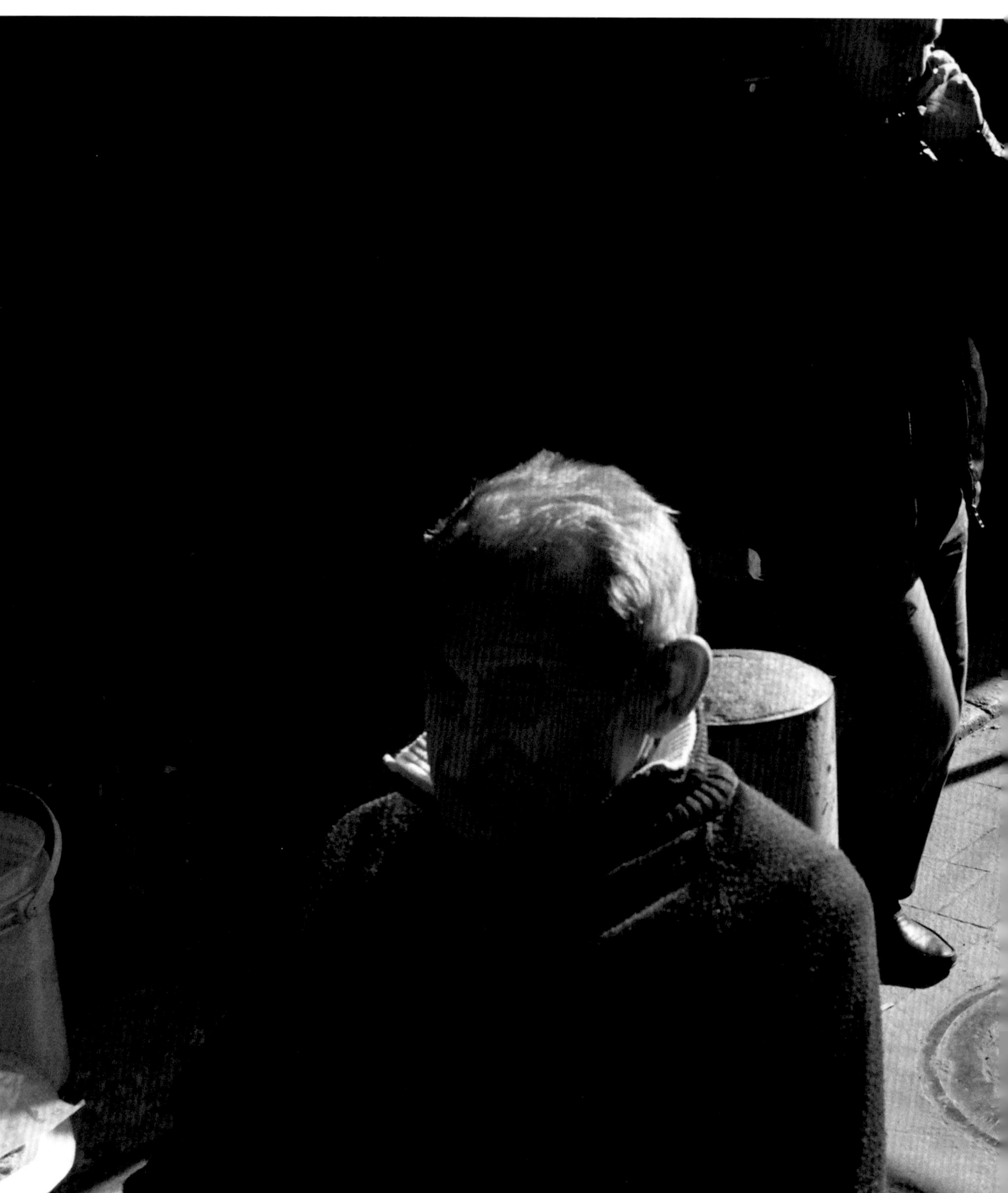

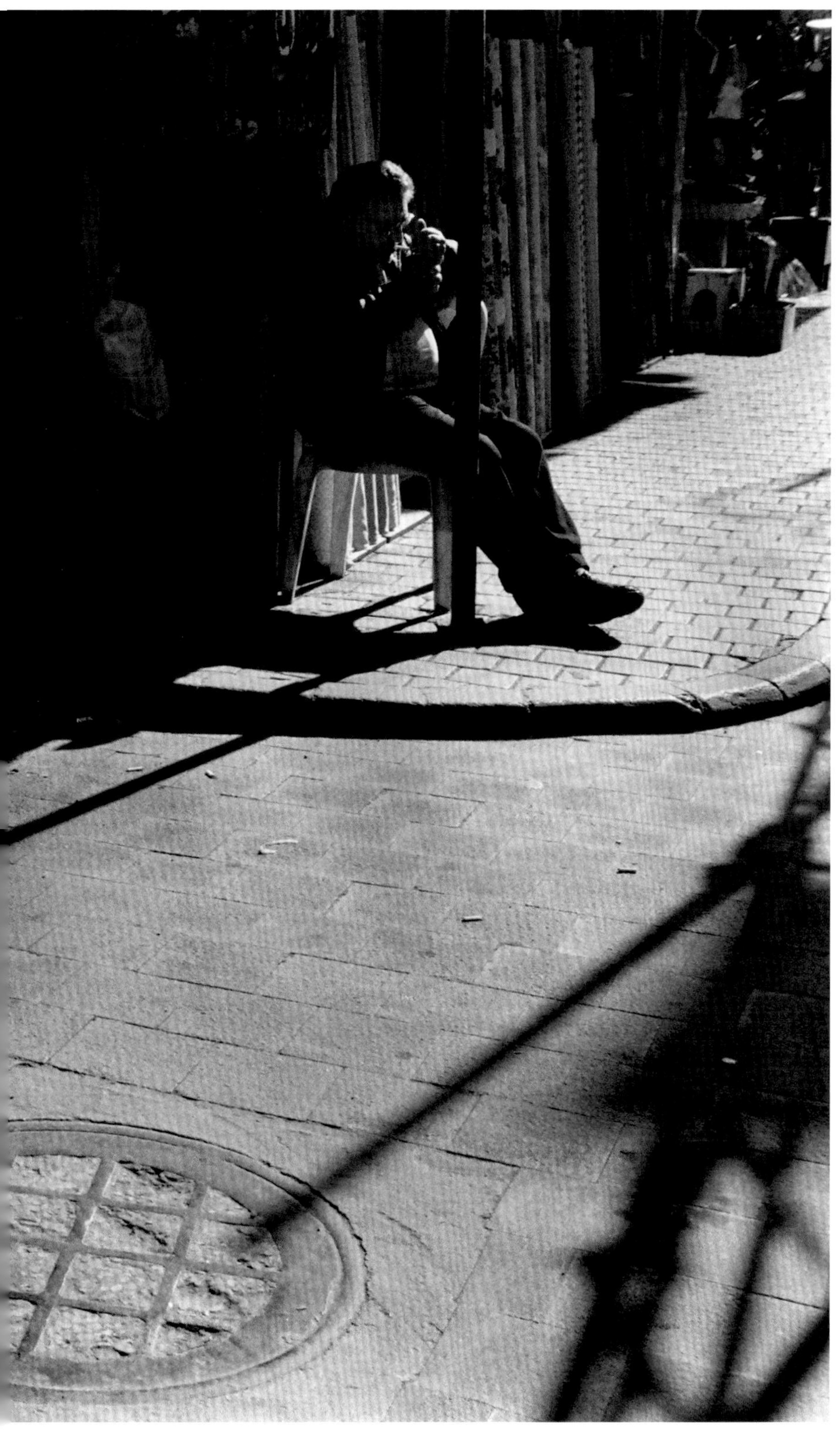

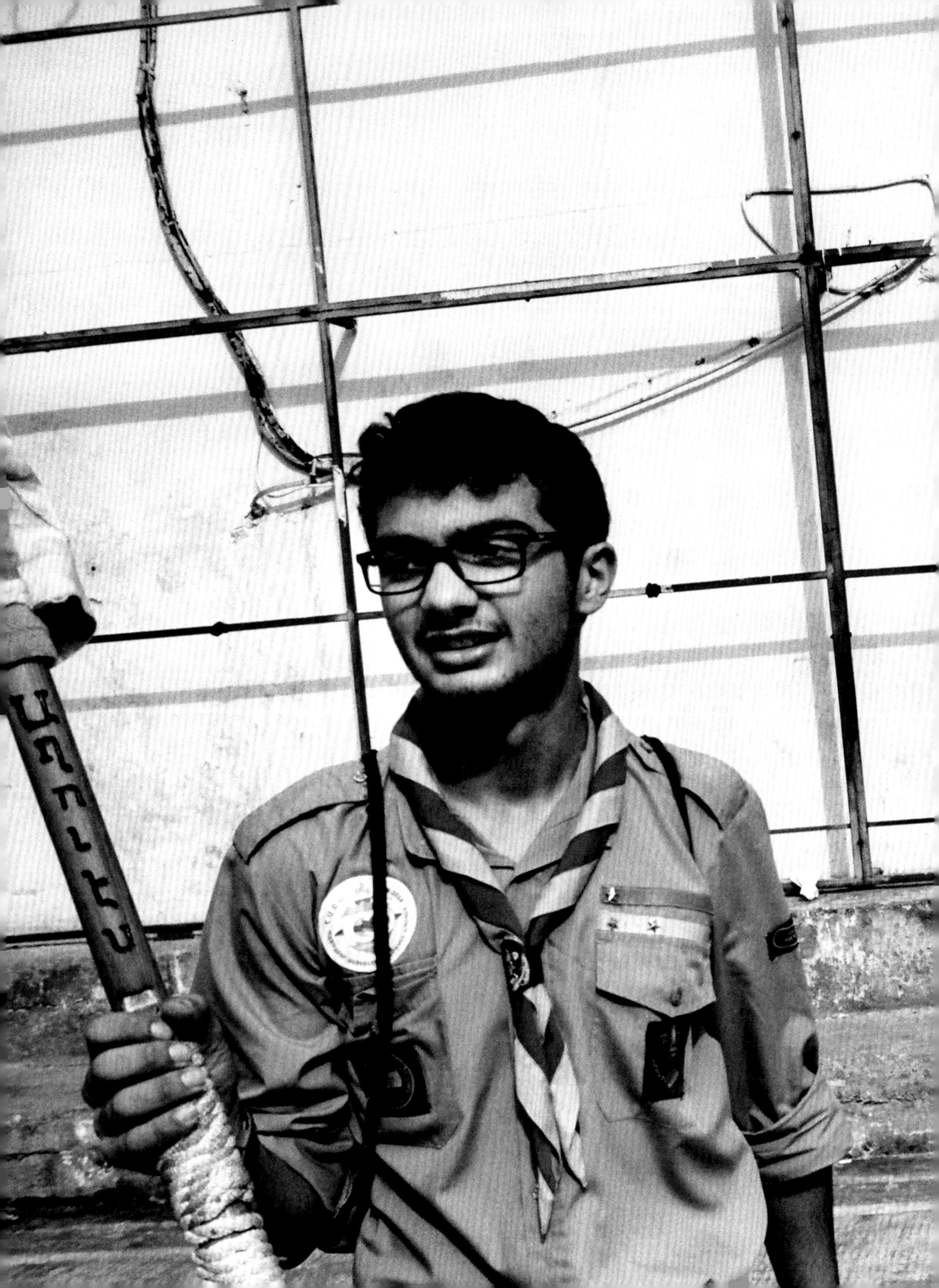

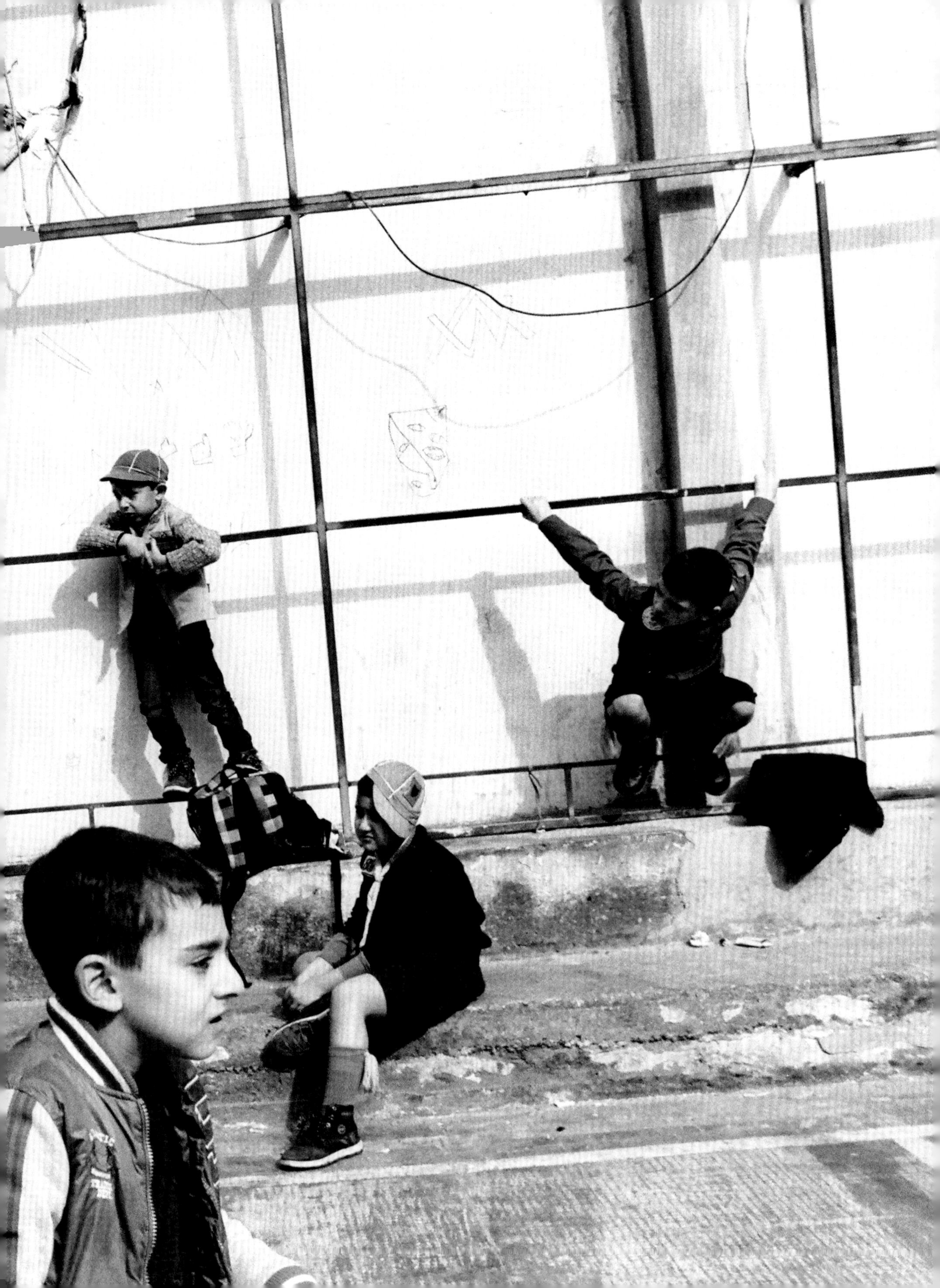

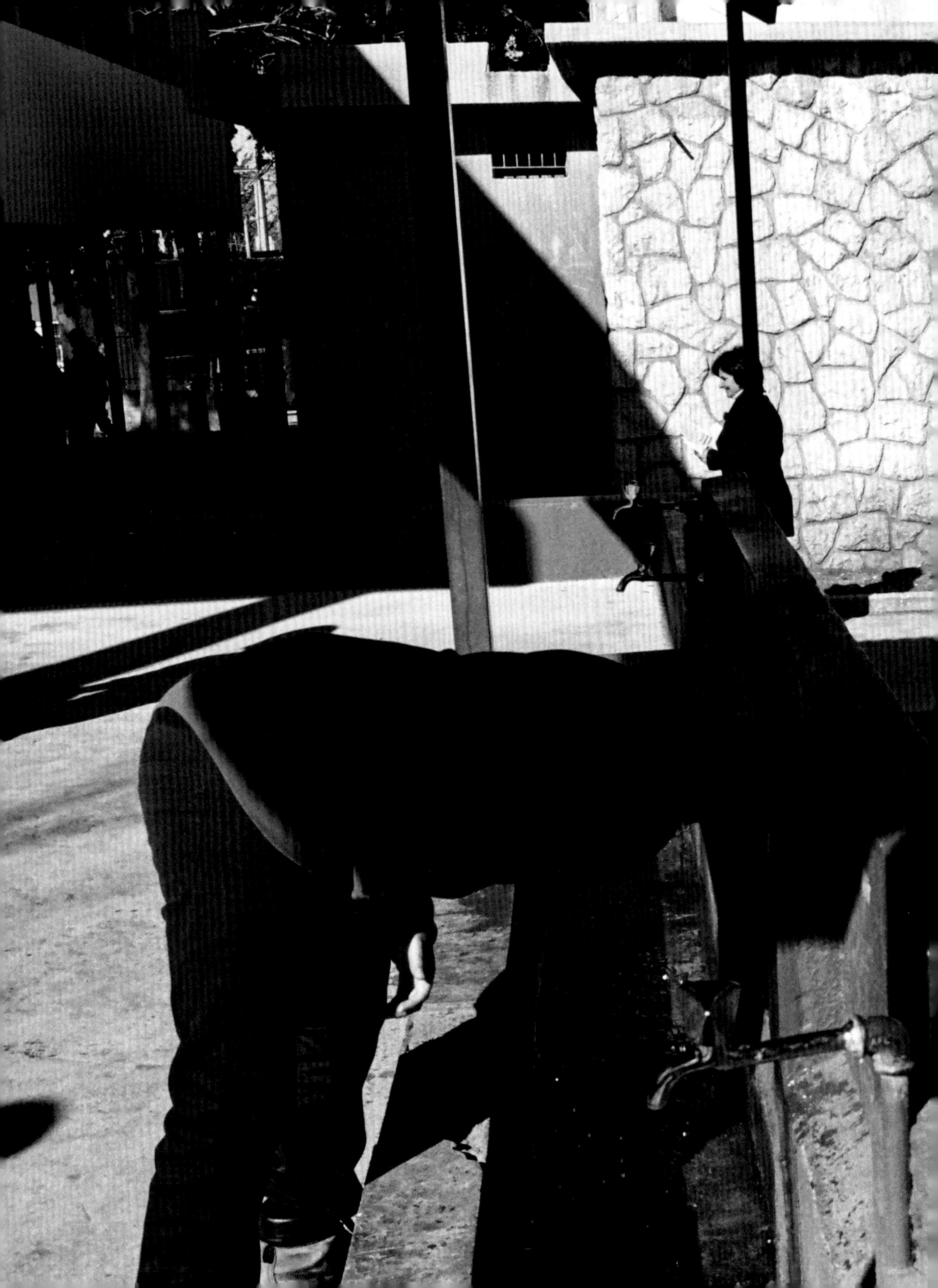

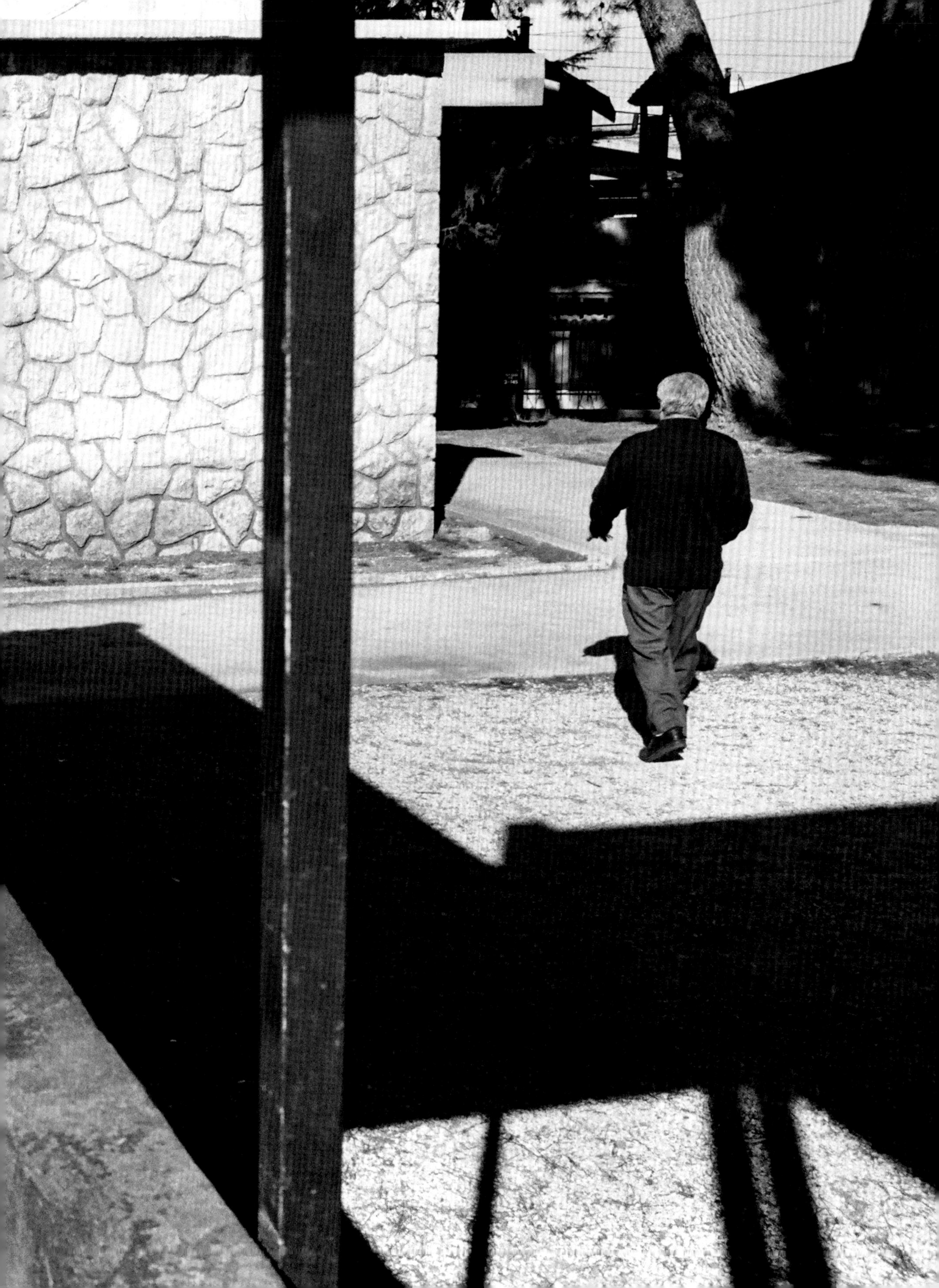

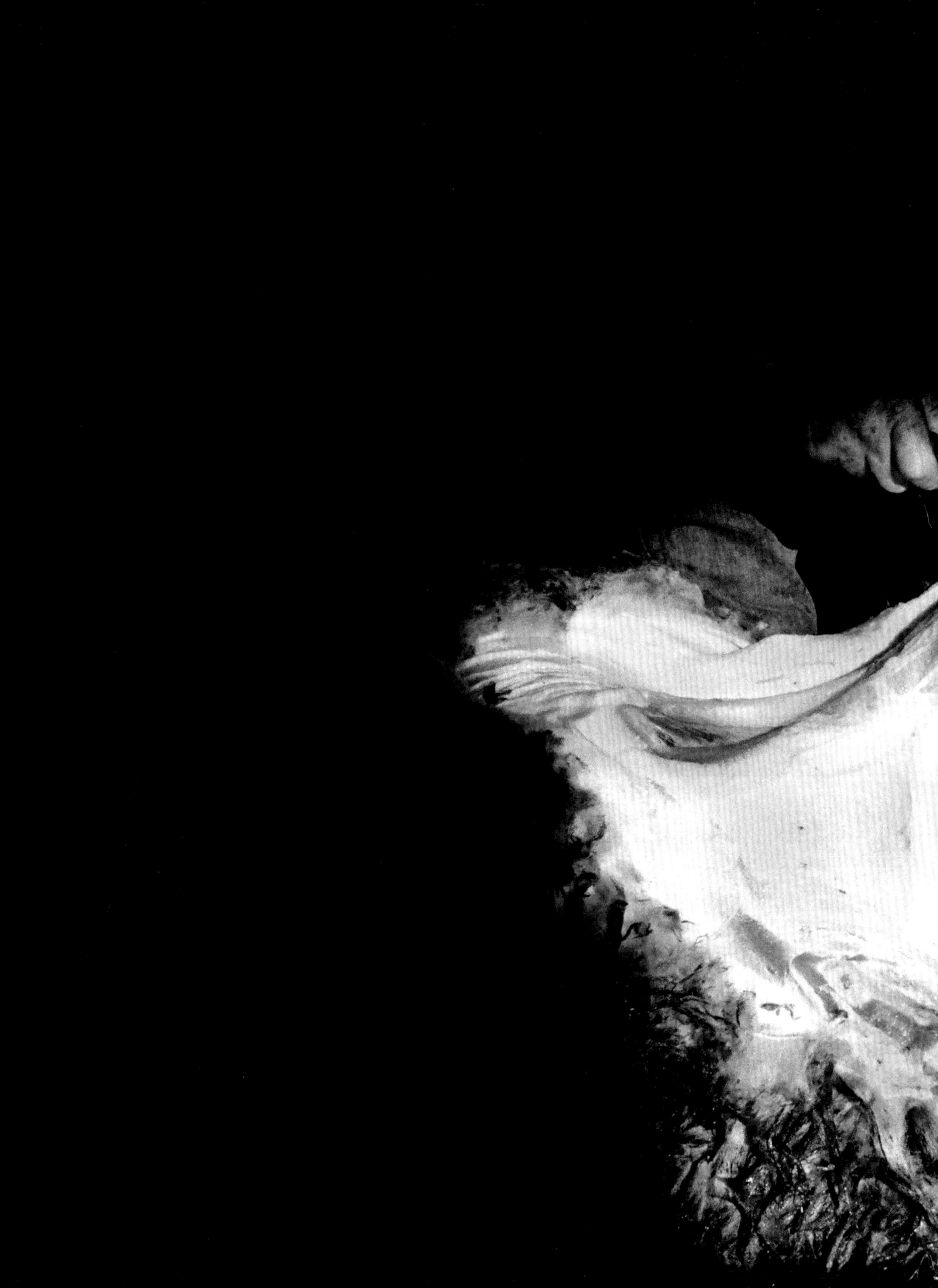

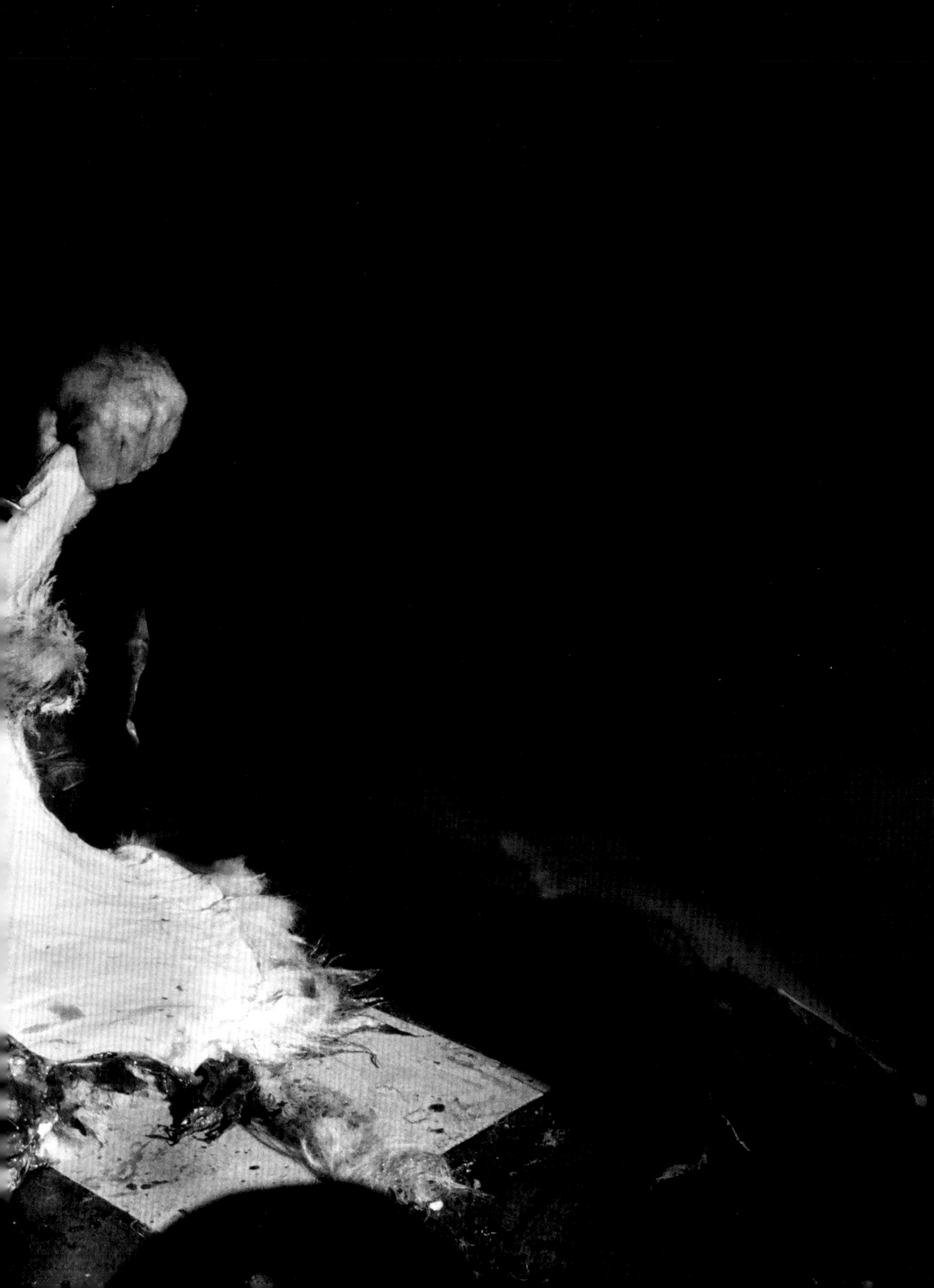

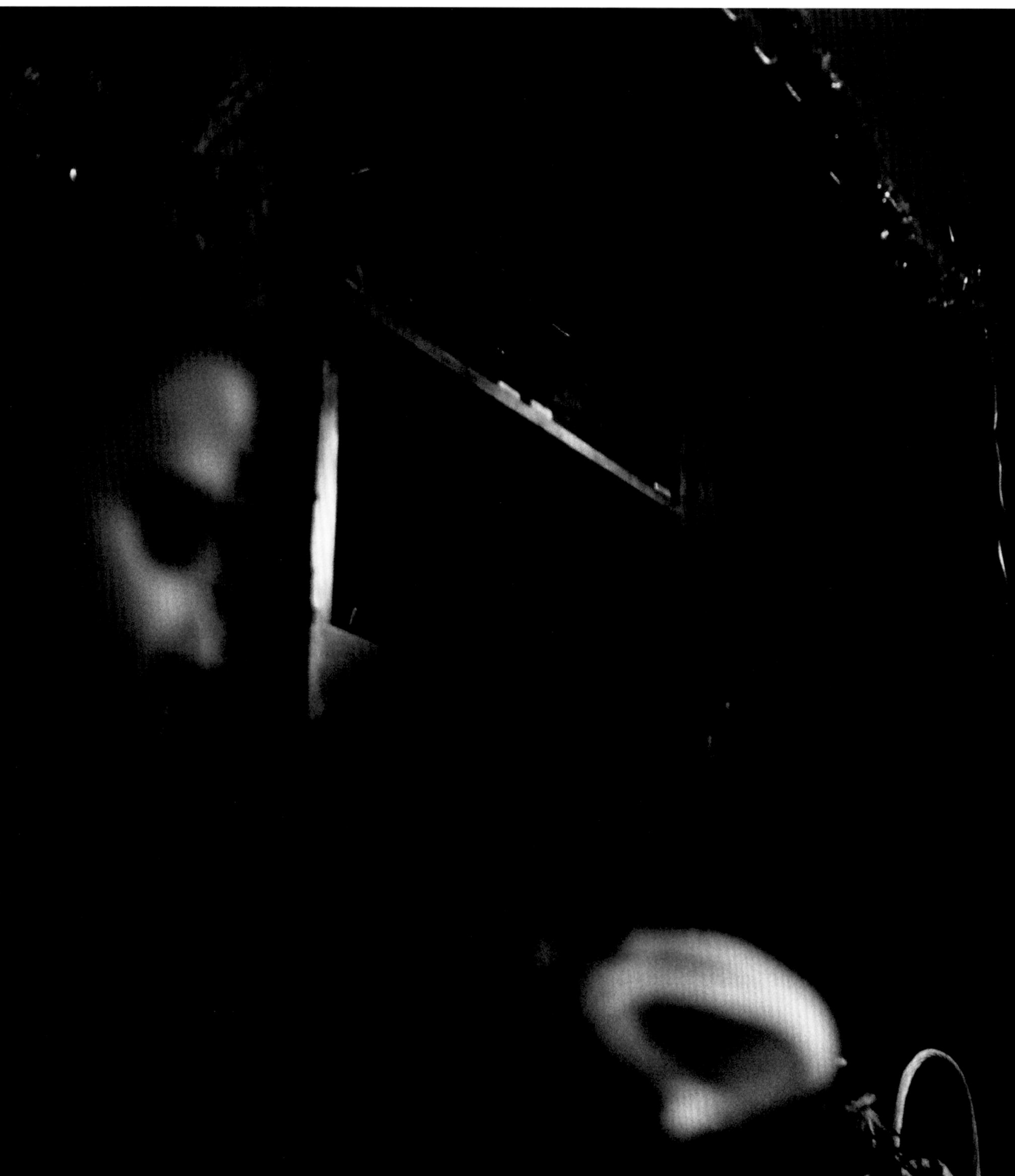

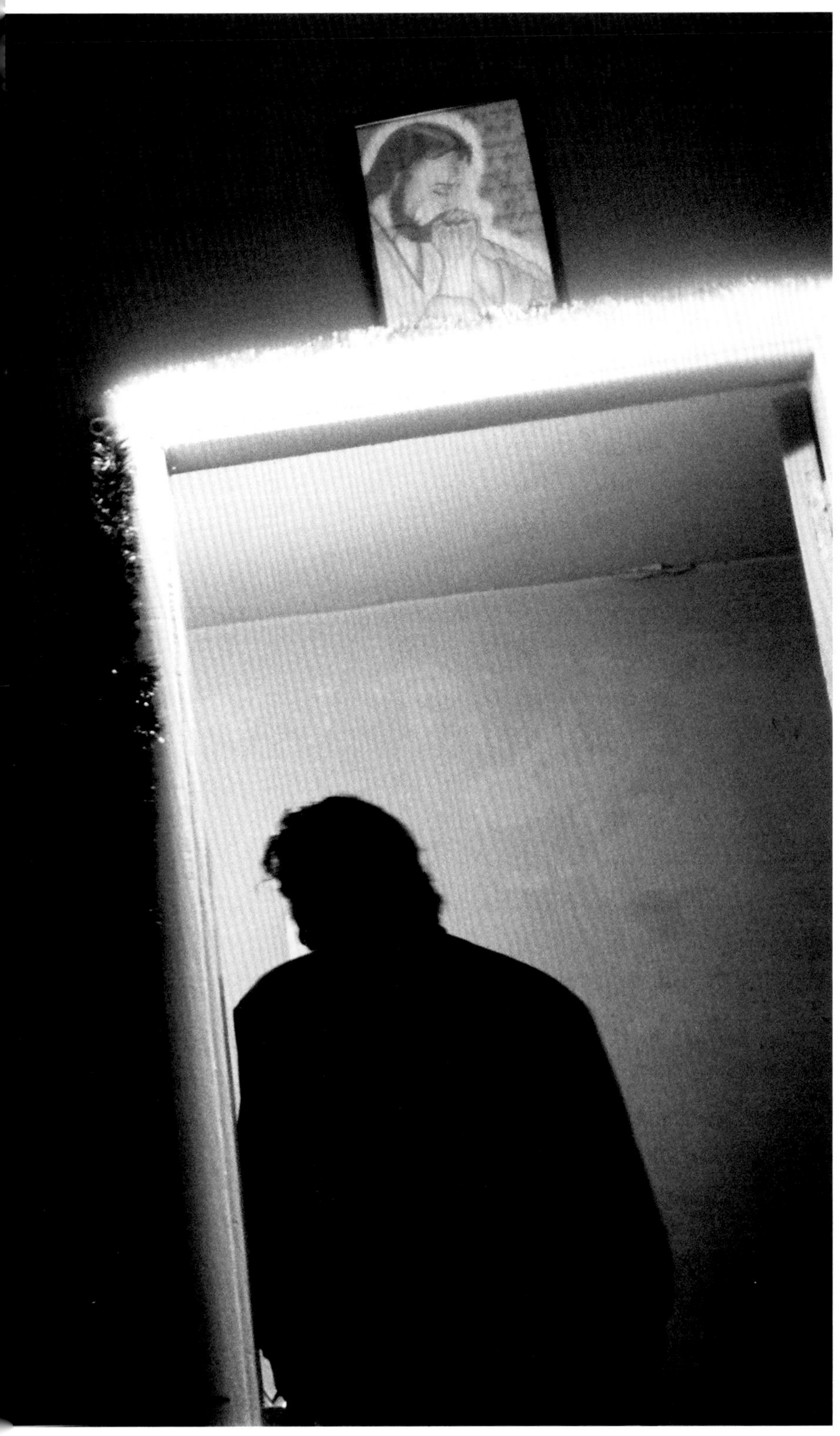

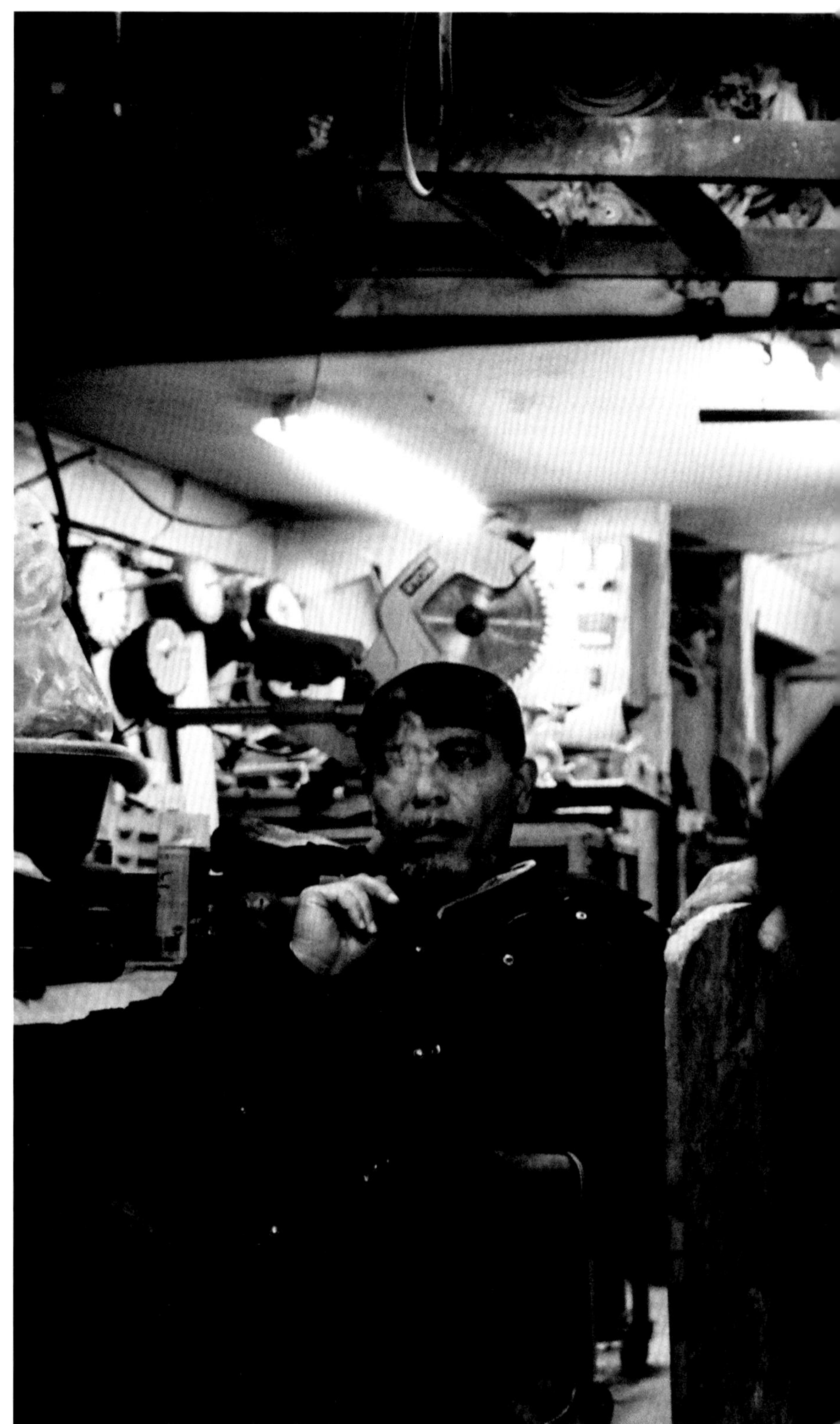

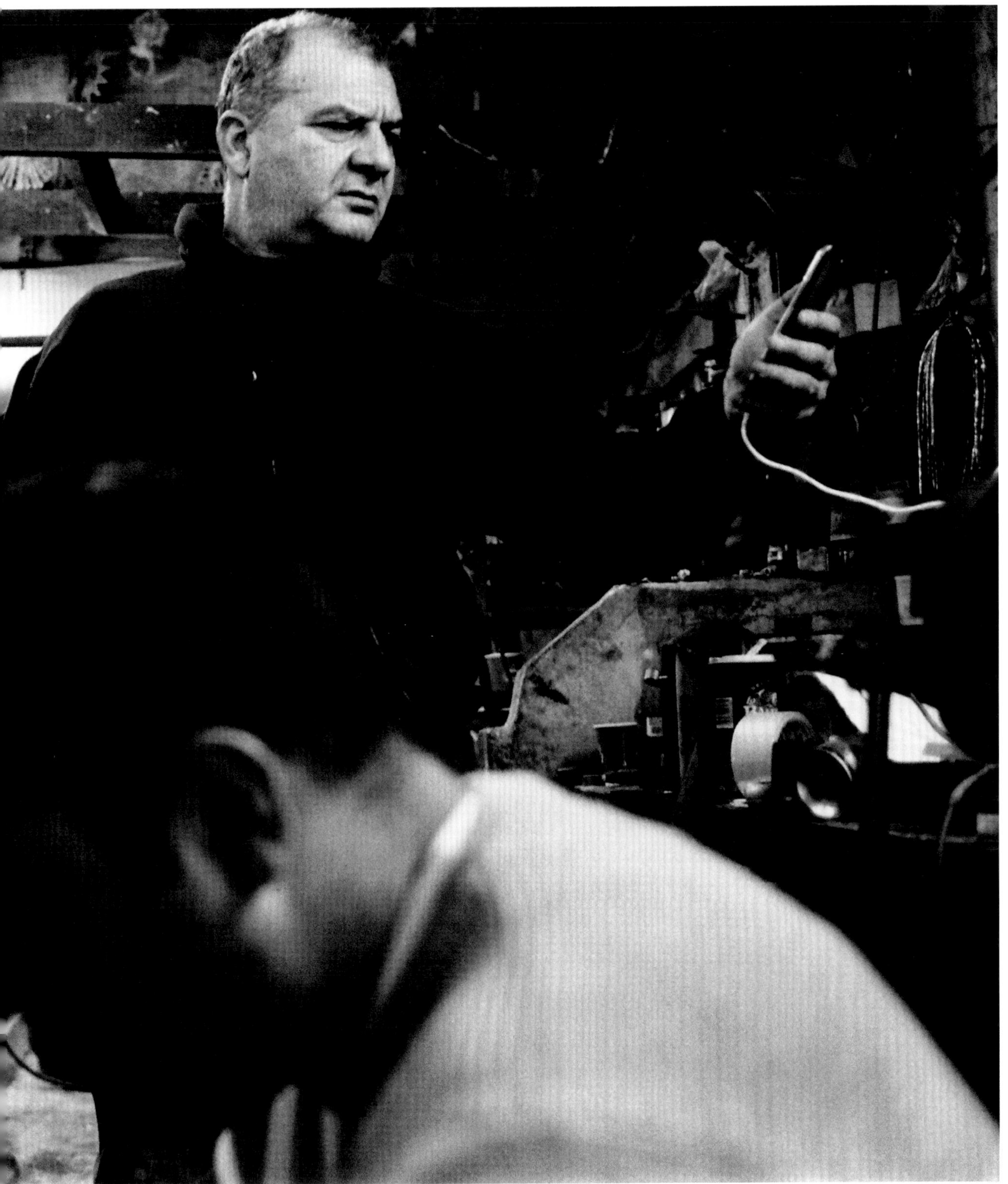

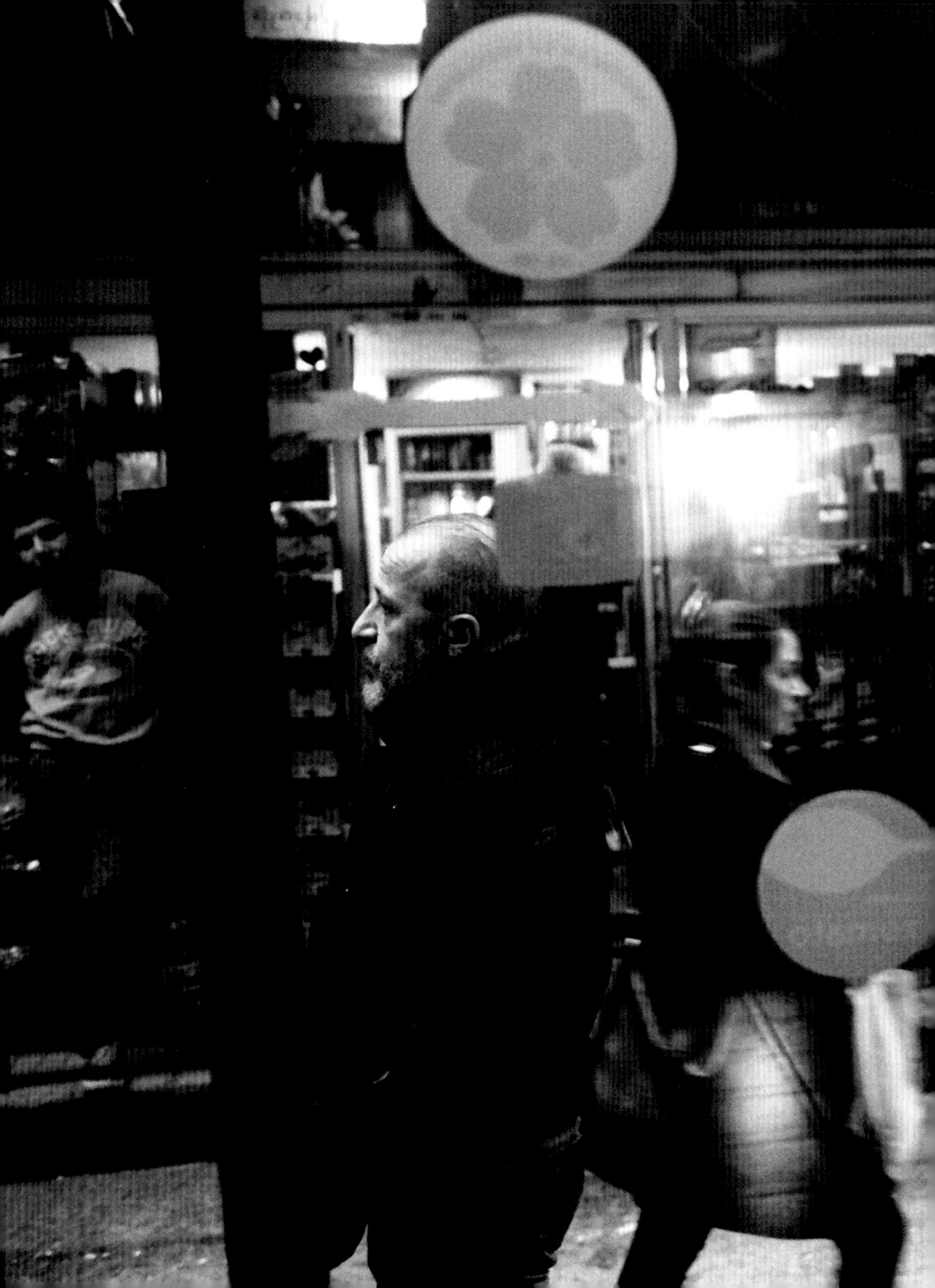

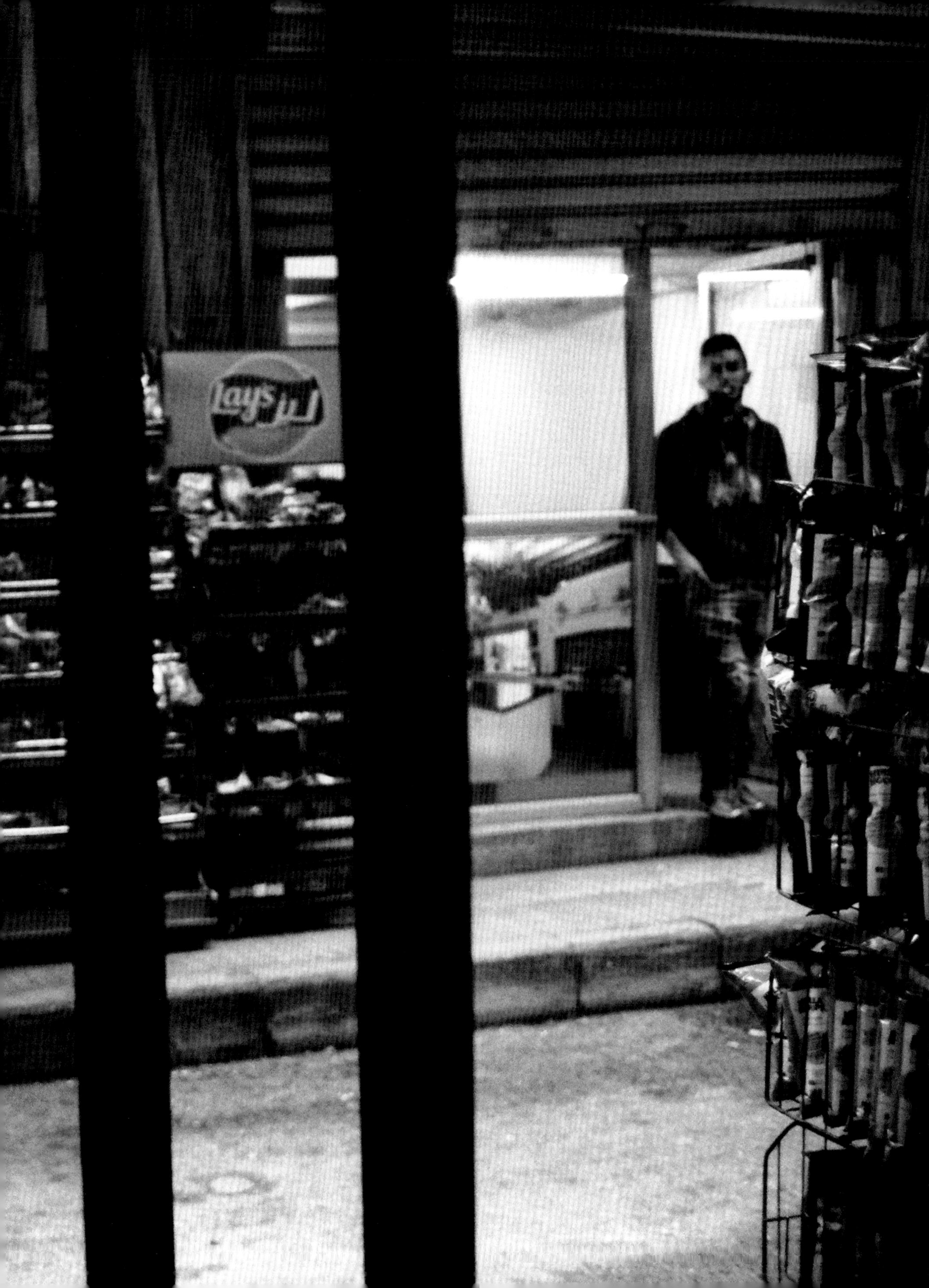
lays

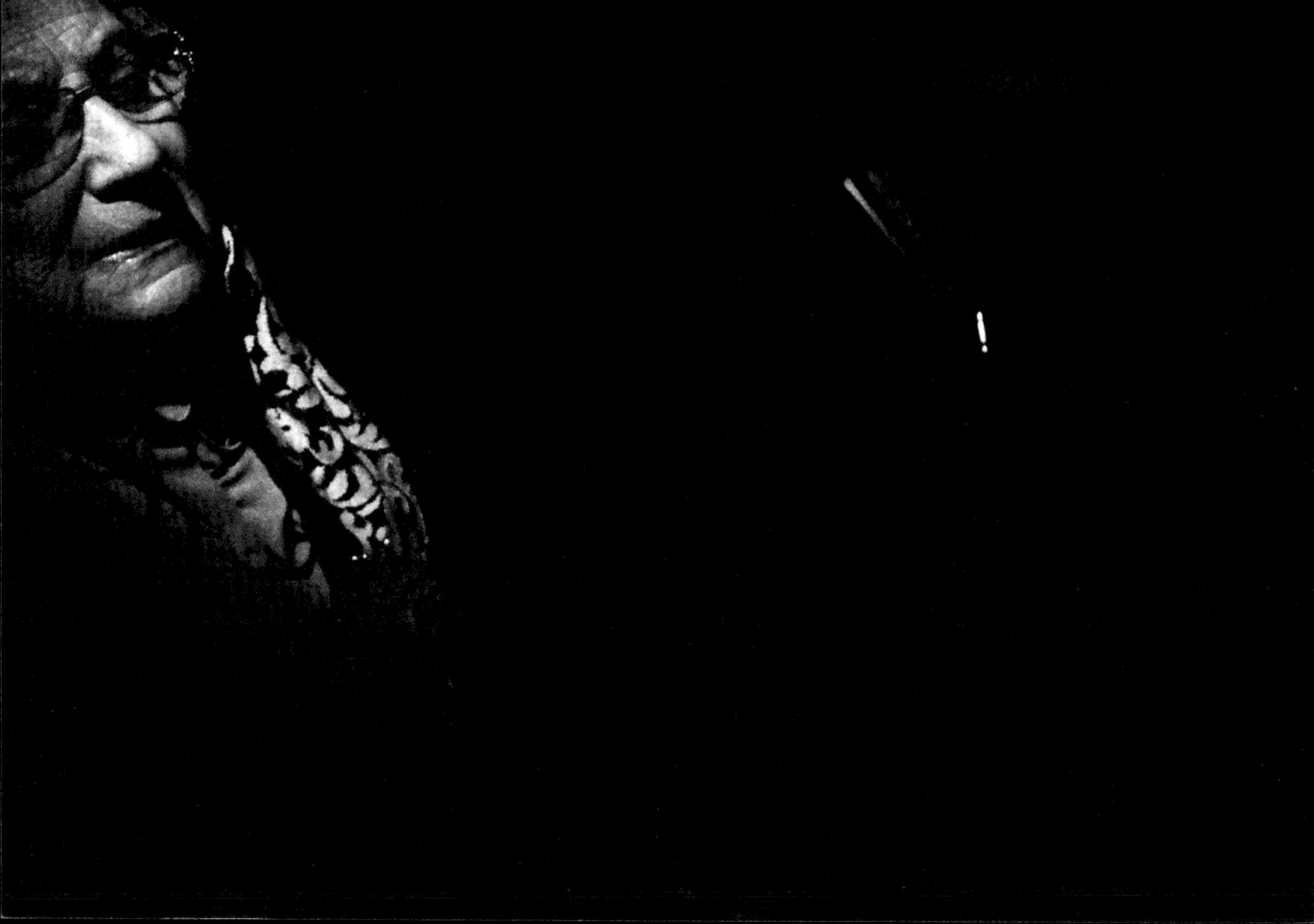

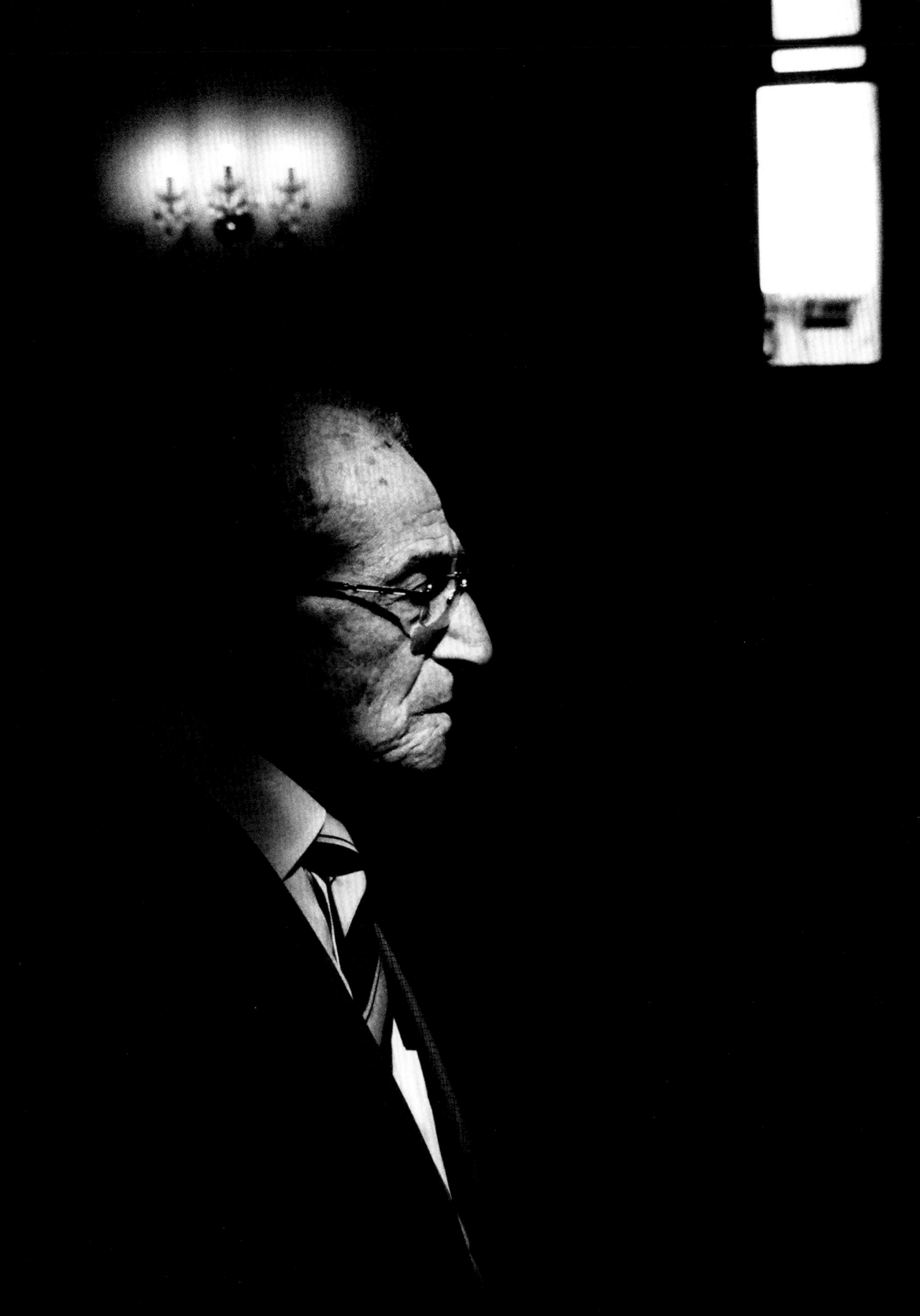

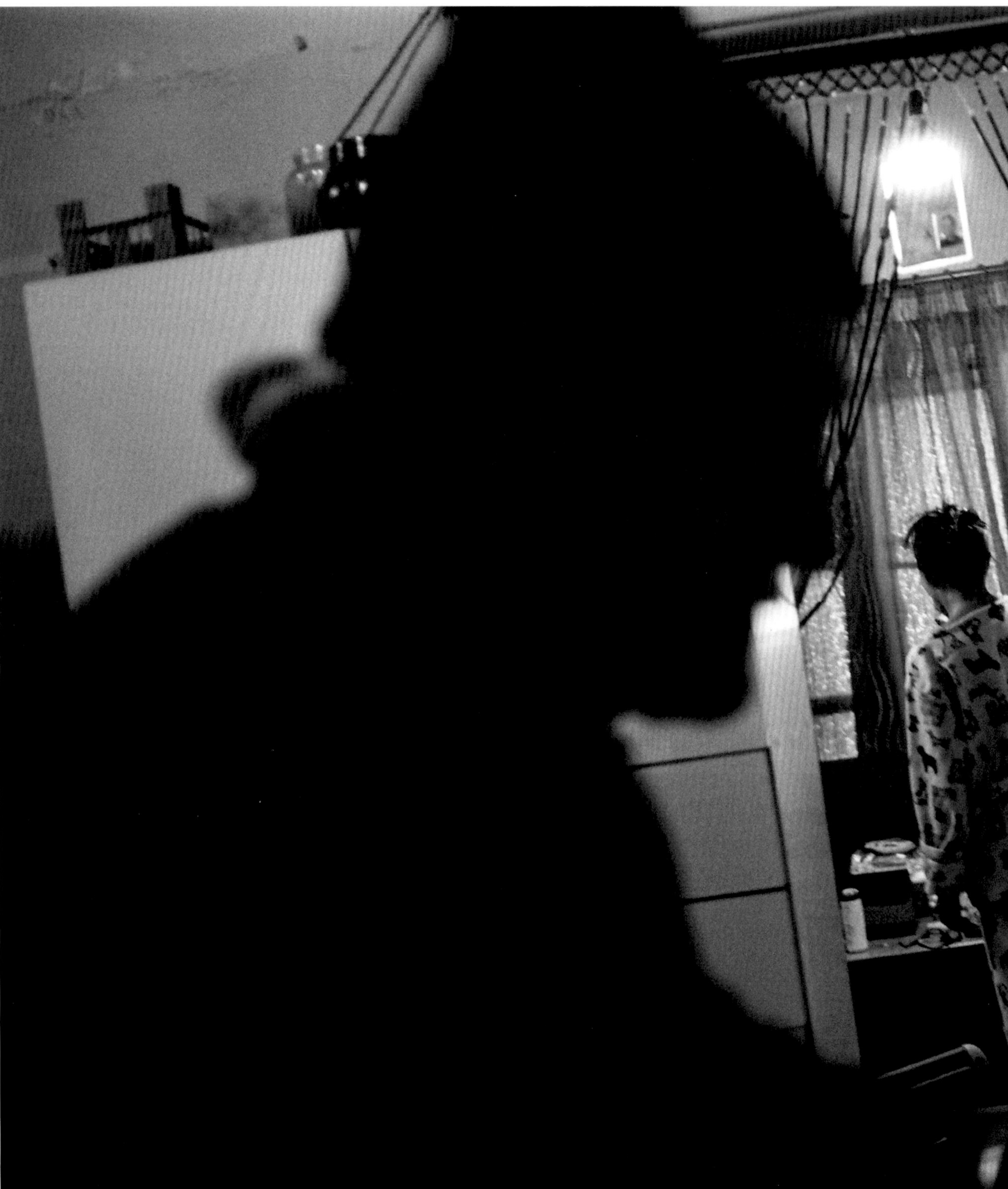

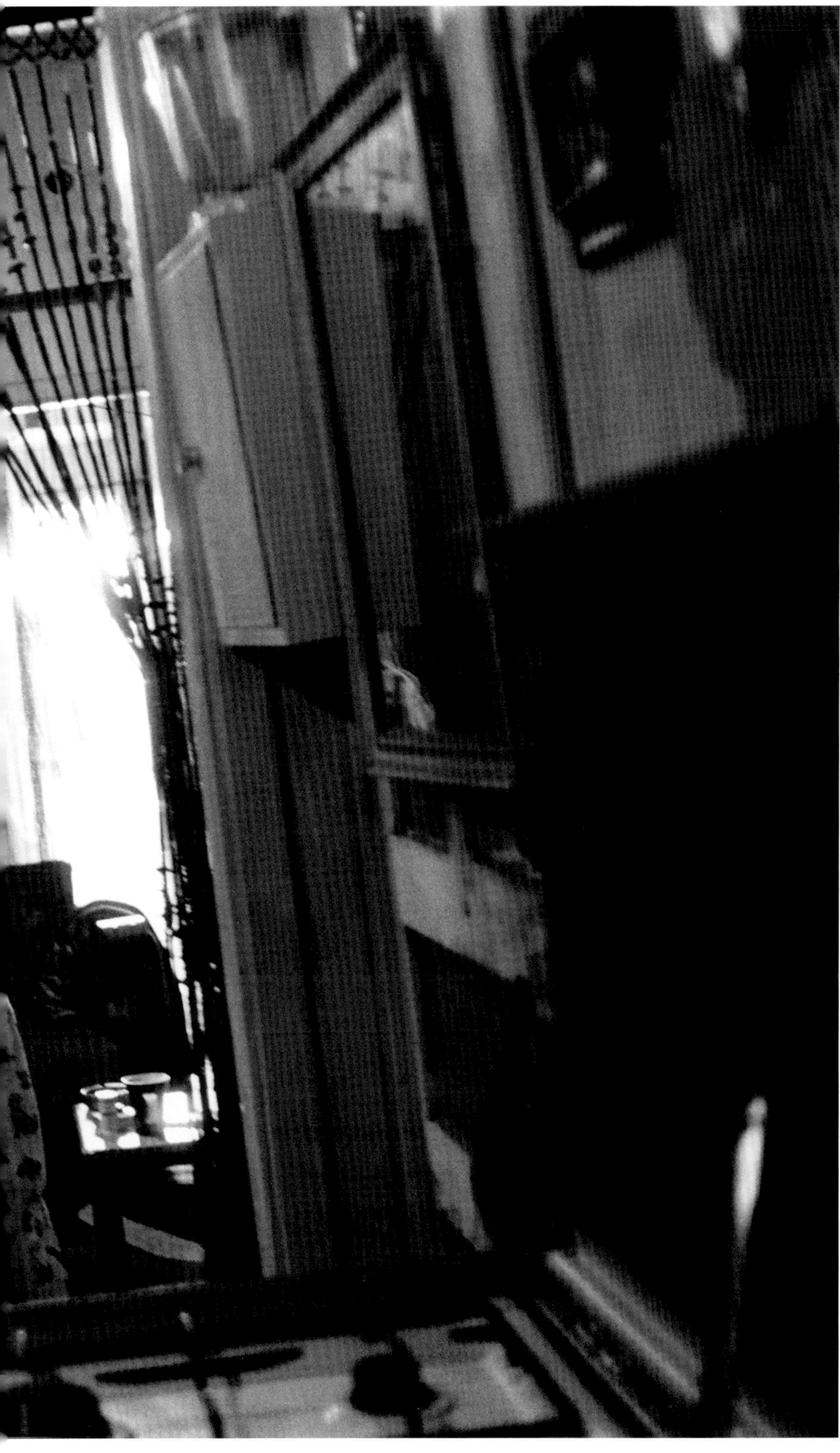

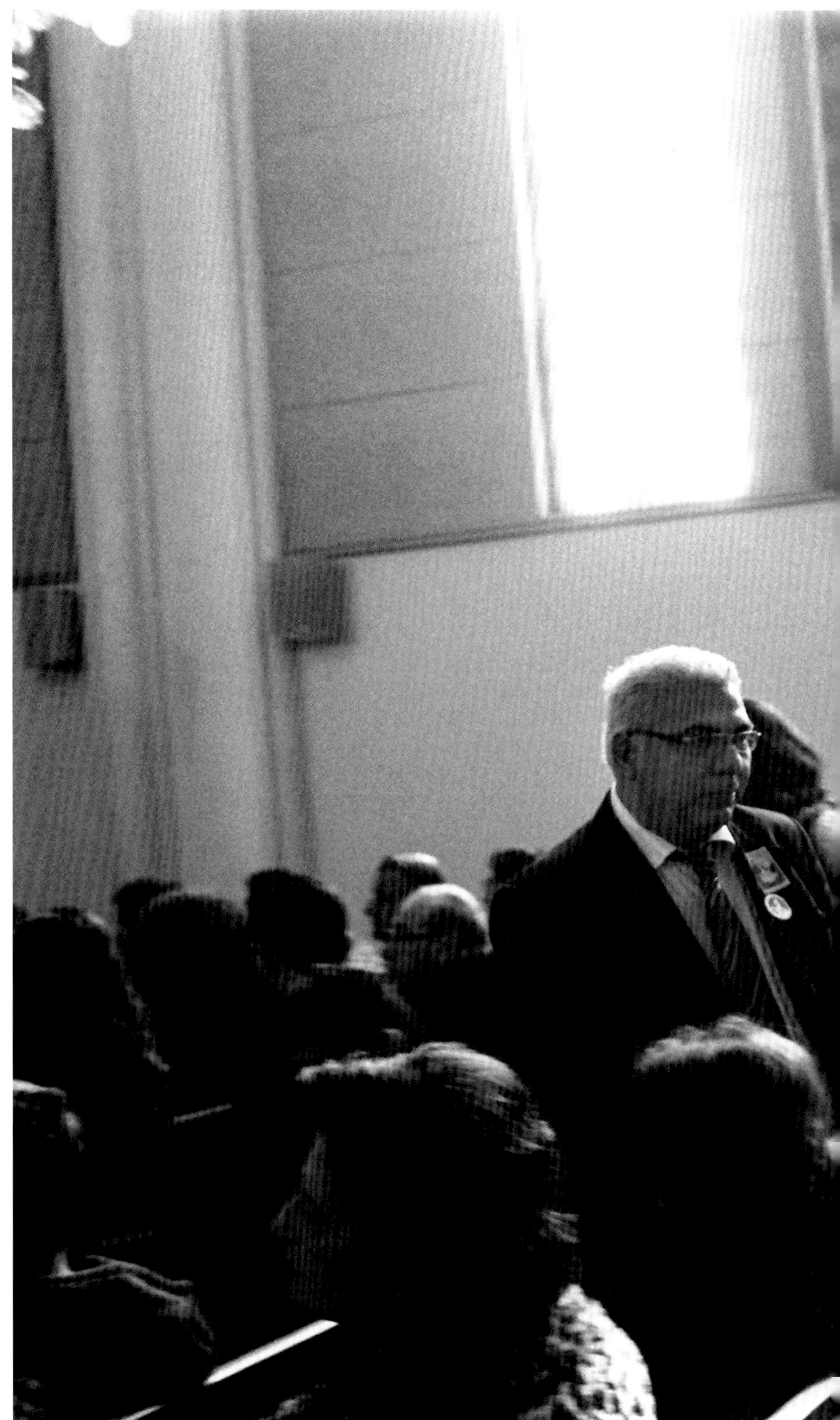

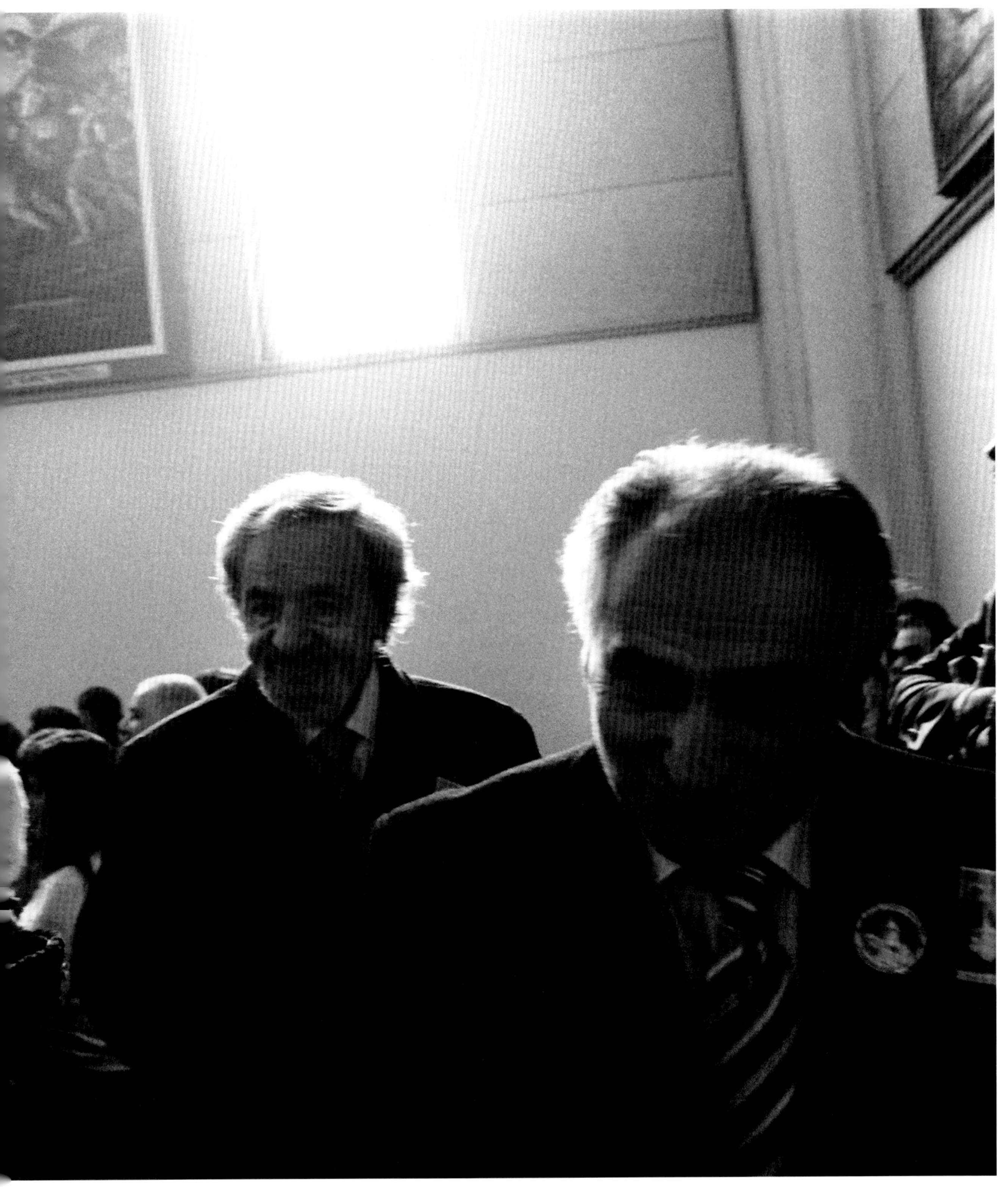

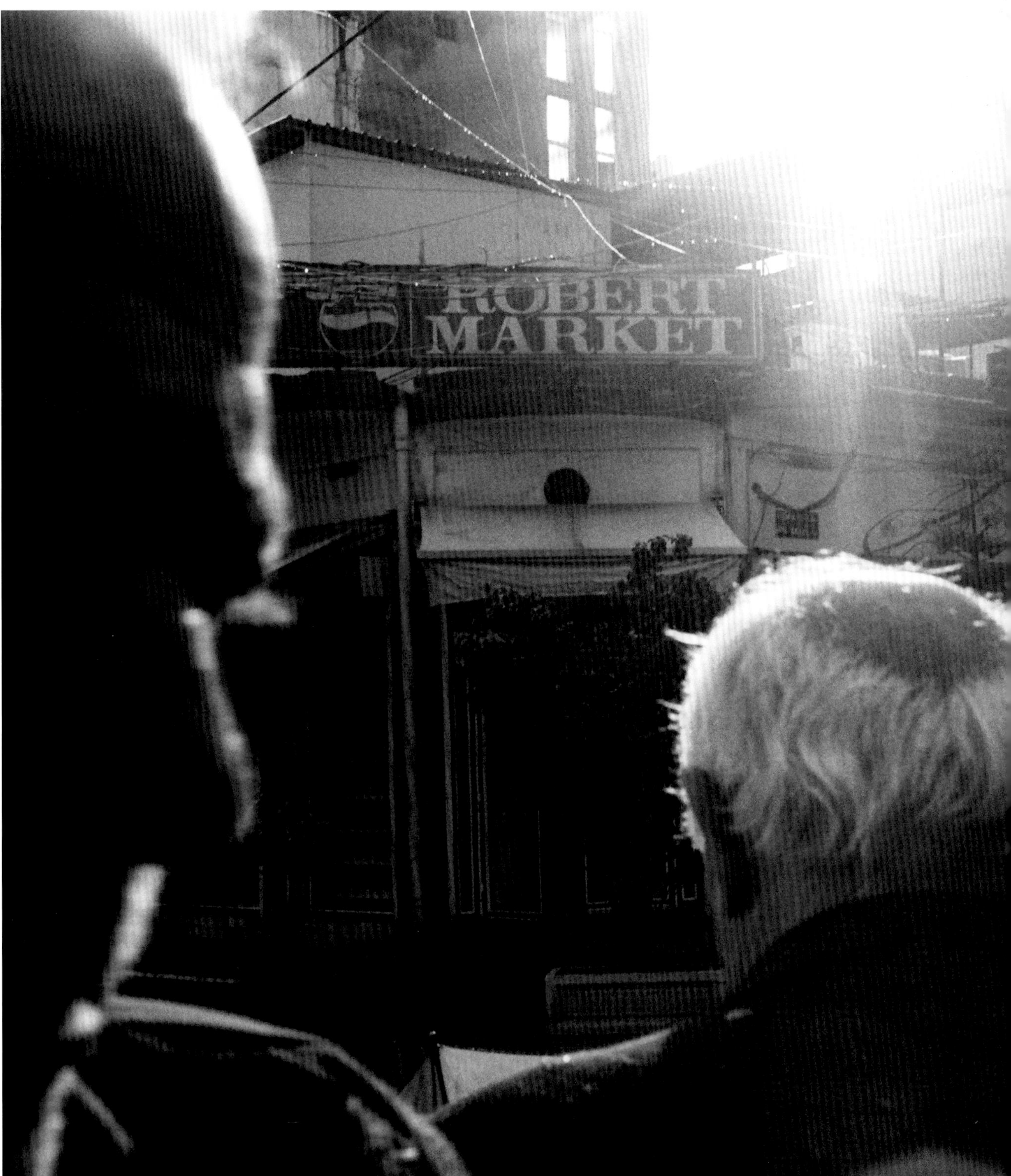
ROBERT
MARKET

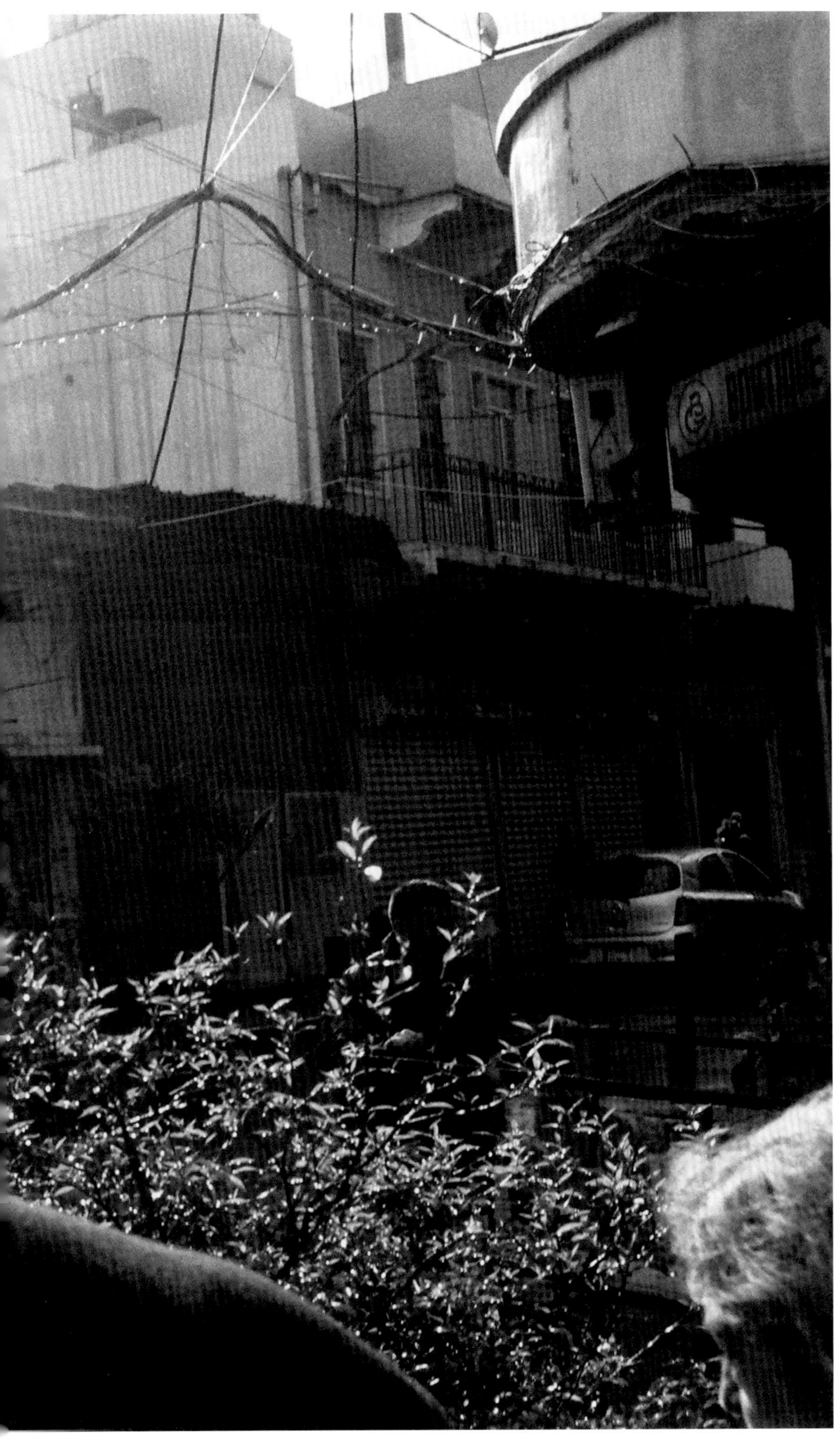

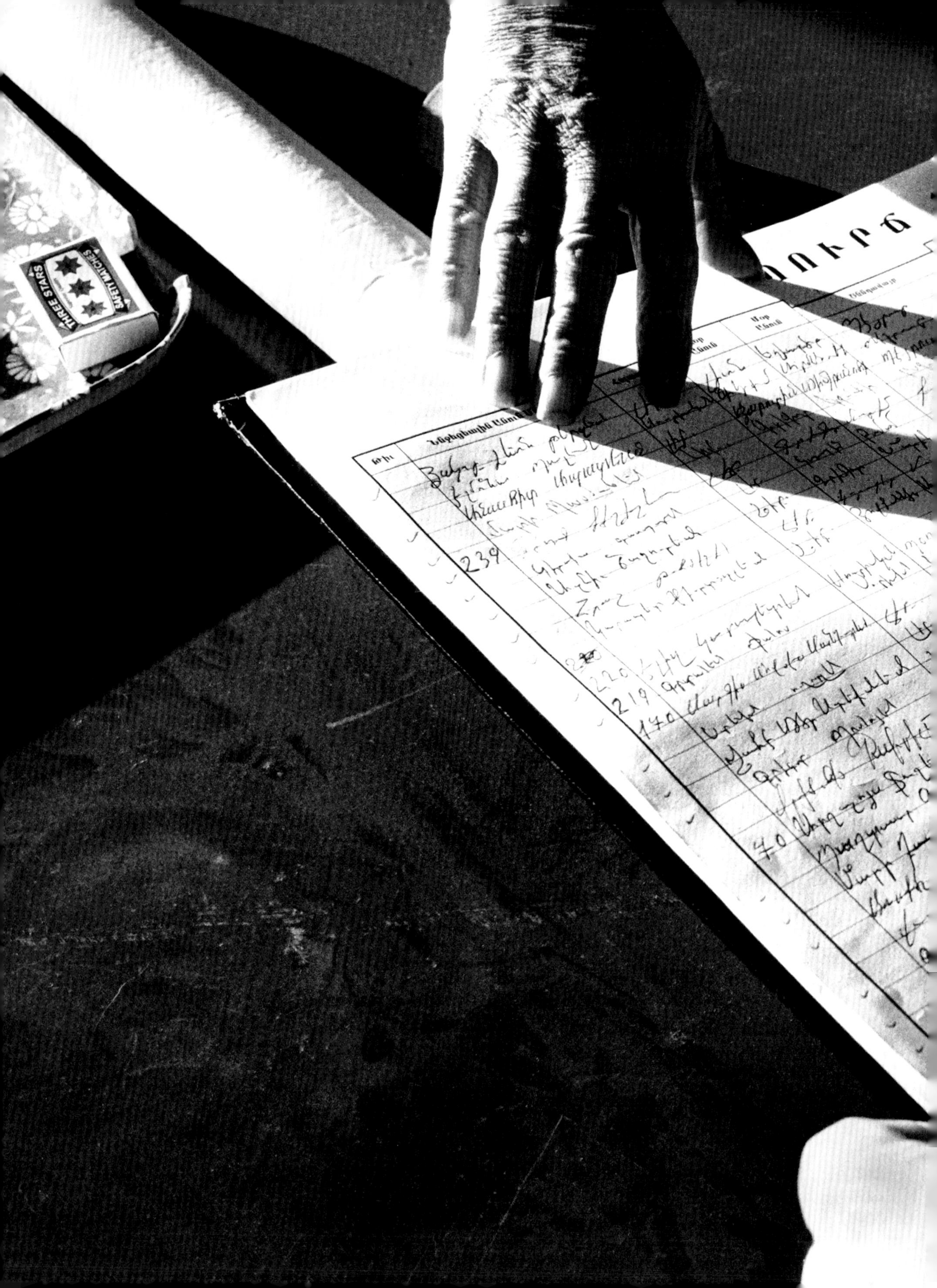
THREE STARS
SAFETY MATCHES

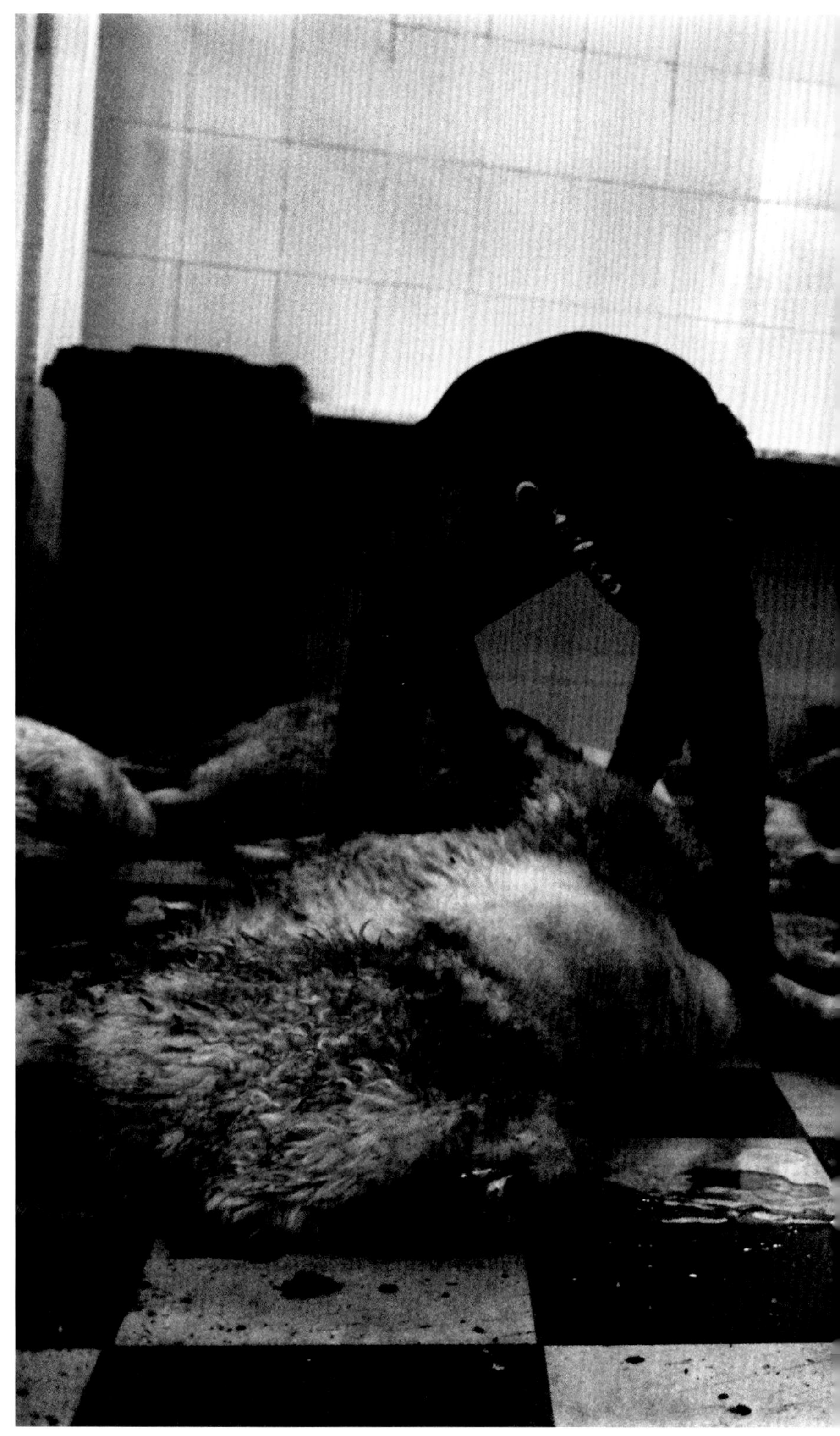

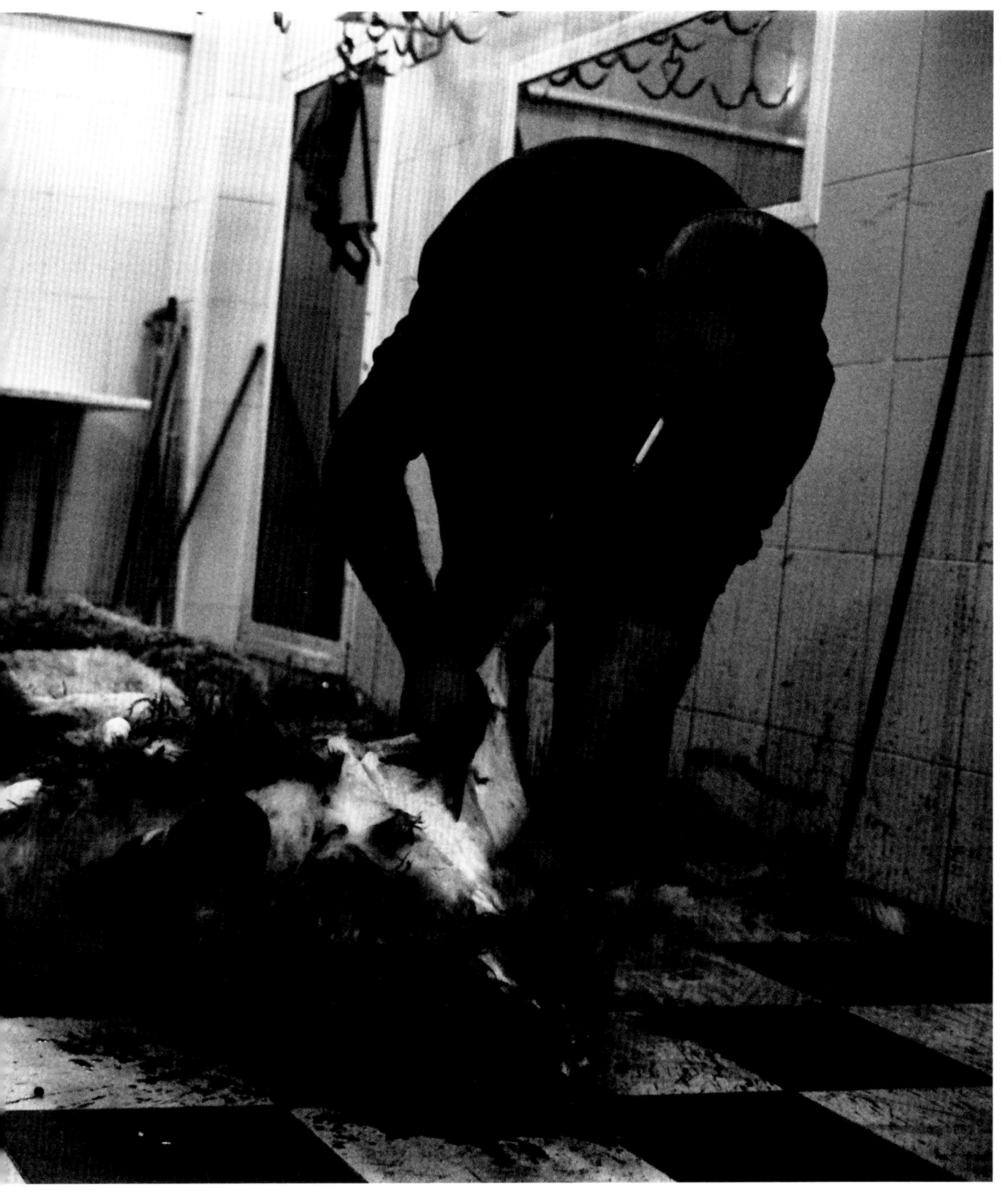

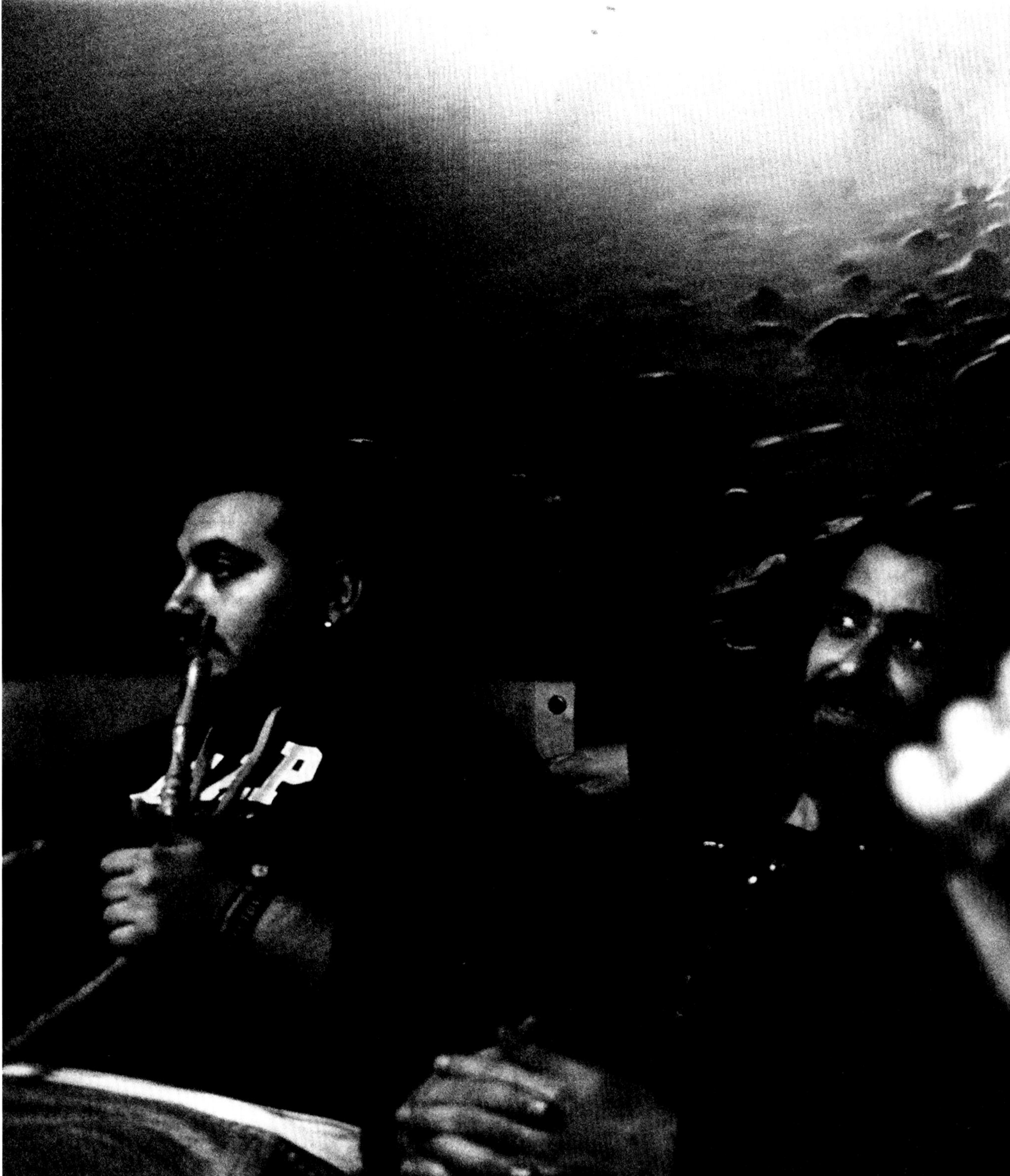

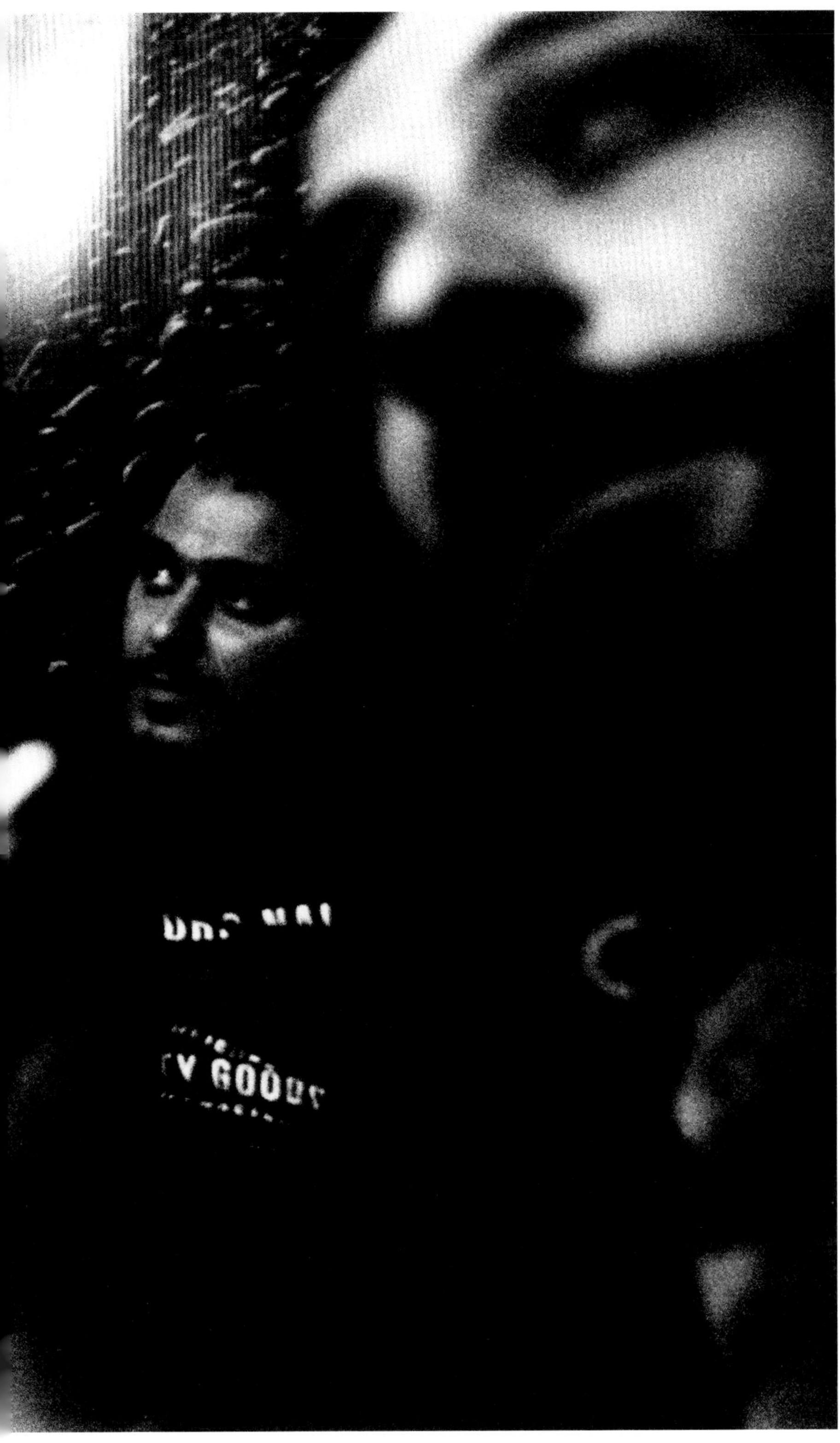

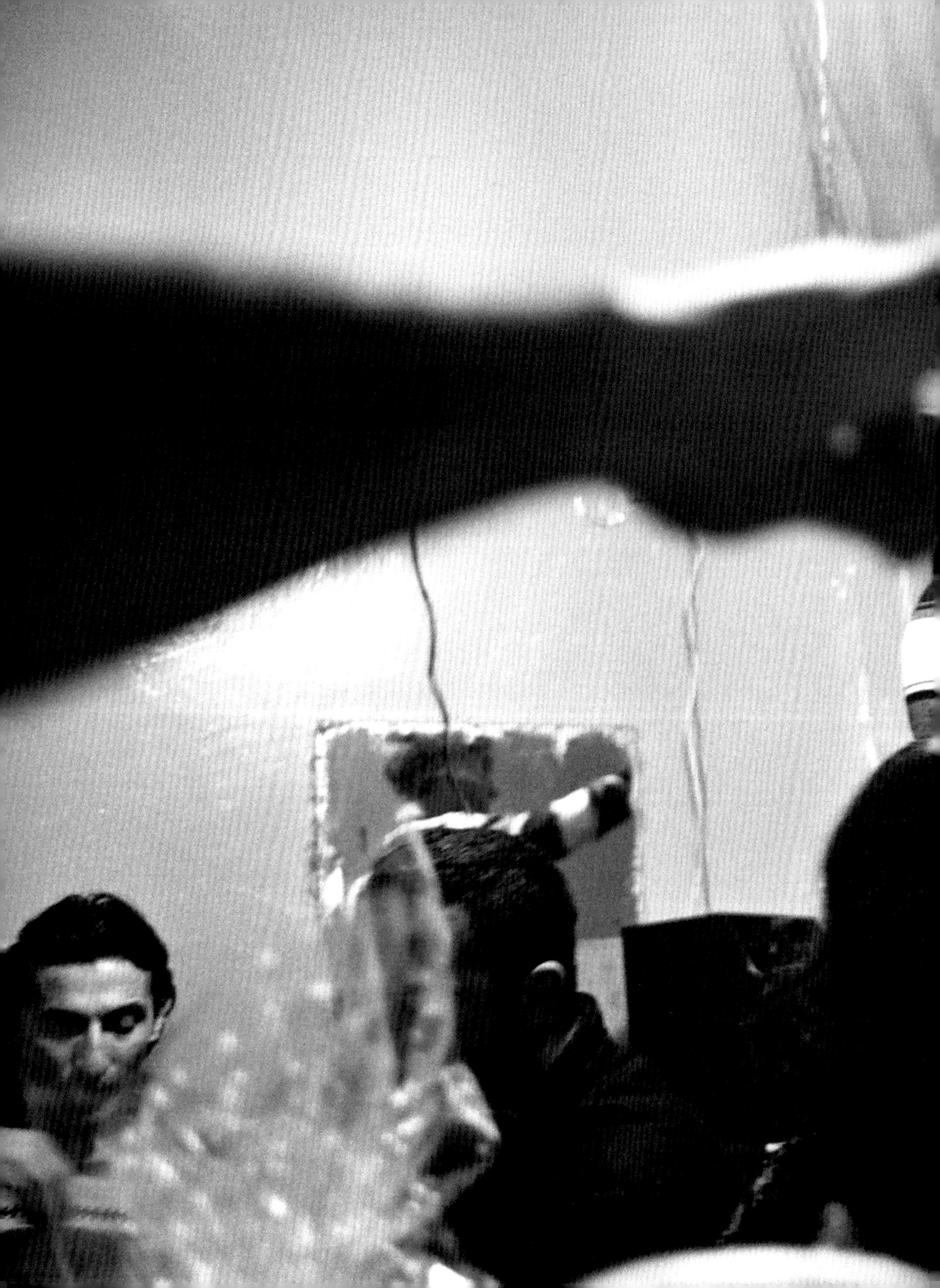

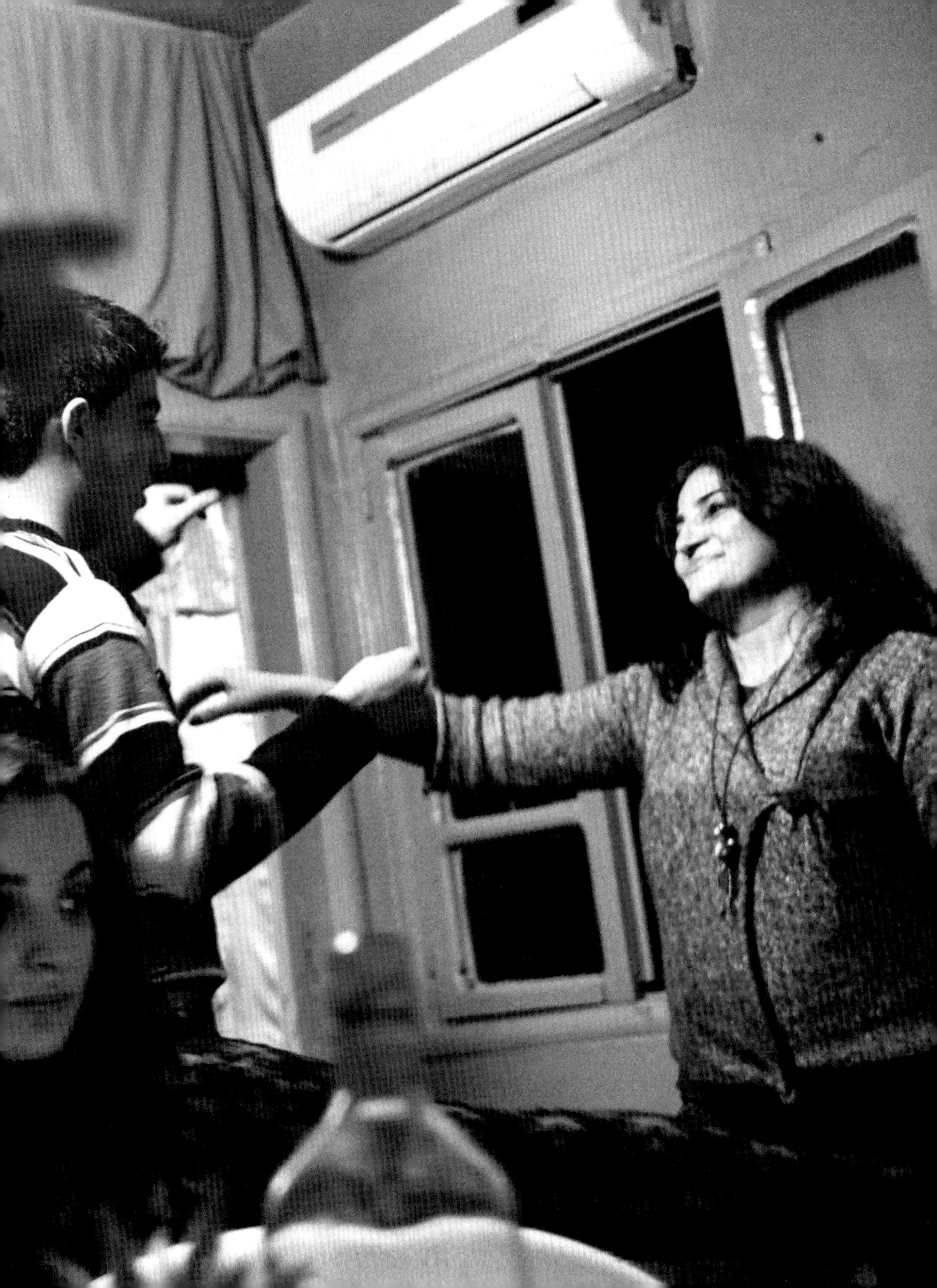

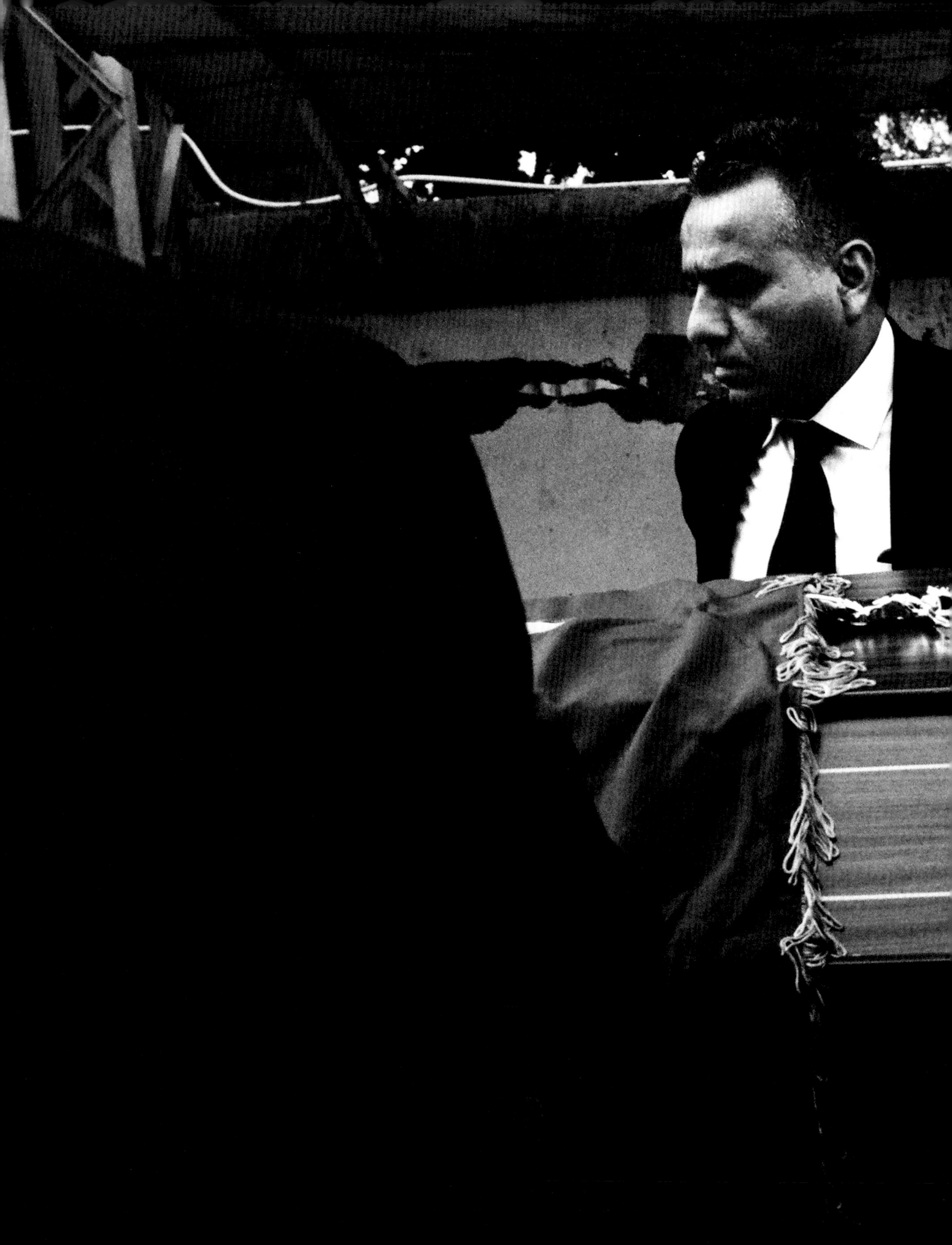

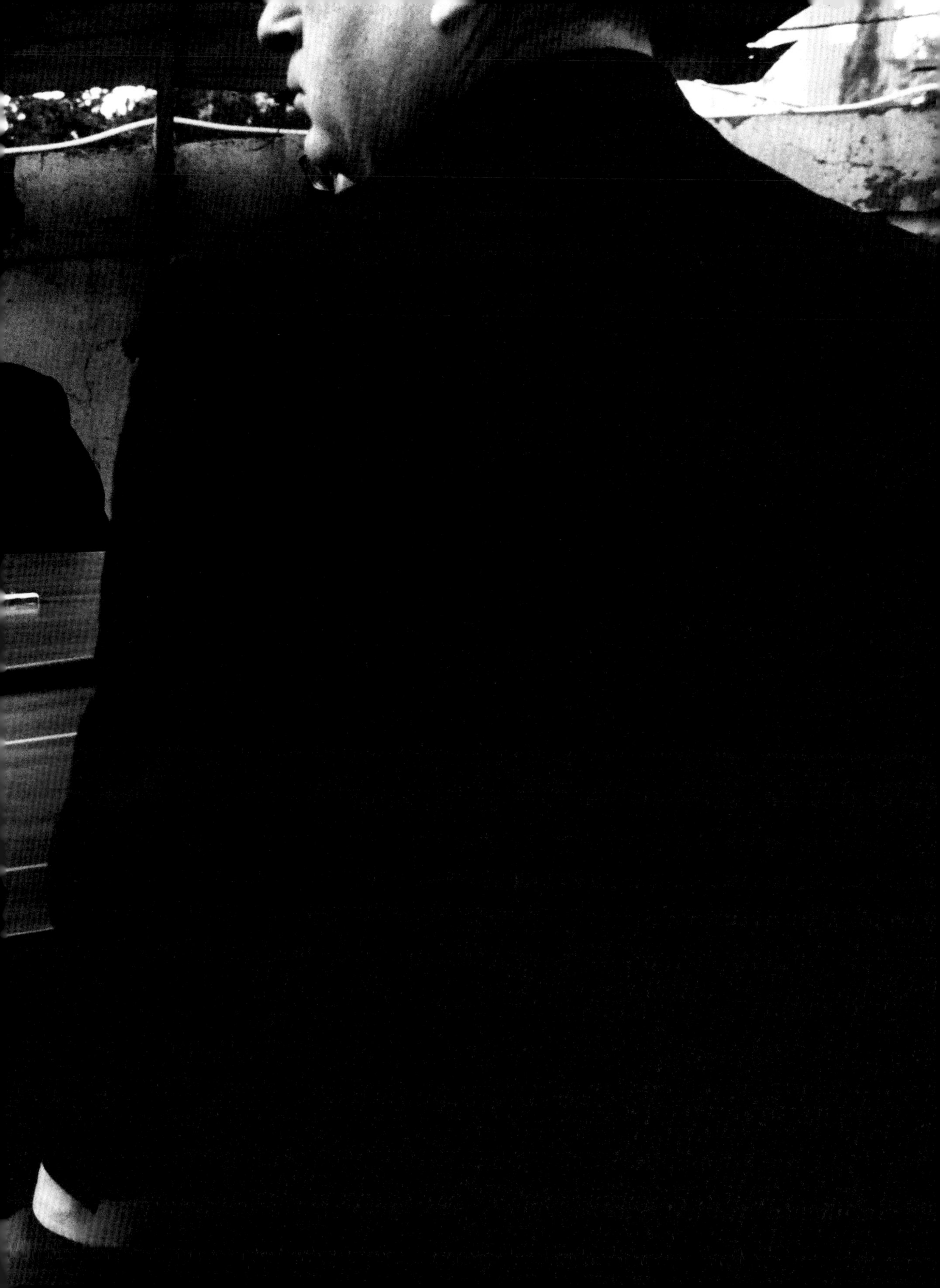

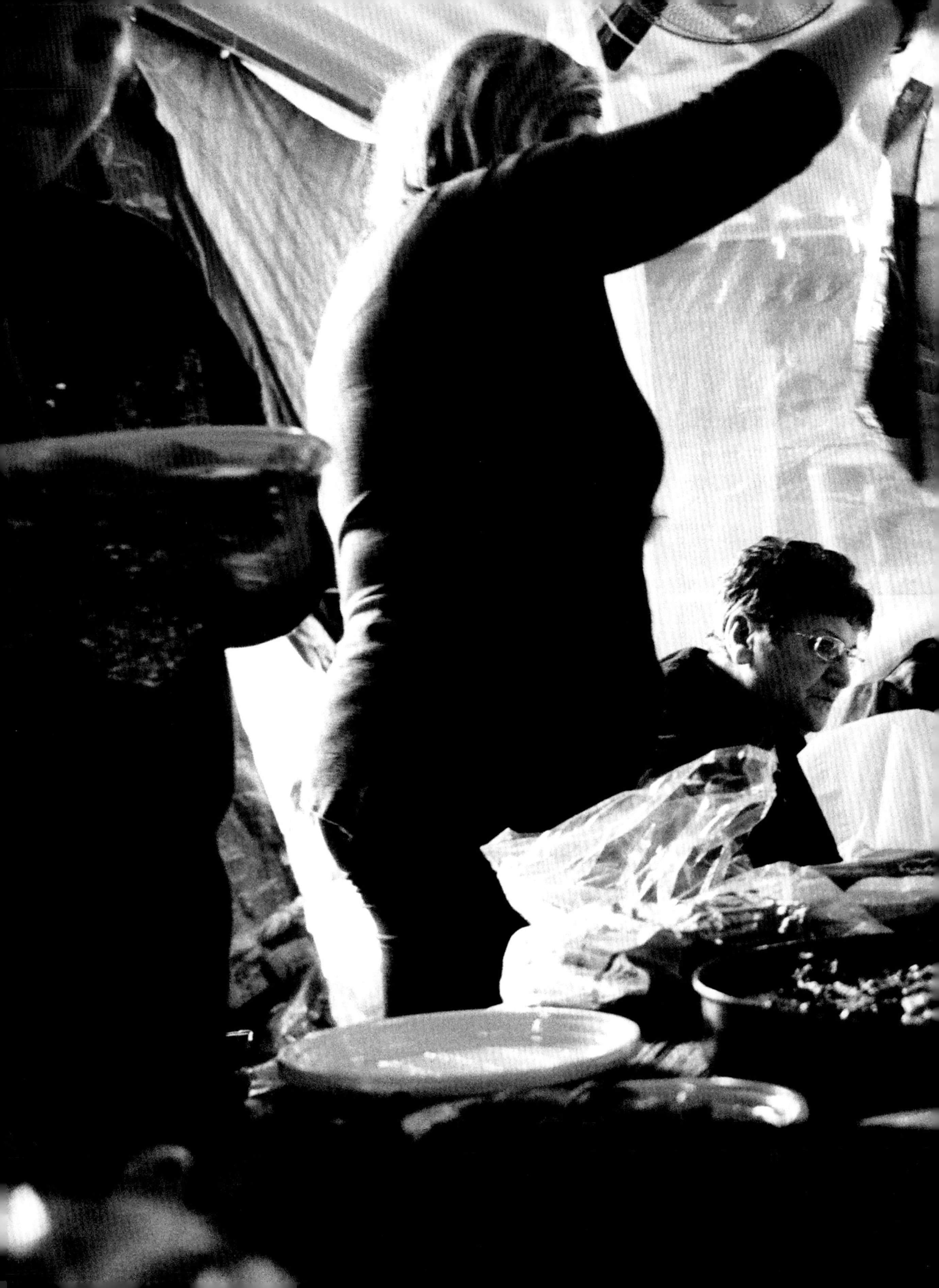

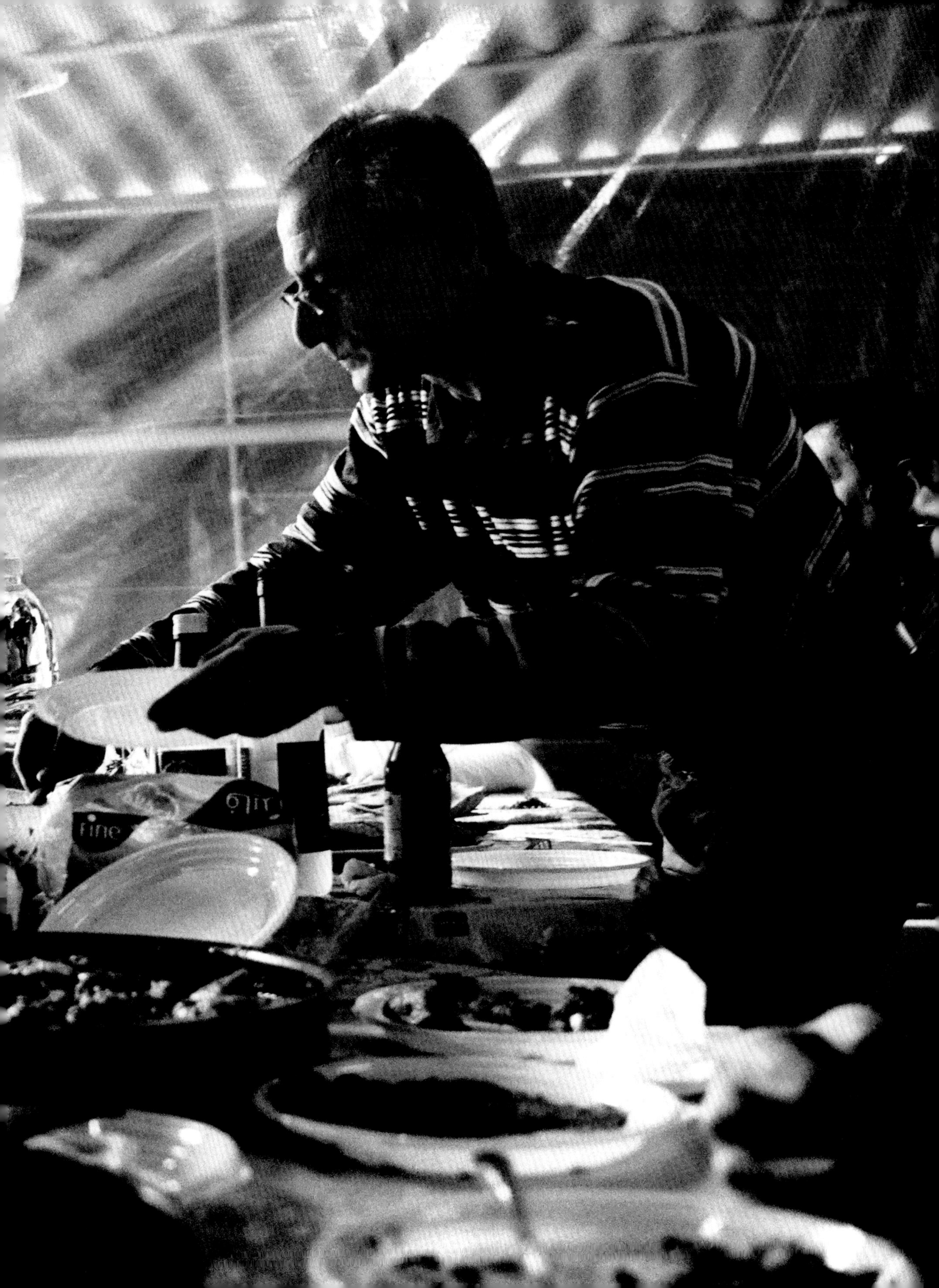

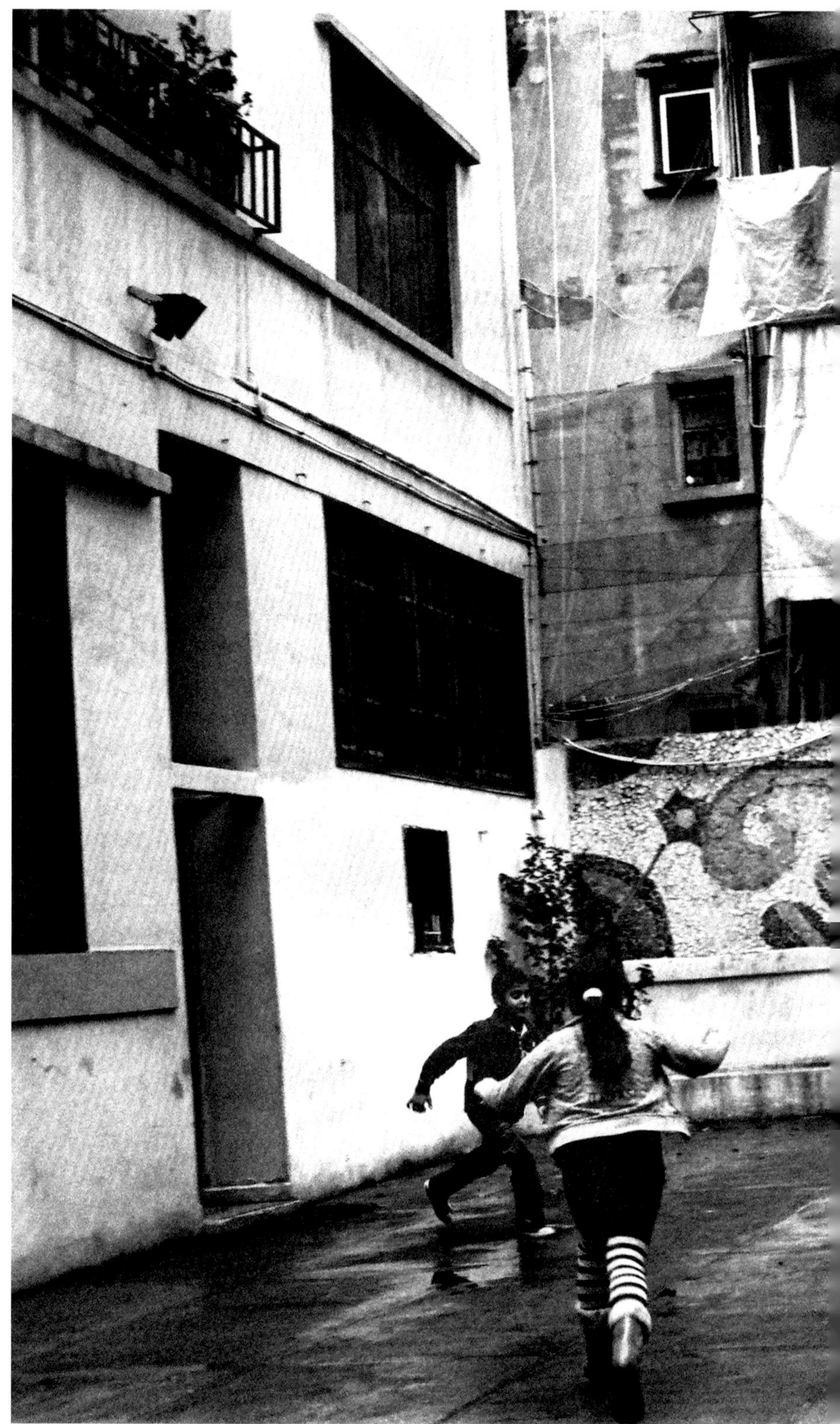

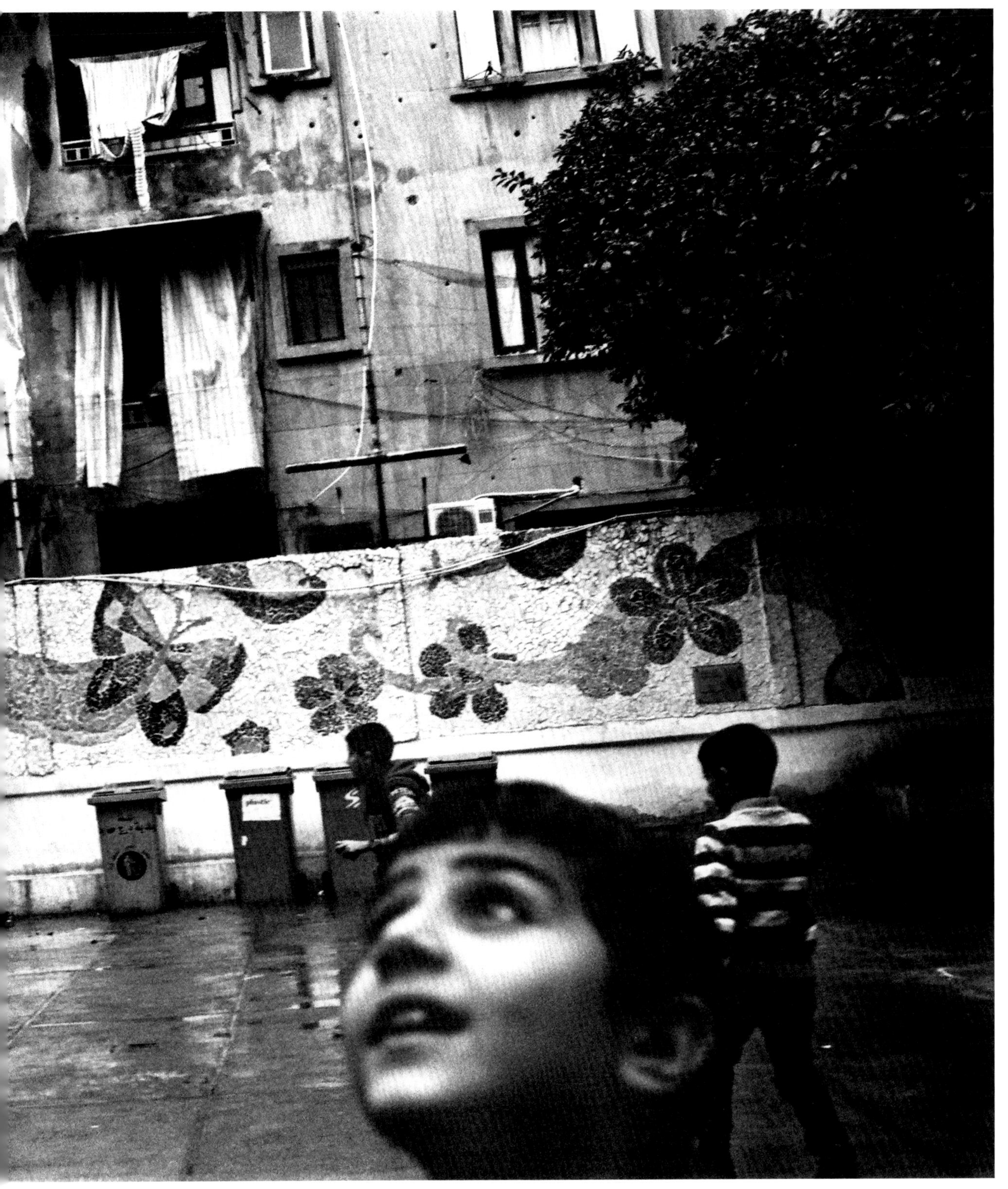

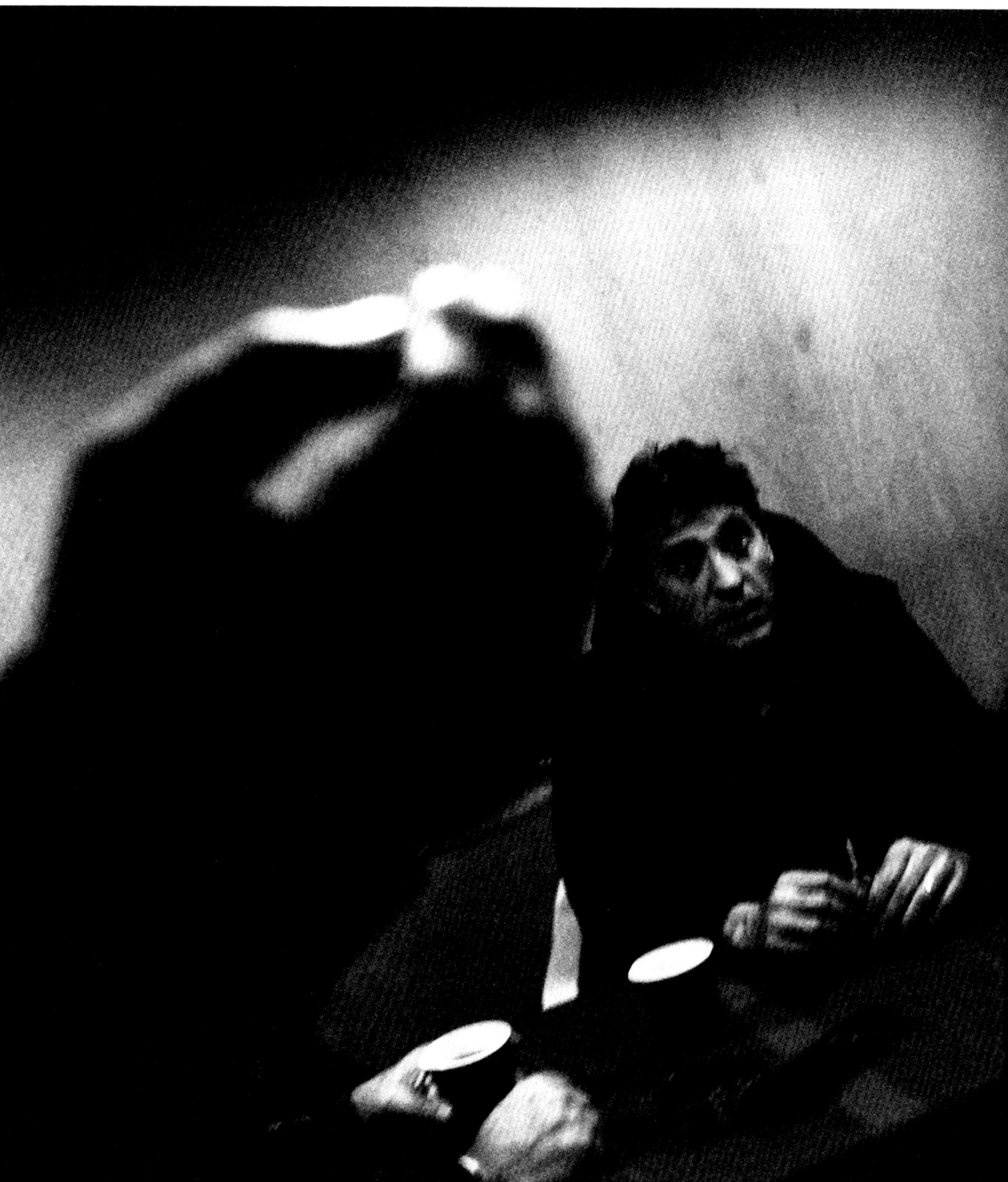

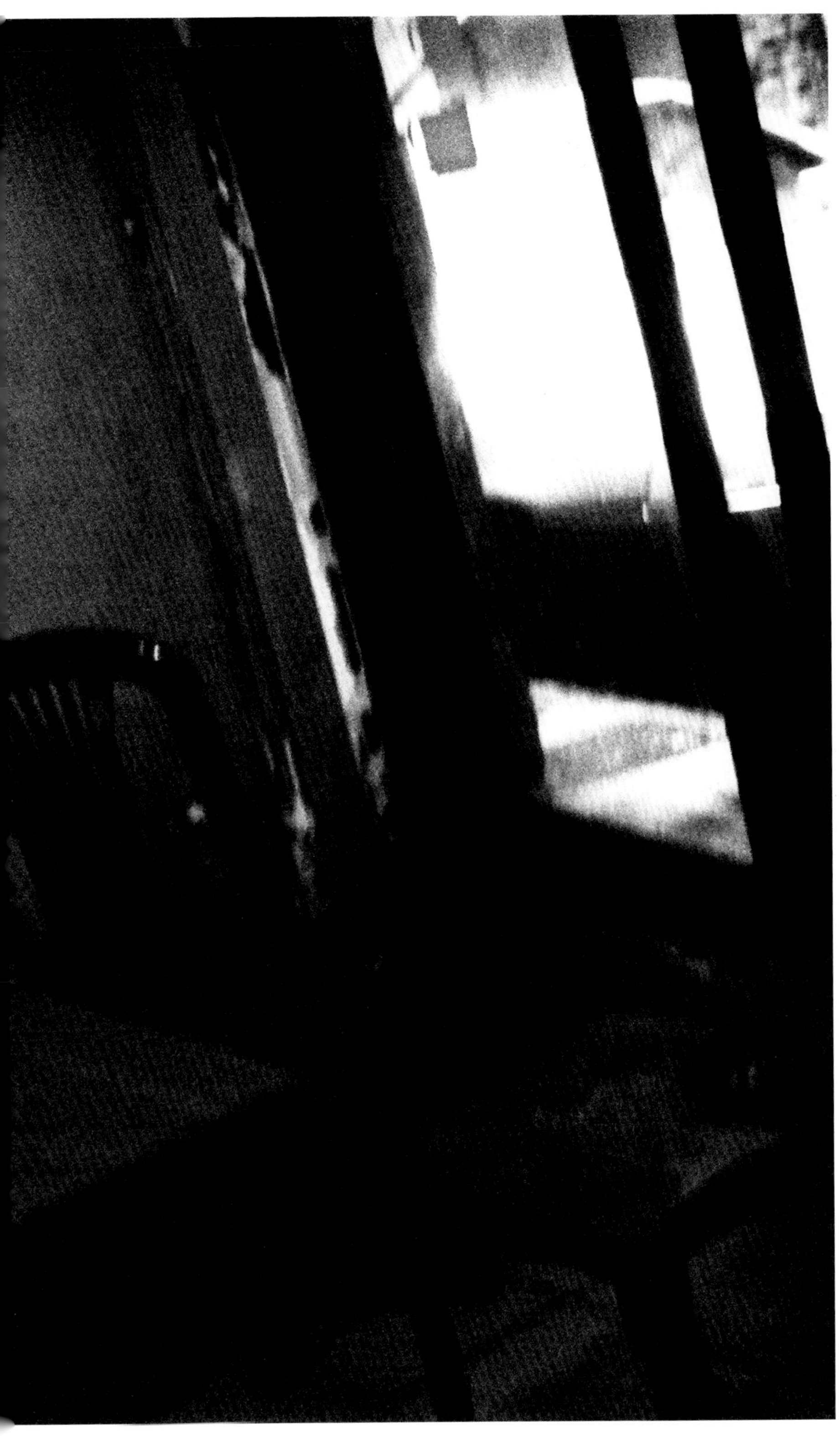

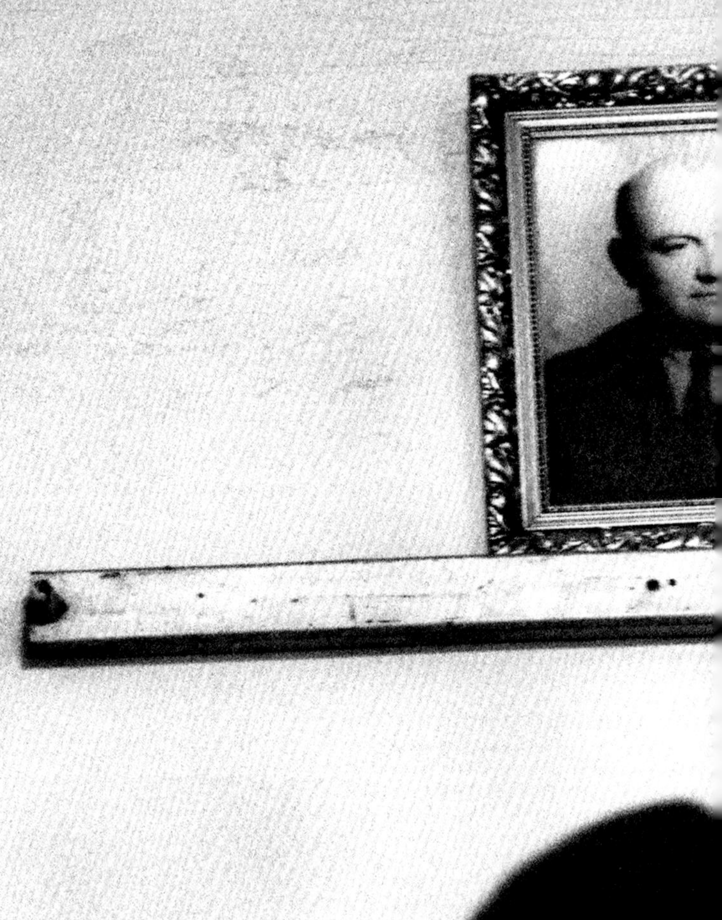

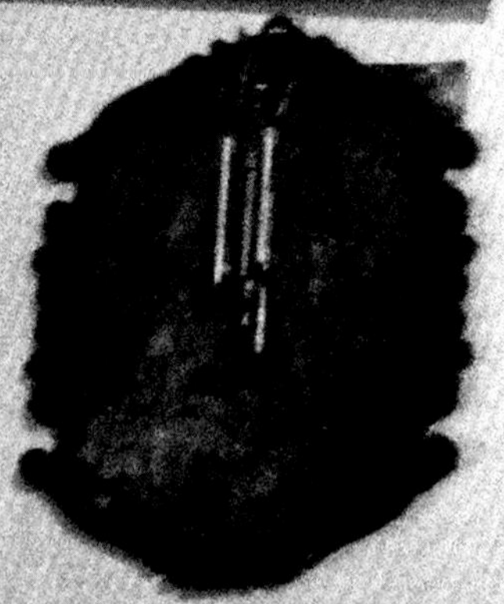

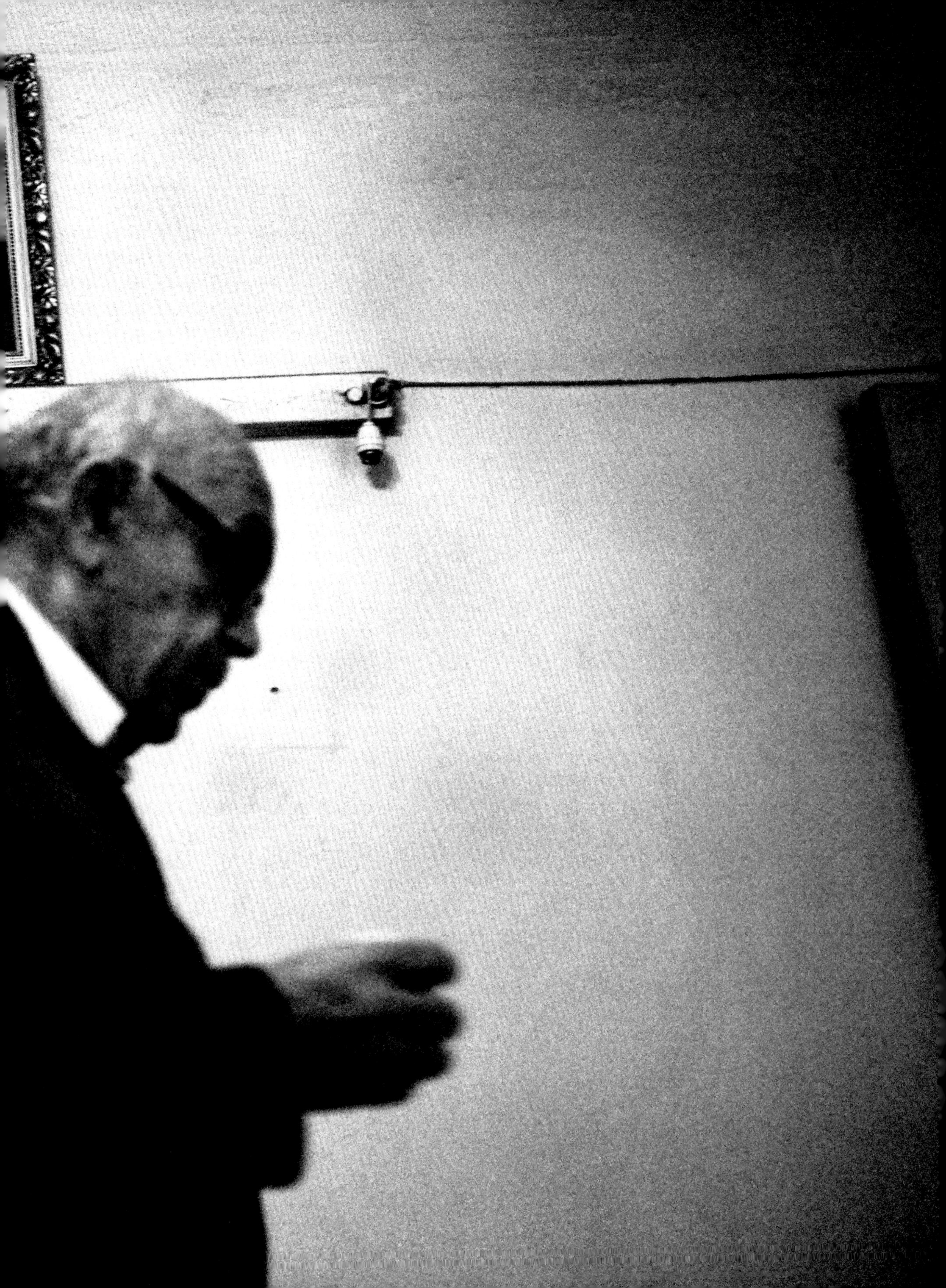

Նախասենեակ մը կայ հոս, Պէյրութէն վեր գտնուող լեռներուն քարաշէն բնակարանի մը երկրորդ յարկին վրայ։ Պուա Տը Պոլոն եմ։ Սալայատակ եւ չորս դռներու հսկող աչքերուն տակ գտնուող ամայի այս վայրը, լուռ ու ցուրտ, աւանդական քարաշէն բնակարանի մը մէջ։ Հոս անցուցի մանկութեանս ամառները եւ հոս, 40 տարի ետք, նոյն այս նախասենեակին մէջ, շուարած եմ. այս ամայի տարածքին մէջ, անձայն սալիկներուն վրայ, կը դիտեմ զիս՝ անցեալ մը եւ ներկայ մը, գիրկընդխառն, ընդհատուած, խլուած, անբաժանելի։ Ինչպէ՞ս սկսիլ։

Մանուկ եմ ու կը վազեմ անտառներու, մութ ու բարակ ծառերու եւ գետին ինկած խոզակներու մէջէն։ Կը մագլցիմ եւ կը հասնիմ վարի ճիւղերուն, անոնցմէ կախուելով եւ խոզակներ վար նետելով, թութ քաղելով կամ անցքերը մաքրելով փուշերէն, հեծանիւ քշելով հողին վրայ, բլուրներն ի վեր, քարերու վրայէն։ Կը վազեմ, միշտ կը վազեմ։

Հիմա մայթէն կը վազեմ՝ ետեւս մտերիմ ընկերս. ճաշի դադարին դպրոցէն փախուստ տալով կը վազենք դէպի քաղաքամէջը գտնուող եւ մեզի շատ սիրելի գծագիր՝ «քոմիք» գիրքերը ծախող գրախանութը։ Կ՛անցնինք պատուտուած ցանկապատերով պարտէզներու, աղբակոյտերու քովէն, քառսի, ինքնաշարժներու ժխորին, շարժական վաճառորդներու աղմուկին, կօշիկներու վաճառատուներուն, եղունգի սրահներուն, պաշտօնական տարազներով տղամարդոց եւ մանիշակագոյն գլխարկներով կիներու, սինեմաներու սրահներու եւ ճաշարաններու քովէն։ Կը վազենք շնչասպառ եւ անտեղեակ՝ քաղաքը իր օղակին մէջ առնելու պատրաստուող վայրագութիւններէն։

Հիմա ընտանիքով կը վազենք, թաքսիի մը մէջ սեղմուած. հայրս ցած իջնել կը հրահանգէ, մինչ կը լսենք կրակոցի ձայներ։ Սրընթաց կ՛անցնինք ամայացած ազատուղիին վրայէն, օդակայան հասնելու համար։

Այժմ, տարիներ ետք, Պէյրութ վերադարձած եմ։ Ի՞նչ փնտռելու, սկի՞զբ մը, վերջակէ՞տ մը։ Հաւանական ի՞նչ պատմութիւն։ Նայելու ժամանակին վիհն ի վար, անդունդ մը, որ աւելիով խորացած է պատերազմին, ընտանիքի մը տարանջատումին եւ անձին մէջ ստեղծուած պարապութեան հետեւանքով։ Պատերազմը նոր քաղաք մը մէջտեղ բերած է, սակայն ոչինչ փոխուած է կարծես։

Կը տեսնեմ. նեղ, քաոսային ու աւերումի սեմին հասած թաղամասեր, որոնք անդամալուծուած են սերունդներու վայրագութեանց՝ արտաքին եւ ներքին, պատճառներով։ Կը դիտեմ կեանքի ժայթքումը, կը շնչեմ քեպապին, աղբերուն եւ աղտին հոտերը եւ կը լսեմ աղմուկն ու ծփացող երաժշտութեան եւ խնդուքին ձայները։ Կը տեսնեմ մարդիկ, կիներ, երեխաներ, ուրուականներ, որոնք միաժամանակ ծանօթ են եւ ամբողջովին օտար։ Կը տեսնեմ շնչող, եռանդուն եւ յանդուգն համայնք մը եւ վայր մը՝ յամեցող եւ մեռնիլ մերժող անցեալ մը։

Կը տեսնեմ. սփյուռք մը, համայնք մը, ազգ մը աքսորեալներուր 1915ի Աղէտին, որոնք հաստատուած են հոս վերակառուցելու իրենց կեանքերն ու բնակարանները։ Զիրենք կը տեսնեմ հիմա եւ տակաւին՝ չորս սերունդներ ետք, կը դիմակայեն ալեկոծող պատերազմներ, տնտեսական տագնապներ ու աղէտներ, տակաւին կապուած իրենց հեռաւոր Արեւմտեան Հայաստանի ու Կիլիկիոյ հայրենի հողերուն։

Կը լսեմ. քաղցրահնչիւն լեզու մը, իմ արեւմտահայերէնս, մահամերձ լեզու մը, որ կը փորձէ կամրջել աւելի լայն վիհ մը, համնելու համար իր արմատներուն։ Կը զգամ անտեսանելի, ընդյատակեայ բռնութիւն մը, որ կրնայ փոթորիկի մը նման հարուածել, որեւէ պահուն։

Ես զիս կը տեսնեմ։

Կը փորձեմ գտնել պատասխան մը այս վայրին, որ տեղս է, եւ համայնքին, որուն մէջէն կ՛անցնիմ եւ որուն հետ կը խօսիմ, կ՛ուտեմ եւ կը հայհոյեմ անոր պատմութեան ու կը հիանամ անոր դիմադրողականութեան եւ ապրելու կարողութեան։ Պատում մը կը փորձեմ գտնել, կամ, թերեւս՝ աւարտ մը։

Արա Օշական
2021

Թարգմանութիւն՝ Գէորգ Մանոյեան

Postscript

There is a landing here, a foyer, on the second floor of a stone-built house, here in the mountains above Beirut. A landing made of stone tiles where four doors keep watch over this deserted space, silent and cold, in this traditional house. Here I spent my summers as a child. And here, now, 40 years later, on this same tiled landing, I am overwhelmed: in this space, among the silence of the tiles, I see myself: a past and a present, intertwined, interrupted, torn, inseparable. How to begin?

I am child and I am running. Through woods, among dark thin trees, scattered pine cones; I am climbing, reaching for the lower branches, hoisting myself up, throwing down pine cones, picking berries from oversized berry shrubs, clearing pathways of thorns, riding bikes on dirt, over hills, into rocks. I am running, always running.

I am running on pavement now with my best friend at my heels—we have fled school at lunch and are running downtown to find our favorite comic books; we are running past gardens with worn fences, strewn garbage, chaos of cars, past the street hawkers, shoe salesmen, nail salons, men in neat suits and women in purple hats, past cinemas, restaurants; we are running, breathless and oblivious to the violence brewing all around us about to engulf the city.

Now we are running as a family, in a taxi, speeding: my father tells us to get on the floor, we hear gunshots; we are careening down a deserted highway at ungodly speeds towards the airport.

Now years later I have returned to Beirut. To look for what? A beginning? An end? What possible narrative? To peer down a chasm of time: an abyss deepened by war, the ruins of a family, a gulf within the self. The civil war has created a new city yet it seems nothing has changed.

I see: narrow chaotic neighborhoods falling apart, crippled by generations of violence, external and internal; the rush of life, stench of kebab and trash, noise, dirt, wafting music and laughter. I see men, women, children, ghosts at once familiar and utterly foreign; a community, breathing and vibrant, defiant; a place, an incessant undying past.

I see: a diaspora, a community, refugees of the Armenian Genocide of 1915 who settled here in Beirut to rebuild lives and homes; I see them here now and still: four generations on, still absorbing cascading wars, economic collapse and disasters, still connected to their far-off homelands of Western Armenia and Cilicia.

I hear a melodious resonant language—my own Western Armenian, a language on its death bed, trying to reach across an even greater abyss to its beginning; and an invisible subterranean violence that can rise like a typhoon at any moment.

I see myself.

I try to articulate a response to this space, my space and community through which I move, talk, eat, curse its history and marvel at its resilience and life, lived as if there is no tomorrow. I try to find a narrative. Or perhaps an end.

Ara Oshagan
2021

Արա Օշական պատկերի վրայ հիմնուած բազմաճիւղ արուեստագէտ մըն է, որ հեղինակած է երկու հատորներ եւ բազմաթիւ գնահատանքի արժանացած հանրային գեղարուեստական տեղադրումներ, նախագծեր և ցուցահանդէսներ։ Անոր գործերը ցուցադրուած են աշխարհի տարածքին եւ մաս կը կազմեն շարք մը հաստատութեանց մնայուն հաւաքածոներուն։ Պէյրութ ծնած Օշականը իր ընտանիքին հետ տեղահանութեան պարտադրուեցաւ քաղաքացիական պատերազմին պատճառով, հասակ նետելով Միացեալ Նահանգներու մէջ։ Անոր աշխատանքը կ՛ուսումնասիրէ անձնական, ինչպես նաև հաւաքական պատմութեան, տեղահանութեան և սփիւռքի ապրած փորձառութիւնը։ «Հատում»ը երրորդն է սփիւռքեան իրականութեան նուիրուած Օշականին եռահատոր գործին, որ սկսած էր Լոս Անճելըսէն ու անցնելով հայրենիքէն, հասած է Պէյրութ։ Օշական ընտանիքին հետ կապրի Լոս Անճելըսի մէջ։

Գրիգոր Պըլտեան շատերու կողմէ կը նկատուի արեւմտահայերէն գրող կարեւորագոյն բանաստեղծը։ Վէպերու, յօդուածներու եւ գրաքննադատութեան հարուստ հաւաքածոյ մը արտադրած գրողը հրատարակած է 30է աւելի հատորներ, որոնք լոյս տեսած են Միջին Արեւելքի, Եւրոպայի, Հայաստանի եւ Միացեալ Նահանգներու մէջ։ Պէյրութ ծնած Պըլտեանը կեանքին մեծ մասը ապրած է Ֆրանսայի մէջ եւ վերջին կէս դարուն գրած է գրեթէ միայն արեւմտահայերէնով, լեզու մը, որ ԵՈՒՆԵՍՔՕի կողմէ վտանգուած լեզուներու շարքին դասուած է։ 1997էն ի վեր, ան հեղինակած է կիսաինքնակենսագրական վէպերու շարք մը, պեղելով Աղէտէն ետք Պէյրութ հանգրուանած սերունդներուն կեանքը։ «Կամուրջը» յատուկ այս հատորին համար գրուած է, իր վէպերու նիւթին համահունչ, պատմելով 1950ական Պէյրութէն դրուագ մը։

Թալին Ոսկերիչեանի գործերը, ներառեալ՝ արդիականութեան ջատագով բանաստեղծ Վահէ Օշականի թարգմանութիւնները, լոյս տեսած են Միացեալ Նահանգներու, Եւրոպայի եւ Միջին Արեւելքի տարածքին։ Ներկայիս ան կը դասաւանդէ Պոսթընի համալսարանին մէջ։

Քրիսթըֆըր Միլիս հեղինակն է բեմադրուած չորս թատերախաղերու եւ բանաստեղծութեանց հինգ հատորներու, ներառեալ՝ Ումպերթօ Սապայի իտալերէն բանաստեղծութեանց թարգմանութիւնները։

Ոսկերիչեանի եւ Միլիսի կողմէ համաթարգմանուած՝ Մահմուտ Տարուիշի եւ Գրիգոր Պըլտեանի ստեղծագործութիւնները, լոյս տեսած են London Review of Books եւ Los Angeles Review of Books հեղինակաւոր հրատարակութեանց մէջ։

Biographies

Ara Oshagan is an image-based multi-disciplinary artist who has published two books of photography and created multiple critically-acclaimed public art installations, projects and exhibitions. His works have been exhibited internationally and can be found in multiple public and private collections. Born in Beirut, Oshagan and his family were uprooted by the Lebanese civil war and he grew up in the US. At the core of his work is an exploration of his personal as well as collective history and lived experience of displacement and diaspora. "displaced" is the third work in a diasporic trilogy that begins in Los Angeles, travels to Armenia / Karabagh and culminates in Beirut. He lives in Los Angeles with his family.

Krikor Beledian is widely regarded as the most important poet writing in Western Armenian today. A prolific novelist, essayist, and literary critic, he is the author of more than 30 volumes that have been published in the Middle East, Europe, Armenia, and the United States. Born in Beirut, Lebanon, and a long-time resident of Paris, for the last half-century Beledian has chosen to write almost exclusively in Western Armenian, a UN-designated endangered language. Since 1997, he has written a series of novel-length semi-autobiographical narratives exploring post-1915 Catastrophe generations of Armenians in Beirut. "The Bridge", an original text he wrote specifically for this volume, is similar in nature and is set in Beirut in the 1950s.

Taline Voskeritchian's work, including translations of the modernist Armenian poet Vahe Oshagan, has appeared widely in the US, Europe, and the Middle East; she teaches at Boston University.

Christopher Millis is the author of four Off Broadway productions and five books of poetry, including translations from the Italian of Umberto Saba.

Voskeritchian and Millis' co-translations of Mahmoud Darwish and Krikor Beledian have appeared in London Review of Books and Los Angeles Review of Books.

Լուսանկարներու բացատրութիւններ

Նոր Մարաշ, Նոր Սիս, Նորաշէն, Նոր Ամանոս, Թիրօ թաղամասերը կը գտնուին Պէյրութի Պուրճ Համմուտ շրջանին մէջ

3 Պուա տը Պուլոն գիւղին մօտ, Ուաթա ալ Մրուժ, Լեռնալիբանան, 2018ին
5 Անդար, նախկին զինեալ մը, Նոր Մարաշ, 2018ին
7 Դէպի Էշրէֆիէ, Նորաշէն, 2018ին
43 Տէպլիկոսեան ընտանիք, Նոր Մարաշ, 2018ին
45 Նոր Մարաշ, 2018ին
47 Ջաւարեան մարզահամալիրը, Նոր Ամանոս, 2017ին
49 Նոր տարուան գիշերը, Սարգիսեան ընտանիք, Նոր Սիս, 2013ին
51 Զատիկի արարողութիւն, Սուրբ Սարգիս Հայց. Առաքելական եկեղեցի, Նոր Սիս, 2018ին
53 Հրշէջներ, Նոր Մարաշ, 2017ին
55 Պուրճ Համմուտ, 2017ին
57 Նոր Մարաշ, 2018ին
59 Պէյրութի Ամերիկեան համալսարան, 2014ին
61 Նոր Մարաշ, 2018ին
63 Համազգայինի Մելանքթոն եւ Հայկ Արսլանեան Ճեմարան, Անթիլիաս, 2018ին
65 Իշխանեան փուռ, Պէյրութ, 2014ին
67 Սրբոց Վարդանանց Հայց. Առաքելական եկեղեցւոյ առջեւ, Թիրօ, 2018ին
69 Այնճար, Արեւմտեան Հայաստանի Մուսա Լեռ շրջանէն արտագաղթած հայերու հաստատած գիւղաքաղաքը, Պեքաա հովիտ, 2013ին
71 Նոր Մարաշ, 2017ին
73 Սկաուտներ, Լեւոն եւ Սոֆիա Յակոբեան վարժարանին մէջ, 2018ին
75 Պուրճ Համմուտ, 2018ին
77 Սանճաք քեմփ, Պուրճ Համմուտ, 2013ին
79 Պուրճ Համմուտ, 2013ին
81 Քլաշին Պօղոս, հռչակաւոր նախկին զինեալ մը, Նոր Մարաշ, 2017ին
83 Նոր Հաճըն, Պէյրութ, 2018ին
85 Տէպլիկոսեան ընտանիք, Նոր Մարաշ, 2018ին
87 Տրնդեզի (Տեառնընդառաջ) տօնակատարութիւն, Նոր Սիս, 2018ին
89 Պուրճ Համմուտի քաղաքապետական մարզադաշտ, Նոր Ամանոս, 2017ին
91 «Թռչնոց Բոյն» հայկական գաղթականներու որբանոցը, Ժըպէյլ, 2018ին
93 Մեսեքինի Հայ կեդրոն, Նոր Ամանոս, 2017ին
95 Թատերական փորձ, Թէքէեան Մշակութային միութեան կեդրոնին մէջ, Նորաշէն, 2018
97 Սագոյին մսավաճառի խանութը, Նոր Մարաշ, 2018ին
99 Հայ կեդրոն, Նոր Սիս, 2014ին
101 Այնճար, Պեքաա հովիտ, 2013ին
103 Նոր Սիս, 2017ին
105 Գազէզեան ընտանիք, Նոր Մարաշ, 2017ին
107 Քէպապ Լեւոն, Նոր Մարաշ, 2018ին
109 Պուրճ Համմուտի Հայկական գերեզմանատուն, Տըքուէնի, 2014ին
111 ՀՄԸՄի կեդրոն, Զոքաքէլ Պլատ, Պէյրութ, 2018
113 «Քաֆէ Կարօ», Նոր Մարաշ, 2018ին
115 Սկաուտներ, Լեւոն եւ Սոֆիա Յակոբեան վարժարանին մէջ, 2018ին
117 Դպրոց Այնճարի մէջ, Պեքաա հովիտ, 2013ին
119 Նորաշէն, 2018ին
121 Սարգիսեան ընտանիք, Նոր Սիս, 2017ին
123 Նուպար Էսգիճեանի աշխատանոց, Նոր Մարաշ, 2017ին
125 Պուրճ Համմուտ, 2018ին
127 Սրբոց Քառասնից Մանկանց Հայց. Առաքելական եկեղեցի, Նոր Մարաշ, 2018ին
129 Քլաշին Պօղոս, Նոր Մարաշ, 2017ին
131 Սուրբ Նշան Հայց. Առաքելական եկեղեցի, Պէյրութ, 2017ին
133 Նոր Մարաշ, 2018ին
135 Պուրճ Համմուտի Հայկական գերեզմանատուն, Տըքուէնի, 2014ին
137 Նորաշէն, 2018ին
139 Նոր Հաճըն, Պէյրութ, 2018ին
141 Սարգիսեան ընտանիք, Նոր Սիս, 2013ին
143 Պուրճ Համմուտի Հայկական գերեզմանատուն, Տըքուէնի, 2014ին
145 Տէպլիկոսեան ընտանիք, Նոր Մարաշ, 2018ին
147 Գարակէօզեան Առողջապահական կեդրոն, Պուրճ Համմուտ, 2014ին
149 «Քաֆէ Տիգրան», Նոր Մարաշ, 2018ին
151 Տէպլիկոսեան ընտանիք, Նոր Մարաշ, 2018ին

Շնորհակալութիւններ

Անկեղծ երախտագիտութիւնս կ՚ուզեմ յայտնել հետեւեալներուն.

Բոլոր անոնց, որոնք Պուրճ Համմուտի, Պէյրութի, եւ Այնճարի մէջ հետս բարեկամանալով, իրենց տուներէն եւ կեանքերէն ներս հրաւիրեցին զիս։

Մանկութեան մօտիկ բարեկամիս՝ Առնօ Ճիհանեանին, Յարութիւն Թորոսեանին՝ իր հիւրընկալութեան համար։ Ստեփան Գազէզեանին եւ ընտանիքին, Լուսին Գազէզեանին, Միհրան Տէպլիկոսեանին եւ ընտանիքին, Մայք Սարգիսեանին (Salon Mike) եւ ընտանիքին՝ իրենց բարեկամութեան եւ հիւրընկալութեան համար, Նոր Սիսի Տէր Յակոբին եւ Սուրբ Սարգիս Հայց. Առաքելական եկեղեցւոյ, Փափազեան ընտանիքին, Թորիկեան ընտանիքին, «Քաֆէ Ապաժ»ին, «Քաֆէ Կարօ»ին, «Քաֆէ Տիգրան»ին, Քլաշին Պօղոսին, Գարակէօզեան Առողջապահական կեդրոնին, «Ազդակ» օրաթերթի Շահան Գանտահարեանին ու Նորա Բարսեղեանին, Փափազեան եւ Թորիկեան ընտանիքներուն, Ջաւարեան Ուսանողական միութեան, Ճեմարանին եւ ՀԲԸՄի թատերախումբին։ Այնճարի մէջ՝ Եսայի Մարտիրոս Հաւաթեանին եւ Սարհատ ու Միսաք Աբրահամեաններուն։

Քրիստափոր Ադամեանին՝ ծրագրին ցուցաբերած գործակցութեան համար, Գէորգ Մանոյեանին՝ իր կայծակնային թարգմանութիւններուն համար, Չարլի Խաչատուրեանին՝ իր շինիչ կարծիքներուն համար, ինչպէս նաեւ Ռոստոմ Սարգիսեանին, Արա Գազանճեանին, Խոսրո Շերրիին եւ Վիգէն Պերպէրեանին։

Գալուստ Կիւլպէնկեան Հիմնարկութեան Հայկական Համայնքներու բաժանմունքին՝ ցուցաբերած նիւթական աջակցութեան համար եւ Հայկական Շիկափայտի ծրագրին (Armenian Redwood Project) ծրագրին սկզբնաւորութեան ցուցաբերած աջակցութեան համար։

Ընտանիքիս կը նուիրեմ՝ Անահիտ, Սեպուհ, Ատոմ, Շահան եւ Արէն, միշտ ու միշտ։

Photo captions

Nor Marash, Nor Sis, Norashen, Nor Amanos, Tiro are all neighborhoods in the Bourj Hammoud district of Beirut

3 Near Bois de Boulogne village, Wata al Mrouj, Mount Lebanon, 2018
5 Antar, a former militia member, Nor Marash, 2018
7 Looking toward Ashrafieh, Norashen, 2018
43 Debligossian family, Nor Marash, 2018
45 Nor Marash, 2018
47 Zavarian Athletic Complex, Nor Amanos, 2017
49 New Year's Eve, Sarkissian family, Nor Sis, 2013
51 Easter procession, St. Sarkis Armenian Apostolic Church, Nor Sis, 2018
53 Firefighters, Nor Marash, 2017
55 Bourj Hammoud, 2017
57 Nor Marash, 2018
59 American University of Beirut, Beirut, 2014
61 Nor Marash, 2018
63 Hamazkayin's Melankton and Haig Arslanian Djemaran School, Antelias, 2018
65 Ishkhanian Bakery, Beirut, 2014
67 In front of Saint Vartan Armenian Apostolic Church, Tiro, 2018
69 Anjar, a rural town established by Armenian refugees from Mousa Ler region of Western Armenia, Beqaa Valley, 2013
71 Nor Marash, 2017
73 Scouts, Levon & Sophia Hagopian Armenian School, 2018
75 Bourj Hammoud, 2018
77 Sanjak Camp, Bourj Hammoud, 2013
79 Bourj Hammoud, 2013
81 Klashin Boghos, Legendary former militia member, Nor Marash, 2017
83 Nor Hadjin, Beirut, 2018
85 Debligossian family, Nor Marash, 2018
87 Trndez, the feast of purification of the Armenian Apostolic Church, Nor Sis, 2018
89 Bourj Hammoud Municipal Stadium, Nor Amanos, 2017
91 Bird's Nest Armenian orphanage built originally for refugees of the 1915 Genocide, Jbail, Lebanon, 2017
93 Mesekin Armenian Center, Nor Amanos, 2017
95 Theater rehearsal, Tekeyan Cultural Center, Norashen, 2017
97 Sako's butcher shop, Nor Marash, 2018
99 Armenian Cultural and Political Center, Nor Sis, 2014
101 Anjar village, Beqaa Valley, 2013
103 Nor Sis, 2107
105 Kazezian family, Nor Marash, 2017
107 Kebab Levon, Nor Marash, 2018
109 Bourj Hammoud Armenian Cemetery, Dekwaneh, 2014
111 Homenetmen Athletic Association, Zokak-el Blat, Beirut, 2018
113 Café Garo, Nor Marash, 2018
115 Scouts, Levon & Sophia Hagopian Armenian School, Nor Marash, 2018
117 School, Anjar, Beqaa Valley, 2013
119 Norashen, 2018
121 Sarkissian Family, Nor Sis, 2017
123 Nubar Eskijian's shop, Nor Marash, 2017
125 Bourj Hammoud, 2018
127 Forty Martyrs (Karasoun Manoug) Armenian Apostolic Church, Nor Marash, 2018
129 Klashin Boghos, Nor Marash, 2017
131 St. Nshan Armenian Apostolic Church, Beirut, 2017
133 Nor Marash, 2018
135 Bourj Hammoud Armenian Cemetery, Dekwaneh, 2014
137 Norashen, 2018
139 Nor Hadjin, Beirut, 2018
141 Sarkissian family, Nor Sis, 2013
143 Bourj Hammoud Armenian Cemetery, Dekwaneh, 2014
145 Debligossian family, Nor Marash, 2018
147 Karagheusian Health Center, Bourj Hammoud, 2014
149 Café Dickran, Nor Marash, 2018
151 Debligossian family, Nor Marash, 2018

Acknowledgments

Sincerest thanks to the countless people in Bourj Hammoud, Beirut, and Anjar who befriended me and allowed me into their homes and lives for a brief time.

Thanks to my steadfast childhood friend Arno Jihanian; Haroutyoun Torosian for his friendship and hospitality; Stepan Kazezian and family; Lusin Kazezian; Mihran Debligossian and extended family; Mike Sarkissian (Salon Mike) and family; Der Hagop and Saint Sarkis Apostolic Church in Nor Sis; Café Abaj, Café Garo, Café Dickran, Klashin Boghos; Karaguezian Health Center; Shahan Kandaharian and Nora Parseghian at Aztag Daily, Papazian and Torigian families; Zavarian Student Union; Djemaran Armenian School; AGBU theater group. In Anjar, Yessayi Mardiros Havatian, Sarhad and Misak Aprahamian.

Christopher Atamian for collaboration and friendship; Kevork Manoyan for lightning translations; Charlie Hachadourian for insight; Rostom Sarkissian; Ara Kazanjian; Khodr Cherri; Viken Berberian.

Calouste Gulbenkian Foundation Armenian Communities Department for financial support; Armenian Redwood Project for early support.

I dedicate this book to my family: Anahid, Sebouh, Adom, Shahan, and Aren: always and always.

Photographs Ara Oshagan
Essay Krikor Beledian
English Translation Taline Voskeritchian, Christopher Millis
Armenian Translation Kevork Manoyan
Project Management Kehrer Verlag (Sylvia Ballhause)
Design and Typesetting Kehrer Design (Lisa Drechsel)
Image Processing Kehrer Design (Patrick Horn)
Production Management Kehrer Design (Tom Streicher)

Bibliographic information published by the Deutsche Nationalbibliothek
The Deutsche Nationalbibliothek lists this publication in the Deutsche Nationalbibliografie; detailed bibliographic data is available on the Internet at http://dnb.dnb.de.

Printed and bound in Germany
ISBN 978-3-96900-014-4

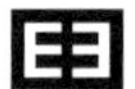

Kehrer Verlag Heidelberg
www.kehrerverlag.com

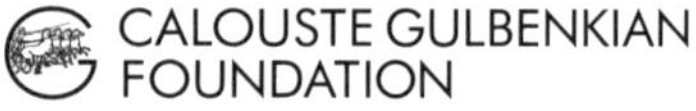